Arin Murphy-Hiscock

Der Garten der Grünen Magie

Bibliografische Information der Deutschen Nationalbibliothek
Die Deutsche Nationalbibliothek verzeichnet diese Publikation in der Deutschen Nationalbibliografie.
Detaillierte bibliografische Daten sind im Internet über http://d-nb.de abrufbar.

Für Fragen und Anregungen
info@mvg-verlag.de

1. Auflage 2022

Türkenstraße 89
D-80799 München
Tel.: 089 651285-0
Fax: 089 652096

Die englische Originalausgabe erschien 2021 bei Adams Media, an Imprint of Simon & Schuster, Inc.
unter dem Titel *The Green Witch's Garden*.

Übersetzung: Simone Fischer
Redaktion: Ulrike Reinen
Umschlaggestaltung: Manuela Amode
Umschlagabbildung: Shutterstock.com/Lukasz Szwaj, spinspinspin
Illustrationen: © 123RF/Eleonora Konnova; Shutterstock/ Serafima Antipova, Golden Shrimp, HorenkO, Amornism, dwph; Getty Images/Boonyachoat, littleclie, Maksim-Manekin
Satz: feschart print- und webdesign, Michaela Röhler, Leopoldshöhe
Druck: Firmengruppe APPL, aprinta Druck, Wemding
Printed in Germany

ISBN Print 978-3-7474-0420-1
ISBN E-Book (PDF) 978-3-96121-809-7
ISBN E-Book (EPUB, Mobi) 978-3-96121-810-3

Arin Murphy-Hiscock

Der Garten der Grünen Magie

Den eigenen bezaubernden Hexengarten erschaffen und Energie aus der Natur schöpfen

mvgverlag

Widmung

Dieses Buch widme ich dir, Ron, weil du in unserer Familie derjenige mit dem grünen Daumen bist, und weil diese grüne Hexe ohne dich unglücklich wäre. Danke für unsere schönen Gärten und dafür, dass du so geduldig bist, wenn ich dich mit einer ganz bestimmten Liste ins Gewächshaus schicke.

Danksagung

Wie immer haben Ceri und Megan mich während des Schreibprozesses dieses Buches bei klarem Verstand gehalten. Ohne sie wäre ich ein einziges Häufchen Elend. Da sie selbst Autorinnen sind, wissen sie, wie schwierig es ist, ein Buch in etwas zu verwandeln, das man zusammenhängend lesen kann. Sie haben immer mein Selbstvertrauen gestärkt, auch dann, wenn ich regelmäßig jammerte: »Ich habe einen schwarzen Daumen. Warum schreibe ich das überhaupt?«

Unser Garten ist eine Art Zuhause für überschüssige Pflanzen, und dafür danke ich vor allem Megan, die mich mit Tomatensetzlingen versorgt, bei deren Anzucht sie enorm viel Erfolg hat. Sie geht auch immer gern mit mir ins Gewächshaus und schaut sich die verschiedenen Sorten an; wir unterstützen uns dabei wunderbar gegenseitig. Die Zimmerpflanzen, die ich bei unserer letzten Reise gekauft habe, leben sogar nach zehn Monaten noch! (Ich klopfe gerade mal kurz auf Holz.)

Ich möchte mich außerdem herzlich bei Brett Palana-Shanahan bedanken, die mir während des größten Teils meiner Laufbahn auf verschiedene Weise eine wunderbare und unterstützende Lektorin war. Sie macht aus meiner Arbeit etwas Besseres, und meine Bücher wären ohne ihre Ratschläge und Anregungen um einiges ärmer. Vielen Dank, Brett!

Inhalt

Kapitel 6

Die Auswahl deiner Pflanzen 113

Kapitel 7

Magie für einen gesunden Garten 157

Kapitel 8

Magische Verwendung der Gartenerträge 181

Kapitel 9

Einleitung

Der Weg der grünen Hexe ist der Weg der Naturkundlerin, der Kräuterkundigen und der Heilerin. Als grüne Hexe arbeitest du eng mit der Natur und deren Gaben zusammen und strebst danach, eine Beziehung zur natürlichen Welt aufzubauen. Die praktische Arbeit im Garten bietet dir dabei eine tiefe, reiche und persönliche Verbindung mit dem Lebenszyklus der Pflanzen, die sowohl dir persönlich als auch deinen magischen Praktiken zugutekommt.

Für grüne Hexen, die ihre spirituelle Interaktion mit Pflanzen buchstäblich von Grund auf selbst gestalten möchten, bietet *Der Garten der Grünen Magie* eine grundlegende Einführung in das Gärtnern und enthält darüber hinaus einen Querschnitt durch Gartenweisheiten, Volkstraditionen und Magie. Du findest in diesem Buch nützliche Tipps für die Planung deines Gartens (drinnen oder draußen), Vorschläge, welche Pflanzen nützlich sein könnten, und Anregungen dazu, wie du deine Ernte für deine magische Praxis nutzen kannst.

Vielleicht hattest du noch nie die Gelegenheit oder Lust, mit lebenden Pflanzen zu arbeiten. Möglicherweise hattest du bisher nur mit geernteten Pflanzen zu tun, in frischer oder getrockneter Form. Wenn du dich also den grünen, wachsenden Dingen in den verschiedenen Stadien vom Samen bis zur Pflanze nähern möchtest, wird dieses Buch dich damit vertraut machen. Und wenn du schon einmal mit Pflanzen gearbeitet hast, dann vielleicht nicht auf spirituelle Weise – hier wirst du erfahren, wie du dies tun kannst.

Für dich als grüne Hexe wird die Erfahrung, mit der Energie von Pflanzen an verschiedenen Punkten ihres Lebenszyklus zu interagieren, sehr wertvoll sein. So eröffnet dir beispielsweise das Wissen, wie sich ein Setzling von einer ausgewachsenen Pflanze unterscheidet, völlig neue Einsichten. Zu beobachten, wie sich die Energie einer Pflanze im Laufe ihrer Entwicklung verändert, kann dir Wege aufzeigen, wie du diese Energie einsetzen und für deine magische Praxis nutzen kannst.

Der Garten der Grünen Magie möchte dich als grüne Hexe dabei unterstützen, in jeder Situation und an jedem Ort einen Garten anzulegen. Das Buch ermöglicht dir, die Freude und Ehrfurcht zu erleben, die damit verbunden sind, das Leben zu betrachten, während es keimt, wächst und Früchte trägt, und es zeigt dir, wie du die Früchte in deiner magischen Praxis nutzen kannst.

Wie du dieses Buch verwendest

Zunächst einmal möchte ich betonen, dass es sich bei diesem Buch nicht um eine Schritt-für-Schritt-Anleitung handelt. Da die Anbauzonen, das Klima und die geologischen Bedingungen weltweit sehr unterschiedlich sind, erhältst du in diesen Bereichen eher allgemeine Informationen. Ich kann dir Vorschläge machen und Möglichkeiten aufzeigen, aber letztendlich werden deine Entscheidungen von den Gegebenheiten deines Standorts bestimmt. Außerdem hängen sie von der persönlichen Ausrichtung deiner Praxis ab. Wenn du beispielsweise gern Tränke herstellst, wird es dir nicht viel nützen, wenn ich dir sage, du sollst Tomaten in deinem Topfgarten anbauen, damit du sie als Soße einmachen kannst. Dieses Buch ist viel freier gehalten als die früheren Bücher, die ich für grüne Hexen geschrieben habe. Es enthält weniger Anweisungen, sondern ist vielmehr ein Leitfaden, mit dem du intuitiv und gemäß deiner persönlichen Entscheidungen in deinem eigenen Garten arbeiten kannst.

Nutze es, um Anregungen zu erhalten, um dein Hintergrundwissen zu vervollständigen und um eine bessere Vorstellung davon zu bekommen, woher deine Materialien kommen. Denke daran: Die mächtigste Magie, die du erschaffen kannst, kommt von dir selbst und deiner Verbindung zu den lokalen Energien. Arbeite mit deinem Land, nicht dagegen.

Obwohl man wertvolle spirituelle Einsichten und Erfahrungen erlangen kann, wenn man etwas vom Samen bis zur gesunden Pflanze pflegt, ist dies für dich vielleicht nicht möglich. Für deine Arbeit kann es jedoch genauso nützlich sein, eine bereits vorgezogene Pflanze mit nach Hause zu nehmen. (Achte bitte darauf, sie zu reinigen; in Kapitel 7 findest du dazu Vorschläge.) Nicht jeder hat einen grünen Daumen. Das ist völlig in Ordnung! Du bist keine Versagerin als grüne Hexe, wenn du Samen nicht zum Keimen bringst oder wenn es dir nicht gelingt, aus der Phase der Keimung zu einer gesunden Anzucht eines Setzlings zu gelangen. (Sollte es jedoch ein Stadium geben, das dir große Schwierigkeiten bereitet, meditiere darüber und überlege einmal, um welchen Lebenszyklus der Pflanze es sich dabei handelt. Das kann dir Aufschluss über deine eigenen spirituellen Unsicherheiten oder über Bereiche geben, die du in dir selbst stärken solltest.)

Man muss kein Gewächshaus voller lebendiger, fruchtbarer grüner Dinge haben, um eine grüne Hexe zu sein. Wir alle sind in ganz verschiedenen Bereichen stark. Du kannst versuchen, viele verschiedene Pflanzen zu züchten, und entdeckst dabei vielleicht, dass du zwar eine Sorte nicht am Leben halten kannst, aber mit anderen ganz gut zurechtkommst. Daher ist es sinnvoll, wenn du herausfindest, was dir am ehesten liegt, und auf dieser Grundlage arbeitest.

Kapitel 1

Grüne Magie im Garten

Interaktion mit den Pflanzen

Die natürliche Welt singt. Ihre Rhythmen durchdringen unser Leben und sind mit unseren täglichen Schritten verwoben. Sie inspiriert, beruhigt, unterstützt, sie heilt, flüstert und beruhigt. Es ist verständlich, dass wir diesen Rhythmus in unsere Häuser holen oder persönlich an diesem Gesang teilhaben wollen. Durch die Natur in einer ländlichen oder parkähnlichen Umgebung zu spazieren ist dabei das eine; eine ganz andere Art der Erfahrung ist es aber, sich selbst um die Natur zu kümmern und die grünen Dinge, die Leben schenken, sorgfältig und liebevoll zu hegen und zu pflegen.

Die Gartenarbeit zeigt uns, dass eine behutsame Pflege der Natur wichtig ist, und sei es nur für ein paar Augenblicke alle ein bis zwei Tage. Das wird besonders deutlich, wenn wir vergessen, unsere Pflanzen zu pflegen. Ohne unsere Aufmerksamkeit verkümmern oder vertrocknen sie oder wachsen wild und bedrohen andere Pflanzen. Deswegen ist eine regelmäßige, auf die Bedürfnisse der Pflanze abgestimmte Pflege wichtig. Sie muss nicht kompliziert sein, aber sie erfordert jeden Tag ein wenig Aufwand und gelegentlich auch etwas mehr.

Wenn dieser letzte Satz so klingt, als könnte er auf deine spirituelle Praxis zutreffen, dann bist du in guter Gesellschaft. Eine kurze Berührung mit dem Göttlichen, die Verbindung mit der Energie um dich herum, ist eine Form der Selbstfürsorge, die dich erden kann. Hin und wieder nehmen wir uns etwas mehr Zeit, etwa für Rituale oder Meditationen, um Aspekte unseres persönlichen Wachstums zu erforschen. Doch wenn wir uns nicht regelmäßig auf die kurzen Momente spiritueller Selbstfürsorge einlassen, dann müssen wir häufiger umfangreichere, aufwendigere Aktivitäten durchführen, um die fehlende Fürsorge zwischendurch auszugleichen, weil dann mehr (und schwierigere) Arbeit anfällt.

Dies gilt auch für deine Pflanzen. Wenn du sie zu lange vernachlässigst, kommt viel Arbeit auf dich zu, um sie wieder zum Leben zu erwecken. Nimmst du dir allerdings jeden Tag einen Moment Zeit, um mit deinen Pflanzen in Kontakt zu treten, ist das auch ein spiritueller Ausgleich für dich persönlich; die Interaktion mit deinem Garten ermöglicht es dir, deine Energie im Gleichgewicht zu halten. Es ist eine Beziehung zum gegenseitigen Nutzen.

Die Interaktion mit grünen, wachsenden Dingen ist eine Lernerfahrung. Es ist etwas, das jede grüne Hexe mindestens einmal, besser noch mehrmals in ihrem

Leben ausprobieren sollte, denn die praktische Arbeit mit grünen Lebenselementen ist eine unvergleichliche Möglichkeit, sich mit der Natur zu verbinden. Dies kann jede(r) tun und fast überall.

Darüber hinaus bietet dir die Gartenarbeit auch die Möglichkeit, Achtsamkeit zu üben. Die Pflege des Gartens ist eine Gelegenheit, ganz im Moment zu sein, sich von Angst und Stress zu lösen und einfach mit einem anderen lebenden Wesen zusammen zu sein und zu kommunizieren. Der Umgang und die Arbeit mit lebenden Dingen können auch eine willkommene Abwechslung von der Negativität sein, die in der Welt um uns herum herrscht. Hexen, Empathen und Menschen, die mit Energie arbeiten, neigen dazu, sich vom Zustand der Welt sehr beeinflussen zu lassen, da sie sowohl durch die Nachrichten als auch in ihrem sozialen Umfeld Negativität, Angst und Hoffnungslosigkeit ausgesetzt sind. Die Gartenarbeit bietet dir die Möglichkeit, deinen Blutdruck zu senken und den Serotoninspiegel zu erhöhen.

Wenn du deinen Garten im Freien hast – egal ob in Kübeln, Blumenkästen oder Beeten –, bringt der Aufenthalt an der frischen Luft auch gesundheitliche Vorteile mit sich. Sonnenlicht regt die Produktion von Vitamin D an, das wiederum die Produktion von Neurotransmittern unterstützt und so zur Stabilisierung der Stimmung beiträgt. Ein niedriger Vitamin-D-Spiegel wird mit Depressionen und Angstzuständen in Verbindung gebracht. Außerdem trägt Vitamin D zur Kalziumaufnahme bei und unterstützt die normale Funktion des Immunsystems.

> Forschungen über ein im Boden lebendes Bakterium, *Mycobacterium vaccae*, haben gezeigt, dass es den Körper dazu anregt, Proteine zu produzieren, die zu einer Verringerung von Stress und Angst führen. Der Umgang mit Lebensmitteln aus deinem Garten oder deren Verzehr könnte dir auch auf diese Weise zugutekommen.

Einen eigenen Garten zu pflegen, gibt dir zudem die Möglichkeit, die Energieentwicklung bestimmter Pflanzen zu beeinflussen und zu lenken. Lavendel wird zum Beispiel oft mit energetischer Reinigung, Frieden, Harmonie und Heilung in Verbindung gebracht. Du kannst deine Lavendelpflanze daher beispielsweise dazu ermutigen, sich während ihres Wachstums speziell auf die Reinigung auszurichten, um sie später in deiner magischen Praxis zu diesem Zweck zu verwenden.

Zu den weiteren Vorteilen eines eigenen Gartens gehört die Gewissheit, dass die Pflanzen, die du anbaust und für deine Arbeit verwendest, frei von negativer oder unerwünschter Energie sind, da sie in einer von dir kontrollierten Umgebung gewachsen sind. Außerdem kannst du dir sicher sein, dass die Pflanzen, die unter deiner Aufsicht wachsen, frei von Chemikalien und Pestiziden sind.

Dein Garten als spirituelles Spiegelbild

Wie jede andere spirituelle Tätigkeit braucht auch die Gartenarbeit Zeit und Geduld. Nichts geschieht von jetzt auf gleich. Es ist eine sehr langsame Magie, an der du als Gärtnerin und Hexe teilhast. Während der Gartenarbeit erlebt man selten weltbewegende Enthüllungen. Stattdessen findet ein allmähliches Wachstum statt, ein Lernen, das sich über einen längeren Zeitraum hinzieht. Dies zu beobachten, kann eine erhellende Erfahrung sein, wenn du dir erlaubst, den Garten als Metapher für dich selbst zu betrachten.

Zwischen der Pflege eines Gartens und dem Wachsenlassen besteht ein Gleichgewicht, das jeder Gärtner und jede Gärtnerin für sich selbst finden muss. Dies hängt von so vielen Faktoren ab: was man anbauen will, die äußeren Bedingungen, wie man sich seinen Garten vorstellt und so weiter. Manchmal erwarten wir eine gewisse Ordnung, können aber mit der Explosion von Fruchtbarkeit und Überfluss nicht Schritt halten. Es ist nicht schlimm, Erwartungen zu revidieren und sich dem zu fügen, was kommt. Das Gleiche gilt für deinen spirituellen Weg: Manchmal geschehen unerwartete Dinge in deinem Leben, die Auswirkungen auf dich haben und dich in eine Richtung schicken, die du nicht vorhergesehen hast. Wenn du dich dazu zwingst, auf deinen ursprünglichen Weg zurückzukehren, kann dies dich des Wachstums berauben, das der neue Weg dir möglicherweise geboten hätte. Andererseits kann es sein, dass der neue Weg dich zu stark belastet und die Rückkehr zu deinem ursprünglichen Weg die gesündere Wahl ist.

> Zimmerpflanzen und Pflanzen für die Fensterbank haben einen von der Jahreszeit unabhängigen Zyklus. Beobachte sie, mach dir Notizen in deinem Gartentagebuch (siehe Kapitel 5) und achte im Laufe der Zeit auf die Muster in deinen Aufzeichnungen.

Der Wechsel der Jahreszeiten vollzieht sich langsam, doch in den Veränderungen eines Gartens kann man ihn gut erkennen. Im Laufe der Jahreszeiten erfordern neue Aufgaben deine Aufmerksamkeit, und es bietet unschätzbare Vorteile, die Energieverschiebungen während der ständigen Veränderungen zu verfolgen. Auf die gleiche

Weise kannst du die Veränderungen in deiner eigenen Energie besser erkennen, wenn sich die Jahreszeit ändert, und du lernst vorherzusagen, wie du auf den größeren Zyklus reagierst, der um dich herum stattfindet.

In meinem Buch *Grüne Magie* findest du die Grundlagen von Erdung und Zentrierung. Im Wesentlichen geht es darum, dass du das Energiezentrum in deinem Körper ausfindig machst und dich dann von diesem aus mit der Energie der Erde verbindest. Durch diese Verbindung kannst du dein Energieniveau ausgleichen, indem du dir etwas von der Erde borgst, wenn du unterversorgt bist, oder überschüssige Energie an die Erde abgibst, wenn du überversorgt bist. Du kannst dich auch mit der Energie des Himmels verbinden und deine Energie auf diese Weise ausbalancieren, obwohl viele dies als eine schwierigere Visualisierung und als mühsameren Energieaustausch empfinden. Sich mit beiden zu vereinen, kann eine sehr sichere Verbindung bieten.

Ein Garten braucht Pflege und Aufmerksamkeit. Man kann ihn nicht ignorieren und erwarten, dass alles in Ordnung und perfekt ist. Das Gleiche gilt für dich. Es ist wichtig, dass du auf körperlicher, emotionaler, geistiger und spiritueller Ebene für dich sorgst, und das beginnt damit, dass du dir selbst Aufmerksamkeit schenkst. Auch die Gartenarbeit erfordert verschiedene Ebenen der Pflege: Regelmäßiges Gießen, Unkrautjäten und Beschneiden sind unerlässlich. Das Ausdünnen der Setzlinge ist wichtig. Wenn du beispielsweise nicht einige der Möhren, die gekeimt sind, entfernst, haben die anderen keinen Platz zum Wachsen. Die grünen Blattspitzen sehen zwar üppig aus, aber unter der Erde befinden sich nur dünne, schwache und blasse Wurzeln.

Andererseits kann man aus dem Verwildern eines Gartens eine andere Lehre ziehen. Man bekommt durchaus ein Ergebnis, und manchmal enthält dies eine Botschaft für einen selbst. Es gibt eine Zeit für Spontaneität und eine Zeit, um Entscheidungen zu treffen. Manchmal muss man sich davon verabschieden, alles permanent zwanghaft zu überwachen, und der Natur einfach ihren Lauf lassen. Hab Vertrauen in den Prozess. Achte auf deine Intuition und höre auf deinen Garten.

Verstricke dich nicht darin, deinen Garten zu sehr mit deiner eigenen Persönlichkeit und deinem Selbstverständnis zu verknüpfen. Du solltest auch die Gesundheit oder die Probleme deines Gartens nicht als direkten Indikator für deine eigene Situation sehen, weder aktuell noch in Zukunft. Betrachte deinen Garten stattdessen als eine spirituelle Parallele, als eine Reihe von Lektionen, die du verinnerlichen und für deine nächsten Vorhaben nutzen kannst.

Im Garten zu arbeiten unterstützt dich auch dabei, den Kopf frei zu bekommen. Die manuelle Arbeit hilft dabei, den Verstand von übermäßigem Denken zu befreien und ermutigt ihn, langsamer zu werden und einfach zu sein. Öffne dich für neue Einsichten und Botschaften und kultiviere Dankbarkeit für die Freuden der Natur, denen du bei deiner Arbeit begegnest. Deine Arbeit im Garten hilft dir auch, dich auf etwas außerhalb deiner selbst zu konzentrieren, das mit deinem eigenen Wachstumszyklus und deinen Bedürfnissen verbunden ist. Du kannst deine Gartenarbeit auch als einen meditativen Prozess nutzen. Wenn du zum Beispiel Unkraut jätest, denke über die kleinen Dinge in deinem Leben nach, die Energie von deinen Hauptaufgaben abziehen, wie zum Beispiel die Art und Weise, wie Unkraut Platz und Nährstoffe verbraucht, die du für deine Pflanzen vorgesehen hast. Mehr über Meditation und deinen Garten erfährst du in Kapitel 9.

Eine Verbindung zur Natur aufbauen

Als grüne Hexen sind wir ständig auf der Suche nach Möglichkeiten, unsere Verbindung zur Natur zu verbessern. Die Pflege eines Gartens ist ein solcher Weg. Gartenarbeit, in welcher Form auch immer, ermöglicht es uns, mit der Energie der Natur zu interagieren, indem wir den Lebenszyklus einer Pflanze beobachten und daran teilhaben. Sie bietet jedoch noch mehr. Sie bietet dir einen Ort, an dem du mit den Elementen kommunizieren kannst, den vier Bausteinen der Natur, der Magie und des Lebens selbst, wie die klassischen Philosophen sagen. Im Folgenden findest du eine grundlegende Übung, die es dir ermöglicht, jedes Element zu betrachten und auf dieses Element in deinem Garten zu reagieren. Denke daran, dass dies sowohl drinnen als auch draußen geschehen kann, und zwar immer dann, wenn du das Bedürfnis hast, dich zu erden oder dich anderweitig zu beruhigen.

ÜBUNG

Die Elemente und dein Garten

Diese Übung kannst du jederzeit und regelmäßig wiederholen, um dich darauf einzustimmen, wie die vier Elemente in deinem Garten wirken. Sie ist eine gute Möglichkeit, sich zu beruhigen, wenn du aufgewühlt oder gestresst bist, und eine schöne Art, den Tag zu beginnen oder zu beenden. Wenn du drinnen bist, schalte dein Handy und alle anderen Ablenkungen aus, die dich unterbrechen könnten. Nimm dir für jeden Schritt Zeit; hetze nicht durch alle vier Elemente, denn Eile macht den Zweck der Übung zunichte. Manchmal braucht man Zeit, um die Energie im Raum zu sortieren, die sich von Tag zu Tag ändern kann, je nach Wetter, Stimmung, Verkehr oder Aktivität im Garten sowie anderen Begebenheiten in den letzten Tagen.

1. Mache es dir zunächst in deinem Gartenbereich bequem. Du kannst es dir auf dem Boden oder auf einem Stuhl bequem machen oder dich auf jede andere Art und Weise hinsetzen, die dir angenehm ist. Wenn du möchtest, kannst du dich auch hinlegen, aber sei dir bewusst, dass du dabei einschlafen könntest!
2. Schließe die Augen und atme dreimal tief ein und langsam wieder aus.
3. Beginne damit, das Element Erde zu spüren. Wie fühlt sich die Oberfläche unter dir an? Kannst du die Erdenergie im Raum um dich herum ausmachen? Wie fühlt sie sich an?
4. Wechsle nach einiger Zeit zum Element Luft. Welche Gerüche nimmst du in deinem Gartenraum wahr? Bewegt sich die Luft? Wie fühlt sie sich auf deiner Haut an?
5. Gehe dazu über, die Feuerenergie zu spüren. Fühlst du Wärme in deinem Raum? Wie ist das Licht? Gibt es irgendwo kleine Bereiche mit Vitalität oder kreativer Energie?
6. Spüre schließlich die Wasserenergie auf. Wie hoch ist die Luftfeuchtigkeit in deinem Gartenraum? Spürst du einen Unterschied zwischen den verschiedenen Zonen?
7. Wenn du bereit bist, ziehe langsam die persönliche Energie zurück, die du benutzt hast, um die Elementarenergien zu spüren, die in deinem Garten wirken. Atme ein paar Mal tief und langsam ein und aus und öffne deine Augen, wenn du dich bereit fühlst. Nimm dir einen Moment Zeit, um dich zu strecken und deine Hände, Füße und Gliedmaßen zu bewegen, damit du wieder ganz in deinen Körper kommst.
8. Der letzte Schritt besteht darin, dir Notizen über deine Beobachtungen und Erfahrungen in deinem Grimoire, Meditationsbuch, spirituellen Tagebuch, Gartentagebuch oder was auch immer du zur Aufzeichnung deiner spirituellen oder magischen Arbeit verwendest, zu machen. Vergleiche deine Kommentare mit früheren Notizen zu dieser Übung und stelle sie einander gegenüber. Erkennst du Muster oder Rhythmen?

Der natürliche Zyklus

Geburt, Leben, Tod. Der natürliche Lebenszyklus hat weder einen Anfang noch ein Ende. Zu jedem Zeitpunkt finden mehrere Zyklen statt, die sich jeweils in verschiedenen Stadien befinden. Jeder Moment kann auch ein Anfang sein. »Dies ist der erste Tag vom Rest deines Lebens« ist eine bekannte Redewendung, die tatsächlich wahr ist. Du kannst jederzeit in den Zyklus einsteigen und mit ihm interagieren. Jeder Augenblick ist eine Erfahrung.

Mit lebenden Pflanzen zu arbeiten bedeutet, mit dem natürlichen Zyklus von Geburt, Leben, Tod und Wiedergeburt zu interagieren. Nirgendwo wird dieser Zyklus deutlicher als nach der Vegetationsperiode, wenn die Pflanzen abgestorben sind und Blätter und andere Überreste zusammengeharkt und entfernt werden. Dies bringt uns zu einem sehr wichtigen Teil des natürlichen Lebenszyklus, über den wir nicht so häufig sprechen wie über das Wachsen von Dingen: die Verwesung – das, was nach dem Tod aller organischen Lebewesen geschieht.

Die Verwesung und Zersetzung ist ein wichtiger Schritt im natürlichen Kreislauf, der es uns ermöglicht, auf eine andere Art und Weise mit der natürlichen Energie zu interagieren. Wir alle wissen, wie es ist, in der Natur zu sein und sich vom Leben umgeben zu fühlen. Aber auch die Energie, die bei den Schritten nach dem Tod entsteht, ist wichtig und verdient es, dass wir mit ihr interagieren.

In Gartenbüchern wird häufig die Funktion des Komposts beschrieben und wie er den eigenen Garten und das Wachstum der Pflanzen bereichern kann. Und es wird immer beliebter, selbst in den Städten organische Abfälle zu sammeln, um sie zu verwerten und dann für andere Zwecke zu verwenden. Aber hast du dir jemals wirklich Gedanken über die Energie des Komposts gemacht? Was erzeugt er, was setzt er frei?

Kompost ist kein Müll. Er ist ein Produkt der Verwesung. Die Zersetzung einer Pflanze erfolgt nach ihrem Tod, indem Energie freigesetzt wird, während sich organisches Material in weniger strukturierte Materie umwandelt. Sie enthält Nährstoffe, die für neue Organismen leichter zugänglich sind und als Bausteine für die Schaffung neuen Lebens dienen. Der Kompost dient somit als Nahrung und Anreicherung für künftige Pflanzen.

In der Natur geschieht dies ohne jegliche Unterstützung. Spaziere einmal durch unberührte Waldgebiete und sieh dir die Blätter und herabgefallenen Äste auf dem

Boden an, die umgestürzten Baumstämme, die zerbröckeln und sich zersetzen und auf denen sich Pilze und Moose ansiedeln. Diese Pflanzen sowie Bakterien, Insekten und Würmer arbeiten alle daran, die organischen Stoffe abzubauen.

Als grüne Hexen wissen wir, dass die Verwesung ein Teil des natürlichen Kreislaufs ist, mit dem man arbeiten sollte, um neue Erkenntnisse zu gewinnen. Viele Menschen hingegen neigen zu der Annahme, dass der Tod das Ende des Kreislaufs ist, vielleicht gefolgt von einer Wiedergeburt in irgendeiner Form. Dieser verbreitete Glaube übersieht und schmälert die Bedeutung der physischen Verwesung.

> Ein magisches Tagebuch zu führen ist sehr wichtig. In dem Titel *Anleitung für dein Buch der grünen Magie* findest du Möglichkeiten, wie du Informationen organisieren und aufzeichnen kannst. Lies dazu bitte auch den Abschnitt in Kapitel 5 über das Gartentagebuch, das du als Teil deines magischen Tagebuchs oder als eigenes Notizbuch führen kannst, je nachdem, was du bevorzugst.

In einigen neuheidnischen Traditionen symbolisiert Samhain, die dritte Ernte, auch das Ende des Zyklus, einen Abschied, ein Loslassen von dem, was uns nicht mehr dient. Die Wintersonnenwende steht für die Wiedergeburt der Sonne und der Zyklus beginnt von Neuem.

Doch was geschieht in den Wochen zwischen Samhain und dem Julfest? Wir denken an Felder, die brachliegen, um Energie zu tanken, an das Ausbringen der Saat, die mit der Rückkehr der Sonne aufgehen wird. Was fehlt bei dieser Betrachtung des natürlichen Zyklus? Die Verwesung.

Es ist nicht angenehm, über das eigene Leben nachzudenken oder es in dem Kontext zu betrachten, dass Dinge zerfallen und auf ihre Grundelemente reduziert werden. Aber es ist wichtig, die dunklen, unbequemen Teile unserer Spiritualität und unserer Praxis zu betrachten. Als Hexen wissen wir, dass dunkle Dinge nicht schlecht sind. Wir wissen, dass die Dunkelheit Mysterien und Wissen, Geheimnisse und Enthüllungen birgt – wenn wir mutig genug sind, uns ihnen zu stellen.

Durch die Verwesung wird Energie freigesetzt und in einfachere Zustände umgewandelt, so als würde man die Bausteine auseinandernehmen, aus denen eine Energiestruktur besteht. Sie zerlegt und entwirrt, und sie setzt das Energiebündel frei, damit es sich loslösen und abtrennen kann, sodass die Energie neutralisiert wird und bereit ist, wieder verwendet zu werden.

Dieser Teil des Zyklus ist introspektiv und meditativ. Der Verwesungsprozess kann überwältigend sein, deswegen ist es nicht verkehrt, ihn in kleinen Schritten durchzuführen. Man muss sich zudem nicht an das saisonale Muster halten, auch wenn es einfacher ist, sich an dem natürlichen Rhythmus des geografischen und landwirtschaftlichen Standorts zu orientieren. Kompostieren kann man das ganze Jahr über, zum Beispiel mit Gemüseabfällen im Winter oder Gartenabfällen während der Wachstumsperiode.

Mit Pflanzengeistern arbeiten

Als Hexen ehren wir die Geister der Natur um uns herum. Die Pflege eines Gartens eröffnet uns eine neue Vielfalt von Geistern, die wir ehren und mit denen wir arbeiten können. Du solltest dich zumindest vorstellen und den Geist der Pflanze begrüßen, wenn du sie pflanzt oder erwirbst oder wenn sie austreibt. (In Kapitel 9 findest du mehr Informationen über die Arbeit mit Pflanzengeistern in deinem Garten.)

Genauso wie du darum bittest, mit einem neuen Tiergeist als Lehrer zu arbeiten, oder dich entscheidest, dich mit einer bestimmten Gottheit zu verbinden, um dein Verständnis für sie und ihren Einflussbereich zu vertiefen, ist es wichtig, mit jeweils nur einem Pflanzengeist zu arbeiten. Überfordere dich nicht. Konzentriere dich immer nur auf einen Pflanzengeist, um so offen wie möglich für seine Weisheit zu sein.

Welche sind deine Lieblingspflanzen? Gibt es ein Kraut oder eine Blume, die eine starke Schwingung in dir auslöst? Dann wähle einen dieser Pflanzengeister als den ersten aus, mit dem du arbeitest. Die folgende grundlegende Technik für die Kommunikation mit einem Pflanzengeist wird dir den Einstieg erleichtern.

1. Zentriere und erde dich, damit du ein festes Fundament für deine eigene Energie hast.
2. Nimm dir etwas Zeit, um die Pflanze zu betrachten und dich mit den Details ihrer physischen Struktur vertraut zu machen.
3. Strecke deine persönliche Energie aus und berühre die Energie der Pflanze. Wie fühlt sie sich an? Erspüre, ob sie sich einladend anfühlt oder nicht. Wenn nicht, brich die Übung ab und versuche es ein anderes Mal. Wenn sie sich neutral oder angenehm anfühlt, fahre fort.
4. Schließe die Augen und visualisiere die Pflanze vor dir. Stelle dich der Pflanze vor (laut oder in deiner Visualisierung) und frage den Geist, ob er bereit ist,

sich mit dir zu verbinden und zu kommunizieren. Auch hier gilt: Wenn du ein Gefühl der Ablehnung oder des Zögerns empfängst, danke dem Geist und ziehe dich zurück. Wenn der Geist zugänglich ist, fahre fort.

5. Frage den Geist, ob er bereit ist, dich zu lehren. Sei offen für die Botschaften, die er dir mitteilen möchte. Denke immer daran, dem Geist am Ende jeder Sitzung zu danken.

Dieser Austausch kann sich über einen längeren Zeitraum hinziehen. Kümmere dich bitte um die Pflanze, während du von ihr lernst, biete ihr alles an, was sie zu mögen scheint (Wasser? Glänzende Kristalle? Steine? Musik?), und bekunde häufig deine Dankbarkeit. Sei dir auch bewusst, dass die Pflanze möglicherweise nur mit dir zusammen sein will. Sie hat vielleicht nichts mitzuteilen, genießt aber deine Gesellschaft. Wenn du erst einmal ihre Energie kennengelernt hast, kann dieser Wunsch dann auf Gegenseitigkeit beruhen.

> Gestalte die Kommunikation mit der Pflanze zu etwas Persönlichem. Mit Pflanzen sprechen zu können ist zwar ein Klischee, doch dahinter verbirgt sich eine tiefere Wahrheit.

Als Teil deines tiefen Eintauchens in die Energien einer Pflanze, ob du nun mit dem Geist der Pflanze kommunizierst oder nicht, solltest du sie mit Achtsamkeit pflegen. Gieße sie nicht nur und drehe den Topf zur Sonne, sondern erlaube deiner Energie, die Energie der Pflanze jedes Mal zu berühren, wenn du sie pflegst. Das gesprochene Wort erzeugt Schallwellen, die eine Pflanze körperlich spüren kann, dies kannst du dir ähnlich vorstellen wie die Vibration deines Trommelfells, wenn Schallwellen darauftreffen. Zudem strahlen wir Energie aus, wenn wir sprechen, und Gefühle und andere Arten von Energie durchdringen unsere Worte. Pflanzen, die organische Lebewesen mit eigener Energie sind, können auf unsere reagieren.

Umweltbewusstsein

Als grüne Hexen sind wir Pflegerinnen und Hüterinnen des Landes. Wir bringen die Energie der Natur in Bewegung und erleichtern den Menschen die Interaktion mit ihr. Die Erkenntnis, dass wir untrennbar mit der Welt der Pflanzen verbunden sind, ist für unsere Arbeit unerlässlich.

Die Natur kommt ganz gut ohne uns aus, das stimmt. Aber die Eingriffe und der Stress, den der Mensch dem Planeten zufügt, erfordern es, dass wir die natürliche Welt unterstützen, wo immer wir können.

Wie kannst du das in deinem Garten umsetzen? Handle so oft wie möglich umweltbewusst. Deine Entscheidungen sollten von einem Bewusstsein für globale und lokale Umweltprobleme geprägt sein. Dies gilt nicht nur für deinen Garten, sondern auch für die Lebensmittel, die du kaufst, die Unternehmen, die du unterstützt, und die Aktivistengruppen, die du in irgendeiner Weise förderst.

Zum Beispiel:

- Wendet ein Gemüsebauer aggressive Techniken an, die den Boden auslaugen, und nährt er ihn im Gegenzug nicht, wodurch er dazu übergehen muss, zunehmend künstliche Methoden anzuwenden, um die Ernte zu steigern?
- Woher stammen die Zutaten für deine Lieblingsaufstriche?
- Wird eine Zutat auf eine Weise hergestellt, welche die Umwelt, aus der sie stammt, beeinträchtigt? Ist der Kakao, den du zum Backen verwendest, fair gehandelt?

Du kannst auch bestäubende Insekten unterstützen, indem du einheimische Wildblumen und Stauden pflanzt, die Jahr für Jahr für diese nützlichen Lebewesen wachsen, wie beispielsweise Milchkraut, Disteln, Astern und viele andere. Beachte dabei bitte, dass du Pflanzen auswählst, die in deiner Umgebung heimisch sind. Versuche, ganz gezielt Gewächse zu pflanzen, die bestimmte Bestäuber anlocken, wie Milchkraut für Monarchfalter oder Wildblumen zur Unterstützung der örtlichen Honigbienenpopulationen. Welche spezifischen Bestäuber du unterstützen kannst, hängt von deinem geografischen Standort ab, aber im Allgemeinen fungieren beispielsweise Schmetterlinge, Bienen und andere Insekten als Bestäuber. Ein Rückgang der Bestäuberpopulationen kann erhebliche Auswirkungen auf die weltweite Nahrungsmittelversorgung haben. Die Populationen der Bestäuber leiden, wenn die von ihnen bevorzugten einheimischen Pflanzen aussterben oder nicht mehr angepflanzt werden; außerdem verringert sich ihre Zahl durch den Kontakt mit Schädlingen, Pestiziden und giftigen Pflanzenschutzmitteln. Der Verlust von Lebensraum ist ein weiterer Faktor, der das Überleben der Bestäuber gefährdet. Mit deinem Garten kannst du dazu beitragen, diesen Lebensraum wiederherzustellen.

Zusätzlich zur Unterstützung von Bestäubern kannst du auch umweltbewusst handeln, indem du den Boden gut pflegst. Pflanze dazu ein vielfältiges Pflanzensortiment an, um dadurch ein ausgewogenes Spektrum an Pflanzen zu erhalten, die verschiedene Mineralien und Nährstoffe aus dem Boden verbrauchen, und dem Boden nach der Kompostierung wieder eine reiche Vielfalt zurückzugeben. Auf diese Weise wird der Boden effizienter genutzt, und es entsteht Kompost, der wiederum den Boden nährt. Wenn du dem Kompost verschiedene organische Materialien hinzufügst, wird er noch reicher: Küchenabfälle wie Gemüse- und Obstabfälle, Kaffeesatz und Teeblätter sowie Eierschalen können als wertvolle Nährstoffe dienen, die das künftige Wachstum unterstützen, wenn der Kompost in der nächsten Saison mit Gartenerde gemischt wird.

Entsorge Laub, Grasschnitt und Gartenabfälle auf deinem Grundstück, anstatt sie in Säcken zu sammeln. Diese Dinge bieten Nahrung und Unterschlupf für Insekten und Vögel. (Wenn du in der Zeit um die Wintersonnenwende echte Weihnachtsbäume oder -zweige als Dekoration verwendest, lass diese draußen liegen; sie bieten in der schneereichen Jahreszeit einen hervorragenden Unterschlupf.) Du kannst diese Materialien kompostieren oder sie an Ort und Stelle im Garten verrotten lassen. Es wird immer gängiger, Laubabfälle auf dem Boden liegen zu lassen, anstatt sie zusammenzuharken, da sie organisches Material für die Zersetzung liefern, das den Boden anreichert, und außerdem Unterschlupf für kleine Lebewesen bieten.

Regeneratives Gärtnern

Regeneratives Gärtnern ist eine Praxis, bei der die Nährstoffe im Boden ersetzt werden, die von den wachsenden Pflanzen verbraucht werden. Dies macht man, um die nächste Pflanzengeneration an diesem Ort zu verbessern und um die Nährstoffdichte in den Pflanzen zu erhöhen, die von uns verzehrt werden. Darum wirkt sich dieser Vorgang positiv auf die Umwelt aus. Er regt das Pflanzenwachstum an und fördert die Artenvielfalt. In deinem Garten kannst du regeneratives Gärtnern in unterschiedlichem Maße praktizieren, abhängig von deiner Umgebung und deinen Bedürfnissen.

> Ein Teil des regenerativen Gärtnerns besteht darin, durch unterstützende Pflanzen Bestäuber und nützliche Insekten in der Umgebung anzulocken.

Mit dieser Art des ganzheitlichen Anbauverfahrens soll der Nährstoffentzug, der durch kommerzielle landwirtschaftliche Praktiken verursacht wurde, rückgängig gemacht werden. Außerdem wird der Wasserkreislauf besser unterstützt und der Kohlenstoffabbau verbessert. (Pflanzen entziehen auf natürliche Weise durch Fotosynthese Kohlenstoff aus der Luft.) Regeneratives Gärtnern bedeutet ganz einfach, dass dem erschöpften Boden organische Stoffe wieder zugeführt werden, was im Wesentlichen der Fall ist, wenn wir unserem Gartenboden kompostiertes Material zufügen. Außerdem wird beim regenerativen Gärtnern nicht gepflügt, was bedeutet, dass der Boden nicht umgegraben wird, um ihn für die Bepflanzung aufzulockern oder um Unkraut zu entfernen, das gerade sprießt. Durch das Pflügen wird mehr Boden an die Luft gebracht, wo er Kohlenstoff freisetzt. Der Verlust von Kohlenstoff im Boden schwächt seine Beschaffenheit, seine Fruchtbarkeit und seine Fähigkeit, Wasser zu speichern – alles Dinge, die wachsende Pflanzen benötigen.

Beim regenerativen Gärtnern wird auch versucht, die Erschöpfung des Bodens durch eine sinnvolle Fruchtfolge oder die jährliche Aussaat verschiedener Pflanzen an einem bestimmten Ort zu verringern. Da verschiedene Pflanzen unterschiedliche Nährstoffe und Mineralien aus dem Boden benötigen, werden ihm durch die jährliche Aussaat der gleichen Pflanzenart am gleichen Standort schneller bestimmte Nährstoffe entzogen.

Es mag sich so anhören, als sei dies etwas, worauf sich vor allem Großerzeuger konzentrieren sollten, aber auch wir als Hexen können diese Ideen aufgreifen und in kleinerem Maßstab damit arbeiten. Im Folgenden findest du einige Anregungen, die dir helfen können, regenerativ zu gärtnern:

- **Nutze Gründüngung:** Der Grundgedanke bei der Gründüngung besteht darin, gezielt Pflanzen einzusetzen, die in den Boden untergehoben werden, um frisches Grün in die Erde zu bringen, wo es sich zersetzt und eine Vielzahl von Nährstoffen liefert. Der Unterschied zur Verwendung von Kompost besteht darin, dass Kompost bereits (oder größtenteils) zersetzt ist, wenn er in den Boden eingemischt wird; die Energie wurde hier also bereits freigesetzt. Bei frischen Gründüngungspflanzen findet der gesamte Zersetzungszyklus im Boden selbst statt.
- **Schütze den Boden:** Wenn du eine Pflanze erntest und die Pflanzenreste aus dem Boden ziehst, solltest du an ihrer Stelle etwas anderes einpflanzen. Dadurch wird die Zeit, in der der Boden freiliegt und Umwelteinflüssen ausgesetzt ist,

auf ein Minimum reduziert. Zum Schutz des Bodens kannst du alternativ auch Flächen, auf denen nichts gepflanzt wurde, mit Stroh, Mulch oder einem Kompostvlies abdecken.

- **Verzichte auf das Umgraben:** Durch das Umgraben wird die Unversehrtheit des Bodens zerstört, wodurch seine Fähigkeit, Wasser zu speichern und der Erosion entgegenzuwirken, beeinträchtigt wird. Außerdem wird der Boden freigelegt, wodurch Kohlenstoff in die Luft freigesetzt wird. Als Alternative zum Umgraben kannst du den Boden um deine Pflanzen herum mit Stroh, Mulch oder Kompostvlies abdecken und die Erde lockern, indem du eine Gartenforke in regelmäßigen Abständen in den Boden steckst, ohne dabei den Boden anzuheben und zu wenden und ohne die Unterseite freizulegen.
- **Dünge verantwortungsbewusst:** Dünger frischt den Boden auf und gibt ihm die Nährstoffe zurück, die er durch die zuvor darin wachsenden Pflanzen verloren hat. Anstatt nun aber im Gartencenter chemischen Dünger zu kaufen, empfiehlt es sich, den eigenen Kompost zu verwenden. Du kannst außerdem Lebensmittelabfälle einsetzen, welche die Nährstoffe liefern, die bestimmte Pflanzen benötigen. Aus den Abfällen, die in deinem Haushalt anfallen, kannst du nämlich nahrhaften Flüssigdünger herstellen. So sind beispielsweise Eierschalen, Kaffeesatz und Kaminasche gängige Bestandteile hausgemachter Düngermischungen. Auf der Website von Plantura erfährst du unter »Naturdünger aus Kaffeesatz, Eierschalen und Co. selber machen« mehr: https://www.plantura.garden/gartentipps/gartenpraxis/dunger-selber-machen-anleitung-zum-selbermachen-von-pflanzendunger

> Im Handel gibt es Dünger auf organischer Basis zu kaufen, mit dem du aber möglicherweise ein moralisches Problem hast. Zu den gängigen Düngemitteln gehören Blutmehl und Knochenmehl, die beide hervorragend für den Boden geeignet sind, aber in der Regel aus Schlachthöfen bezogen werden. Gülle ist ein weiterer gängiger und leicht zu beschaffender Dünger. Wenn du dich jedoch vegan ernährst, könnte die Verwendung von tierischen Abfällen dir Unbehagen bereiten, da sie mit Blut, Federn oder anderen tierischen Produkten verunreinigt sein können.

Regeneratives Gärtnern berücksichtigt die Vernetzung der Natur, das Netz der Energien, das die Welt und die Menschen, die in ihr leben, umspannt. Nichts, was du in einem Garten tust, geschieht in einem Vakuum. Gärtnere daher mit Sorgfalt und Achtsamkeit und triff die bestmöglichen Entscheidungen für deine Pflanzen und dein Land.

Alternative Gärten

Vielleicht fehlen dir die Mittel oder die Energie, um einen eigenen Garten anzulegen. Möglicherweise wohnst du auch an einem Ort, an dem du keine Zimmerpflanzen oder Kübelpflanzen haben kannst. Wenn du zur Miete wohnst, bist du unter Umständen in deinen Möglichkeiten eingeschränkt, je nachdem, wie die Hausordnung aussieht oder wie dauerhaft deine Situation ist. Deshalb biete ich dir hier einige alternative Möglichkeiten, wie du trotzdem einen Garten anlegen kannst.

PFLANZEN AUS GEMÜSERESTEN ANBAUEN

Die Anzucht von neuen Pflanzen aus Gemüseresten reduziert die Lebensmittelverschwendung, spart Geld und ermöglicht dir die Erfahrung, etwas selbst anzubauen und es dann zu verspeisen. Es ist außerdem eine Form der Wiederverwertung, denn normalerweise würden diese Abfälle weggeworfen werden. Indem du etwas Neues aus ihnen machst, verwandelst du sie, was sehr umweltfreundlich ist. In Kapitel 4 findest du Informationen darüber, wie man Pflanzen aus Gemüsestecklingen anbaut.

GEMEINSCHAFTSGÄRTEN

In einigen Städten und Gemeinden gibt es öffentliche Flächen, für die man sich anmelden kann, um einen Garten für nicht kommerzielle Zwecke anzulegen. In der Regel sind diese Flächen für den Anbau von Lebensmitteln bestimmt, einige dienen auch der Verschönerung, und vielleicht lässt sich auch beides kombinieren.

Auf der Website deiner Gemeinde sollten Informationen über Gemeinschaftsgärten zu finden sein. Möglicherweise musst du dich auf eine Warteliste setzen lassen, weil die Nachfrage groß ist. Wenn du in einer Wohnanlage lebst, gibt es dort vielleicht einen gemeinschaftlichen Außenbereich, der von den Bewohnern bepflanzt werden darf. (Falls nicht, frage die Eigentümer/Verwaltung, ob du einen solchen Bereich organisieren kannst!) In der Regel wird für einen Gemeinschaftsgarten eine Art Jahresgebühr erhoben, um die Kosten für Material und die allgemeine Instandhaltung zu decken.

Zu den Vorteilen eines Gemeinschaftsgartens gehört die Beratung durch Gartenexperten. Außerdem lernt man etwas von anderen Gärtnern, teilt sich die Kosten, und es entsteht eine stärkere Verbindung untereinander. Gemeinschaftsgärten

> Für die Teilnahme an einem Gemeinschaftsgarten gelten unter Umständen bestimmte Regeln, die von allen Beteiligten eingehalten werden müssen. Zum Beispiel musst du vielleicht etwas spenden oder eine bestimmte Anzahl von Arbeitsstunden auf den Gemeinschaftsflächen des Gartens ableisten. Der Garten wird möglicherweise von einem ehrenamtlichen Komitee betreut.

vergrößern auch die Grünfläche in einem Gebiet und machen Flächen wieder nutzbar, die sonst brachliegen würden. Darüber hinaus regen sie die Menschen dazu an, sich im Freien aufzuhalten – und sie fördern das geistige und körperliche Wohlbefinden.

GUERILLA GARDENING

Guerilla Gardening bezeichnet das Gärtnern auf Flächen, die einem nicht gehören und/oder für deren Nutzung man keine Genehmigung hat: leere, überwucherte Grundstücke, öffentliches Land, das nicht bewirtschaftet wird, oder jede städtische Fläche, die nicht speziell für die Gartennutzung vorgesehen ist. Guerilla Gardening kann so einfach sein wie das Pflanzen von Blumen um einen städtischen Baum herum oder so komplex wie das Anlegen eines kompletten Gemüsegartens entlang eines Bahngleises oder des gesetzlich vorgeschriebenen Freiraumes um Hochspannungsleitungen.

Guerilla Gardening hat etwas Besonderes. Jeden Moment kann der Garten verschwinden. Er ist flüchtig, grenzwertig. Es hat etwas Magisches an sich, dass man etwas aus dem Nichts erschafft, dass man einen Raum nutzt, der sonst leer wäre, um Nahrung oder Schönheit zu schaffen. Gleichzeitig besteht das Risiko, dass man Stunden oder sogar Jahre der Arbeit verliert. Wenn du jedoch an den Gewinn denkst, den du in der Zwischenzeit erzielst, kann es sehr befriedigend sein, mit diesen Flächen zu arbeiten.

Wenn du dich von der Idee angezogen fühlst, eine freie Fläche zu verschönern, aber aufgrund finanzieller oder körperlicher Einschränkungen nicht in der Lage bist, sie zu bepflanzen, ist die »Samenbombe« ein beliebtes Werkzeug von Guerilla-Gärtnern, das kostengünstig und einfach herzustellen und anzuwenden ist. Eine Samenbombe ist eine kleine Kugel aus Samen, Kompost und Ton, die man an einem Ort auswirft, um sie keimen und wachsen zu lassen. Auf diese Weise lässt sich das Saatgut erfolgreicher über eine Fläche verteilen. Außerdem schützt die Samenbombe die Samen davor, dass sie vom Wind weggeweht oder von Vögeln gefressen werden, und gewährleistet, dass sie sicher keimen können. Mehrere kleine Kugeln sind Erfolgversprechender als einige wenige größere. Im Internet findest du leicht Rezepte für

Samenbomben. Achte dabei allerdings bitte darauf, dass du Pflanzen verwendest, die in deiner Region heimisch sind. Zum einen ist die Einbringung invasiver Arten gefährlich, zum anderen ist die Verwendung von Pflanzen, die in deinem Klima nicht gedeihen können, sinnlos.

Solidarische Landwirtschaft

Wenn du gern frische Lebensmittel konsumierst, sie aber aufgrund körperlicher oder anderer Einschränkungen nicht selbst anbauen kannst, könntest du ein lokales Programm unterstützen, das mit Landwirten und Anbaubetrieben in deiner Umgebung zusammenarbeitet.

Bei der solidarischen Landwirtschaft (Solawi) handelt es sich um eine Art Abonnement bei einem bestimmten Bauernhof oder einer Gruppe von Bauern, bei denen man einen festgelegten Betrag bezahlt und im Gegenzug regelmäßig Anteile an den Erzeugnissen des Hofes erhält. Auf diese Weise kannst du die örtliche Landwirtschaft direkt unterstützen und erhältst saisonale Produkte, sobald sie geerntet werden – eine weitere Möglichkeit, mit dem lokalen saisonalen Wachstumszyklus in Kontakt zu kommen. Die Bauernhöfe stehen oft über Newsletter und persönlich bei der wöchentlichen Abholung mit ihren Abonnenten in Kontakt. Manche von ihnen bieten auch Gemeinschaftstage an, bei denen die Abonnenten bei der Ernte oder der Pflege mithelfen können, oder erlauben regelmäßige Arbeit im Austausch gegen einen Teil der Abonnementkosten. Diese Art von Abnehmergemeinschaft gibt es auch bei Fleisch produzierenden Betrieben sowie für Backwaren, Eier und Milchprodukte und viele weitere Lebensmittel.

Kapitel 2

Magische Ziele

Wie möchtest du deinen Garten nutzen?

Bevor du mit der Planung deines Gartens beginnst, solltest du dir Gedanken darüber machen, wie das Endergebnis aussehen soll. Wie bei der Zauberei ist es wichtig, dass du dein Ziel klar definierst, bevor du anfängst, damit du jeden Schritt darauf abstimmen kannst.

Während du dieses Kapitel liest, hast du möglicherweise noch keine klare Vorstellung davon, wie dein Garten aussehen soll. Vielleicht möchtest du von allem ein bisschen haben. Daran ist nichts auszusetzen. Wenn du nur irgendetwas anbauen willst, um aktiv zu werden und an den Energiekreisläufen der Natur teilzuhaben, dann ist auch das in Ordnung! Der Garten meiner Familie beispielsweise ist eine bunte Mischung aus ein paar Gemüsesorten und vielen Blumen, Sträuchern und Kräutern. Er hat kein zusammenhängendes Thema, außer dass er ein Ort ist, den wir genießen. Er hat jedoch bestimmte magische Vorteile, die wir erkennen, und ich werde einige davon hier beschreiben.

> Ich spreche in diesem Buch nicht an, wie man mit einem bestimmten Budget gärtnern kann. Wenn man durch eine Gärtnerei schlendert, wird man leicht von der Auswahl und den Kosten für Material und Werkzeuge überwältigt. Und deine Auswahl und deine Entscheidungen werden natürlich von dem Budget beeinflusst, das du dir selbst gesetzt hast. Bedenke jedoch bitte, dass du auch einen Garten aus Abfällen und Gemüseresten anlegen kannst, indem du Wurzeln aus Stecklingen von Kräutern ziehst oder Stecklinge von anderen Pflanzen nimmst, die entweder wild wachsen oder von Bekannten stammen. Es ist nicht notwendig, Hunderte von Euro auszugeben und viel Land für dein Gartenprojekt zu verwenden.

Bei der Gestaltung deines Gartens musst du Entscheidungen darüber treffen, welche Rolle (oder Rollen) dein Garten für deine spirituelle und magische Arbeit spielen soll; dies ist vor allem dann wichtig, wenn dein Platz begrenzt ist. Man kann nicht alles haben ... aber es gibt Möglichkeiten, wie Pflanzen eine doppelte oder sogar mehrere Rollen spielen können.

Kein Grund zur Panik. Das Anlegen deines Gartens ist keine einmalige Entscheidung! Das Schöne an Pflanzen ist, dass sie einen natürlichen Lebenszyklus haben. Einjährige Pflanzen überdauern nur eine einzige Saison. Stauden kehren immer wieder zurück und wachsen nach, nachdem sie am Ende der Vegetationsperiode absterben oder in den Ruhezustand gehen. Es liegt in der Natur der Sache, dass sich ein Garten ständig verändert und weiterentwickelt. Dein Garten ist nicht in Stein gemeißelt, und das sollte er auch nicht sein.

Wenn du bereits einen Garten hast, solltest du eine Bestandsaufnahme machen. Was möchtest du beibehalten? Was möchtest du entfernen, um Platz und Ressourcen für etwas anderes zu erhalten, für das du mehr Verwendung hast? Wenn du etwas behalten willst, aber nicht dort, wo es gerade ist, dann markiere es, um es umzusetzen. Mehr über die Arbeit mit einem bestehenden Garten findest du weiter hinten in diesem Kapitel.

Magische Planungsphase

Der magische Aspekt bei der Planung deines Gartens entspricht fast genau der Planung eines Zaubers.

1. Formuliere zunächst deine Absichten. Was ist dein Ziel für diesen Garten? Möchtest du Lebensmittel anbauen? Oder Zutaten für Zaubersprüche? Soll er ein Ort der Entspannung sein?
2. Umreiße als Nächstes deine Ziele. Deine Ziele könnten darin bestehen, neue Pflanzen einzuführen, mit denen du noch nie gearbeitet hast, bestimmte Pflanzen aus Samen zu ziehen, die Energie deines Anbauraums in etwas Unterstützendes und Gesundes zu verwandeln oder deine Fähigkeit zu verbessern, mit Pflanzen zu kommunizieren. Wenn du möchtest, kannst du eine Liste mit kurzfristigen und langfristigen Zielen verfassen.
3. Schreibe dann deine Vision im Detail auf. Wie bei der Planung eines Zaubers solltest du dabei so klar und detailliert wie möglich sein. Wenn du ein magisches Vorhaben nur mit einer vagen Vorstellung davon beginnst, was du willst, wird es dir schwerfallen, es durchzuziehen. Wenn du hingegen Spontaneität magst, kannst du deine magische Planung absichtlich mit unbestimmten Zielen angehen; du musst dann mit dem leben, was passiert. Dies kann eine großartige Lernerfahrung sein, aber auch viel Zeit und Geld kosten. Eine detaillierte Vision hilft dir, den Fokus zu behalten und deine magische Energie effizient zu lenken.

Praktische Planungsphase

In dieser Phase geht es um die konkrete Planung, die dir dabei hilft, deine magischen Ziele zu verwirklichen. Bevor du einen Garten anlegst, musst du wissen

- welche Anbauzone (Klimazone) an deinem geografischen Standort vorliegt,
- wie die Bodenbeschaffenheit in deinem Garten ist,
- wie das Wetter in deiner Gegend ist,
- welche Arten von Pflanzen du anbauen möchtest (deine Wahl hängt von den Daten ab, die du zu den anderen Punkten gesammelt hast).

Betrachten wir nun, warum diese Informationen so wichtig sind.

ZONEN

Anhand der Klimazonen oder Anbauzonen kannst du viele Pflanzen von vornherein ausschließen, weil diese an deinem Standort einfach nicht gedeihen. Deshalb sieht man auch keine Palmen in der Arktis. Pflanzen entwickeln sich in bestimmten Klimazonen in Abhängigkeit von den dortigen Gegebenheiten und Bedingungen. Anhand einer einfachen Karte der Anbauzonen kannst du die durchschnittlichen Niedrigtemperaturen in deinem Gebiet ermitteln, damit du Pflanzen besorgen kannst, die für dieses Klima geeignet sind.

Die Anbauzonen sind hervorragende Leitfäden für grüne Hexen. Sie zeigen auf, was mit der Energie deiner geografischen Lage in Einklang steht. Sie verhindern, dass du etwas, das für dein Klima ungeeignet ist, zum Wachsen zwingen willst, was eine Menge Energie verbraucht, die du wahrscheinlich an anderer Stelle besser einsetzen könntest. Hexen arbeiten mit den Energien ihrer Umgebung, nicht gegen sie.

Es gibt natürlich auch Möglichkeiten, die Einschränkungen der Anbauzonen zu umgehen. Wenn man drinnen gärtnert oder ein Gewächshaus hat, kann man damit eine weitreichendere Pflanzzone erzielen, wodurch man eine größere Auswahl an Pflanzen wachsen lassen kann. Allerdings muss man viel Geld investieren, um die Bedingungen für Pflanzen, die in einem ganz anderen Klima wachsen, perfekt zu reproduzieren. (Weitere Informationen dazu findest du im Abschnitt »Klimazonen« am Ende dieses Buches.)

BODEN

Die Zusammensetzung des Bodens in dem von dir gewählten Gartenbereich ist ebenfalls entscheidend. Die chemische Zusammensetzung des Bodens – ob er sandig oder reich an organischem Material ist –, die Topografie des Geländes und das ausreichende Vorhandensein lebender Organismen bestimmen die Qualität des Bodens und damit auch die Pflanzen, die darin überleben können. Der Boden muss die richtige Menge an Luft, Wasser sowie organischen und anorganischen Stoffen enthalten, um Leben zu ermöglichen.

Manchmal kann die Bodenqualität und/oder -zusammensetzung durch das Einbringen von Mutterboden verbessert werden. Mutterboden ist eine nährstoffreiche Bodenschicht, die etwa die obersten 20 bis 30 Zentimeter der Erde ausmacht und auf der tieferen Schicht, dem Unterboden, liegt. Mutterboden hat eine hohe Konzentration von Mikroorganismen und Humus, die für das Pflanzenwachstum erforderlich sind. Er kann im Gartenfachhandel in Säcken gekauft oder in großen Mengen nach Hause geliefert werden.

Mutterboden kann mit der Zeit seinen Nährstoffgehalt und damit an Qualität verlieren, da die Nährstoffe durch das Pflanzenwachstum verbraucht, durch Erosion beeinträchtigt und durch Niederschläge und anderes Wasser gefiltert werden. Die Zugabe von neuem Mutterboden alle paar Jahre kann dazu beitragen, den bestehenden Gartenbereich zu regenerieren – ebenso wie die Zugabe von Kompost, der die Nährstoffe aus verrottendem Pflanzenmaterial wieder zuführt.

Es gibt noch weitere wichtige Informationen, die du über deinen Boden sammeln solltest, wozu beispielsweise die Zusammensetzung des Bodens gehört. Hat dein Boden einen hohen Anteil an Ton? Ist er sehr trocken oder extrem feucht? Ist er sauer oder alkalisch? Wende dich an dein örtliches Gartenbauzentrum, um mehr über den natürlichen Boden in deiner Gegend zu erfahren. Du kannst auch bei einer örtlichen Beratungsstelle anrufen; einige Beratungsstellen bieten Bodentests an.

> Ein durchschnittlicher Boden besteht aus mehreren verschiedenen Elementen: zu etwa 45 Prozent aus anorganischen Stoffen, 25 Prozent Luft, 25 Prozent Wasser und fünf Prozent organischen Stoffen. Die organische Substanz (auch Humus genannt) setzt sich aus Mikroorganismen und verfaulten oder verrottenden pflanzlichen und tierischen Stoffen zusammen. Die anorganische Materie besteht aus Gesteinspartikeln unterschiedlicher Größe.

WETTER

Jeder Gärtner kann dir bestätigen, dass das Wetter wichtig ist. Bei den Anbauzonen geht es vor allem um die Temperaturen, aber es gibt noch viele andere Faktoren, die deinen Erfolg beeinflussen werden. Schau dir deshalb die Wettermuster deines Standorts an, um einen besseren Einblick in die Bedingungen zu bekommen, denen deine Pflanzen ausgesetzt sein werden. Ist es in deiner Gegend sehr feucht? Liegt dein Standort in der Nähe von Gewässern, was sich darauf auswirkt, wie Stürme vorbeiziehen und welche Art von Niederschlag dadurch bewirkt wird? Große Hügel, Täler und andere geologische Gegebenheiten können sich auf das Wetter in einer Region auswirken, indem sie den Wind und die Sturmbewegungen umleiten. Das Wetter an deinem Standort kann sich stark von dem Wetter unterscheiden, das an einem Ort zehn Minuten weiter nördlich oder südlich herrscht.

Einen bestehenden Garten umgestalten

Wenn du bereits einen Garten hast und ihn magischer gestalten möchtest, solltest du zunächst eine Bestandsaufnahme dessen machen, was bereits vorhanden ist. Stelle dir dazu die folgenden Fragen:

- Welche Pflanzen habe ich, die einen magischen Zweck erfüllen? Schlage die Entsprechungen dieser Pflanzen nach und erforsche ihre Energien, um ein Gefühl dafür zu bekommen, was sie für dich persönlich bedeuten.
- Welche vorhandenen Pflanzen kann ich versetzen oder entfernen, um Platz für Pflanzen zu schaffen, die ich bewusst für magische Zwecke auswähle?
- Welche Pflanzen kann ich hinzufügen, um die bereits vorhandenen zu ergänzen?

Eine weitere Option ist die gezielte Umwidmung des vorhandenen Bereichs in einen magischen Garten. Sehr wahrscheinlich wäre dies eine Bestätigung dessen, wie du den Garten ohnehin bereits genutzt hast. Denn grüne Hexen nutzen das, was ihnen zur Verfügung steht, da schließlich alles als magisch gilt. Wir brauchen keine speziellen Orte, um unseren Weg zu beschreiten. Allerdings kann die Widmung eines Bereichs als magischer Garten dazu beitragen, dass sich die Energien bündeln und deine magischen Ziele aktiver unterstützen. Eine Widmung verbindet den Ort auf eine strukturiertere Weise mit dir.

Die Umwidmung des Ortes kann besonders dann nützlich sein, wenn du deinen Garten im Hinblick auf magische und/oder spirituelle Arbeit neu gestalten willst. Betrachte es als eine magische Neuausrichtung. Dazu ist es notwendig, die bestehende Energie des Gartens als Ganzes zu bewerten. Dies ist ein anderer Prozess als die Betrachtung der einzelnen Pflanzen, wie weiter vorn in diesem Kapitel erklärt. Diese Bewertung bezieht die Energie des Raumes selbst mit ein. Wie du weißt, setzt sich diese Energie aus einer Kombination vieler Dinge zusammen, einschließlich der Pflanzen, die sich derzeit dort befinden. Frage dich erst einmal, was dir daran gefällt und was du gern ändern würdest. Schreibe die Umwidmung deines Gartens auf und konzentriere dich dabei darauf, die Energien zu verstärken, die du beibehalten möchtest, und die Energien einzuladen, die du anstelle der unerwünschten Energien haben möchtest.

> Es ist möglich, dass du bereits eine Beziehung zu deinem Gartenraum entwickelt hast, was wunderbar ist. Eine Widmung kann wie eine offizielle Anerkennung der bestehenden Beziehung sein.

Was ist mit der vorhandenen Energie, die du nicht beibehalten möchtest? Danke ihr für ihre Arbeit in der Vergangenheit und wünsche ihr alles Gute an ihrem neuen Platz. Energie kann transformiert werden, daher besteht eine andere Möglichkeit damit umzugehen darin, die Energie des Ortes auf eine von dir gewählte Weise neu zu programmieren: Verwende Steine oder Kristalle, um die Energie zu beeinflussen, verbrenne getrocknete Kräuter, welche die gewünschte Energie tragen, stelle Anhänger her und vergrabe sie, um die gewünschte Energie anzuziehen, und so weiter.

Küchengarten mit Gemüse und Obst

Bist du eine Küchenhexe? Kochst und isst du gerne? Vielleicht möchtest du diesen Aspekt deiner Hexenkunst unterstützen, indem du Nahrungsmittel und Gewürze anbaust. Der Schwerpunkt eines solchen Gartens liegt meist auf Gemüse und Kräutern, und er kann zusätzlich einige Obstbäume oder Sträucher enthalten, wenn du den Platz dafür hast und deine Klimazone dafür geeignet ist.

Was solltest du anpflanzen? Behalte dazu diese Dinge im Hinterkopf:

- Was kochst du am häufigsten? Es ist nicht sinnvoll, eine Vielzahl von Gemüsesorten anzupflanzen, wenn du nicht damit kochst.
- Was lässt sich gut aufbewahren? Überlege dir, wie viel Platz du für die Lagerung zur Verfügung hast. Es macht keinen Sinn, eine Unmenge von Tomaten anzubauen, wenn du nicht über die nötige Ausrüstung verfügst, um sie zu verarbeiten, und zudem nicht genug Platz hast, um die Gläser zu lagern, in denen sie eingemacht werden.
- Wofür hast du generell Platz? Diese Frage bezieht sich auch auf den Platz in deinem Garten. Wenn du nicht viel Platz zum Anpflanzen hast, solltest du dich mehr auf die Zutaten konzentrieren, die du in deiner Küche verwendest. Es spricht nichts dagegen, Gemüse auf dem Markt zu kaufen und Zwiebeln, Knoblauch und Kräuter aus dem eigenen Garten zu verwenden, wenn du gern mit diesen Zutaten kochst.

Einige Nutzpflanzen wie Erdbeeren, Tomaten, Kartoffeln und Kräuter lassen sich gut in Töpfen oder Kübeln anbauen. Du kannst zusätzlich zu deiner Anbaufläche im Garten einen Topfgarten einrichten oder die gesamte Anbaufläche für einen Topfgarten nutzen, vor allem wenn dein Garten auf einen Balkon oder eine Veranda beschränkt ist. In Kapitel 4 findest du auch Ideen für Innengärten.

Eine Grundauswahl an Kräutern in einem magischen Garten, der als Basis für die magische Küche dienen kann, könnte Folgendes umfassen:

- Basilikum
- Dill
- Estragon
- Koriander
- Minze
- Oregano
- Petersilie
- Rosmarin
- Salbei
- Thymian

Basis-Gemüsesorten im Garten einer grünen Hexe könnten sein:

- Bohnen
- Brokkoli
- Erbsen
- Grüne Gemüsesorten wie Grünkohl, Mangold, verschiedene Kopfsalate
- Gurken
- Kartoffeln
- Kohl
- Kürbis
- Mais
- Möhren
- Paprika
- Pastinaken
- Radieschen
- Rosenkohl
- Sellerie
- Tomaten
- Zucchini
- Zwiebeln

ESSBARE BLUMEN

Wer sagt, dass ein Nutzgarten nicht auch Blumen enthalten kann? Schließlich braucht man keinen Grund dafür, seinen Garten zu verschönern. Manchen Blumen sind sogar essbar, sofern sie nicht mit chemischen Mitteln behandelt wurden.

Andere Blumen, wie Ringelblumen (die ebenfalls essbar sind), sind gute Nachbarn für Nahrungspflanzen, um Insekten abzuschrecken. Dies ist eine Auswahl an essbaren Blumen:

- Borretsch
- Kapuzinerkresse
- Klee
- Rosen
- Veilchen

Magische Elemente

Wenn sich deine Hexenkunst auf Zauberei konzentriert und du Pflanzen für deine magische Arbeit verwendest, solltest du einen Garten anlegen, in dem du die

Zutaten für deine Zaubersprüche anbaust. Stelle dir dazu vorab einige Fragen, um zu bestimmen, was du anpflanzen möchtest.

> Wenn du eine Pflanze findest, die für deine Klimazone und persönliche Situation geeignet ist und mehr als ein magisches Ziel abdeckt, ist dies absolut ideal. Die meisten Pflanzen haben von Natur aus mehrere Entsprechungen, sodass die Auswahl einer vielseitigen Pflanze, die mehrere Funktionen erfüllt, nicht nur praktisch, sondern auch sehr schlau ist.

1. Schaue dir die Zutaten an, zu denen du ständig greifst. Was verwendest du am häufigsten? Was musst du regelmäßig ersetzen? Sobald du diese Liste erstellt hast, recherchiere ein wenig, um herauszufinden, ob diese Pflanzen in deiner Klimazone wachsen. (Weitere Informationen über Klimazonen findest du weiter vorn in diesem Kapitel sowie hinten im Buch.) Wenn die fraglichen Pflanzen in deiner Klimazone wachsen, solltest du überprüfen, ob sie bestimmte Wachstumsbedingungen benötigen. Wenn Boden, Standort oder Wetter diese Anforderungen nicht erfüllen, gibt es dann Pflanzen, die als Entsprechung oder Ersatz für die magischen Energien dieser Pflanzen dienen können?
2. Überlege, welche Art von magischen Zielen du am häufigsten anstrebst. Suche Pflanzen für deine Klimazone aus, die diese Ziele unterstützen.
3. Lege einen Garten mit einer reichen Auswahl geeigneter Pflanzen an, die unterschiedliche magische Ziele abdecken. So hast du bei Bedarf mehrere Pflanzen zur Auswahl.

Der Garten als magische Oase

Ein Garten, der dir als magische Oase dienen soll, bietet dir die Möglichkeit, einen Ort zu gestalten und zu genießen, der deinen Bedürfnissen entspricht. Was auch immer du dir unter einer Oase vorstellst – etwas Verjüngendes, etwas Erholsames, etwas Fröhliches oder Beruhigendes –, du kannst es gestalten und erschaffen. Und dann kannst du dich natürlich auch daran erfreuen.

Dieser Gartentyp spiegelt vielleicht mehr als jeder andere deine Persönlichkeit und deine Bedürfnisse wider. Die Pflege dieses Gartens kann zu einer Analogie für die Pflege deiner selbst werden. Wie in Kapitel 1 erwähnt, solltest du diese Analogie jedoch nicht zu weit treiben. Wenn der Garten nicht gedeiht, solltest du das nicht auf dich persönlich übertragen oder es so interpretieren, dass du ebenfalls versagt hast. Überlege stattdessen, welche Botschaft der Garten dir vielleicht übermittelt. Braucht er mehr oder weniger Wasser? Hast du die richtigen Pflanzen für deine Region und die Art des Gartens (zum Beispiel für einen Topfgarten oder Innengarten) ausgewählt? Hast du auf das Wetter geachtet und deine Pflege dementsprechend angepasst? Wenn du deinen Garten zu einer magischen Oase gestaltest, die genauso aussieht, wie du es dir erträumst, dann tust du damit etwas für dich selbst und für die Erde.

Um herauszufinden, wie deine Gartenoase aussehen soll, überlege dir bitte, welche Art von Umgebung du als erfrischend, beruhigend, sicher oder was auch immer für ein Gefühl du suchst, empfindest. Ganz gleich, ob du dich nach Frieden, Lebensfreude, Heilung oder Sicherheit sehnst, du kannst eine Gartenoase anlegen, die deine Wünsche erfüllt.

Diese Art von Garten ist ein so persönliches Spiegelbild von dir und deinen Bedürfnissen, dass ich hier kaum weitere Anleitungen geben kann. Eine magische Gartenoase kann dir niemand vorschreiben. Ich lade dich ein, zu meditieren und dich für Inspiration und Führung durch das Universum zu öffnen, während du an der Gestaltung arbeitest. Dieses Buch kann dich in deinem Prozess unterstützen, indem es Ideen, Konzepte und Informationen bietet. Vertraue auf deine Intuition.

> Soll dein Garten um ein einziges Thema herum angelegt werden oder möchtest du, dass sich die verschiedenen magischen Zonen zu einer Gesamtoase zusammenfügen? Es gibt keine Regeln. Entscheide dich für das, was dich glücklich macht!

WÄHLE EINHEIMISCHE ARTEN

Als grüne Hexe ist dir bewusst, dass es von großer Bedeutung ist, mit standortgerechten einheimischen Pflanzen zu arbeiten. Dabei bestimmt die Geografie, welche Pflanzen du in deinem Garten anbauen kannst und welche nicht. Es gehört zu unserer Verantwortung für die Erde, sich für den Planeten und die Arten einzusetzen, die durch die Einmischung des Menschen in Bedrängnis geraten sind. Wie wäre es also, wenn du deine magische Oase so gestaltest, dass sie diesen Tieren hilft?

Wähle einheimische oder alteingesessene Pflanzen, die Vögeln, Schmetterlingen, nützlichen Insekten und Bienen als Nahrung und Schutz dienen. Im

Allgemeinen werden Bestäuber von bunten Blumen (und zwar von vielen!) und duftenden Blüten angezogen. Wenn du eine große Vielfalt von Pflanzen einsetzt, die zu unterschiedlichen Zeiten blühen, bietet dies den Tieren, die darauf angewiesen sind, eine kontinuierliche Versorgung mit Nektar und Pollen.

Bestäuber, vor allem Bienen, mögen Blumen wie die folgenden, die in den meisten Klimazonen leicht zu pflanzen sind. Die folgenden Pflanzen bieten den zusätzlichen Vorteil, dass sie auch einen medizinischen und magischen Nutzen haben:

- Borretsch
- Fenchel
- Heidekraut
- Katzenminze
- Kornblume
- Lavendel
- Schafgarbe
- Schlüsselblume
- Sonnenblume
- Sonnenhut
- Ysop

Rewilding

Bei der Planung deines Gartens solltest du vielleicht auch über Rewilding, eine Form der Renaturierung, nachdenken. Unter Rewilding versteht man in einem Garten die Umwandlung von Rasenflächen in lebendigere, gesündere und umweltfreundlichere Bereiche. Ein Rasen hat heutzutage keine andere Daseinsberechtigung als eine dekorative Funktion; er ist ein Konzept, das aus einer Zeit stammt, in der eine mit Gras bewachsene Fläche ein Zeichen dafür war, dass man wohlhabend genug war, um Land zu besitzen, das man nicht für den Anbau von Lebensmitteln oder Feldfrüchten verwenden musste.

Leider sehen smaragdgrüne Rasenflächen zwar sauber und ordentlich aus, tragen aber weder zur Gesundheit des Bodens bei noch bieten sie Lebensraum oder Nahrungsquellen für Bestäuber. Eine der ganz realen Krisen unserer Zeit ist die Wasserknappheit, die natürliche Landschaften und vom Menschen bewohnte Gebiete gleichermaßen bedroht. Um einen Rasen grün zu halten, werden große Mengen an Wasser benötigt, eine Ressource, die für nichts anderes verschwendet wird als für eine rein dekorative Funktion. Und Gras ist ein Bodendecker, der darüber hinaus absolut keinen Nutzen hat.

Rewilding verwandelt diese toten Rasenflächen in blühende Lebensräume für die bestäubenden Tiere und verschönert gleichzeitig den Garten. Die ersten Schritte können dabei so einfach sein wie der Verzicht auf chemische Wachstumshilfen oder Schädlingsbekämpfung. Stelle die Klingen des Rasenmähers höher, um dem vorhandenen Gras mehr Platz zum Wachsen zu geben. Dadurch wird der Boden darunter beschattet und bietet Insekten Unterschlupf. Streue im Frühjahr anstelle von Grassamen Kleesamen oder einen anderen geeigneten einheimischen Bodendecker auf den Boden. Jäte im Rasen kein Unkraut, es sei denn, bei dem Unkraut handelt sich um eine invasive, nicht einheimische Pflanze. (Die Technik der wohlwollenden Vernachlässigung ist hier absolut zulässig!) Verringere den Platz, den die Rasenfläche einnimmt, und gib diesen Platz für einheimische Arten frei, die Bestäuber und andere einheimische Arten unterstützen.

Bonus: Du musst deinen Rasen nicht mähen, wenn du das Gras ganz entfernst und den Platz für alternative Bodendecker nutzt. In Kapitel 6 findest du einige Ideen für Bodendecker, die nicht gemäht werden müssen.

Kapitel 3

Verschiedene Arten von Hexengärten

Grundlagen eines grünen Hexengartens

Im Wesentlichen sollte dir dein Garten der grünen Magie zwei Dinge bieten:

1. die Möglichkeit, mit dem natürlichen Kreislauf in Berührung zu kommen;
2. die Energie, die du für deine täglichen Bedürfnisse und deine Magie brauchst.

Schauen wir uns diese beiden Komponenten einmal genauer an.

Einblick in den Naturkreislauf

Wenn wir etwas beobachten, gewinnen wir einen Einblick in dieses Etwas. Zu lernen, auf kleine Verschiebungen oder Veränderungen zu achten und darauf zu reagieren, ist eine wertvolle Fähigkeit, die eine Hexe entwickeln sollte. Wir stellen uns den Wandel häufig in weitreichenden Dimensionen vor. Die Welt funktioniert jedoch nicht so. Veränderungen sind in der Regel sehr klein – es sind leichte Verschiebungen, die für sich genommen kaum spürbar sind. Erst wenn eine Folge von kleinen Veränderungen zu einer deutlichen Abweichung vom vorherigen Zustand führt, bemerken wir den Wandel im Allgemeinen.

> Die Zeit, die du damit verbringst, deine Beobachtungsgabe zu verbessern, ist nie verschwendet.

Je mehr du dich darin übst, etwas Tag für Tag (oder sogar Stunde für Stunde) zu beobachten, desto besser wirst du darin, kleinste Veränderungen zu erkennen. Das wiederum erhöht deine Sensibilität für die feinstoffliche Energiearbeit.

Abgesehen davon, dass du durch das Pflegen der Pflanzen direkt am Wachstumszyklus teilhaben kannst, ermöglicht dir die Beobachtung des natürlichen Zyklus in einem Garten einen Einblick in die sich verändernden Energien dieses Zyklus. Es bietet dir die Möglichkeit, über die langsame Bewegung von Energie nachzudenken und darüber, wie sie sich auf dich, deine eigenen Energien und die Veränderungen in deinem eigenen Leben auswirkt.

Zugang zur Energie

Alle Lebewesen erzeugen und verbrauchen Energie. Als Hexen nutzen wir die Energie von Farben, Steinen, Siegeln und Pflanzen (neben anderen Dingen), um unsere eigene Energie und die Energie unserer Umgebung zu beeinflussen und bestimmte Ziele zu erreichen.

Einen Garten zu haben, egal wie groß er ist, ob drinnen oder draußen, bedeutet, dass man Zugang zu einer ständigen Energiequelle hat. Für eine Hexe ist das von unschätzbarem Wert. Du bist sicher bereits damit vertraut, die Energie eines Raumes zu verbessern und zu beeinflussen, indem du Steine, Pflanzen oder Farben hinzufügst, um den Raum nach deinen Vorstellungen oder Bedürfnissen zu formen oder zu beeinflussen. In einem Garten kannst du die von den lebenden Pflanzen erzeugte Energie auf die gleiche Weise nutzen, genauso wie du Energie aus der Erde borgen kannst.

Um die Energie der Pflanzen zu nutzen, musst du sie nicht unbedingt ernten. Überrascht? Die Menschen betrachten eine magische Komponente gewöhnlich als etwas, das verbraucht wird, insbesondere organische Materialien wie Blüten, Blätter oder Samen. Ich vermute, das kommt daher, dass sich organisches Material irgendwann sowieso zersetzt. Vielleicht liegt es auch daran, dass für Zauber oftmals eine festgelegte Menge an Pflanzenmaterial benötigt wird, wie es auch bei Rezepten der Fall ist, oder weil das Pflanzenmaterial oft verbrannt oder in einen Zauberbeutel eingenäht wird. Man kann dies als Opfergabe betrachten. Die Energie der Pflanzen kann jedoch auch zu ihren Lebzeiten genutzt werden. Du kannst entweder auf die Energie einer bestimmten Pflanze zurückgreifen (beispielsweise Schutz oder Liebe) oder die allgemeine Lebensenergie nutzen, um deine magische Arbeit zu unterstützen. In Kapitel 9 wird dieses Konzept näher erläutert.

ASTROLOGISCHE GÄRTEN

Die Astrologie ist ein System, für das sich manche Hexen zutiefst interessieren, und die Energie der Planeten wird seit Jahrhunderten auf die Kräuterkunde und die Pflanzenklassifizierung angewandt. Es gibt verschiedene Möglichkeiten, wie die Astrologie in die Gartenarbeit einbezogen werden kann. Betrachten wir zunächst die Bepflanzung nach astrologischen Zusammenhängen.

Wenn man sich Werke der frühen Kräuterkunde ansieht – zum Beispiel die Schriften des Arztes und Astrologen Nicholas Culpeper (1616–1654) –, wird man feststellen, dass darin jede Pflanze mit einem Himmelskörper in Verbindung gebracht wurde. Dazu wurde die Pflanze im Allgemeinen untersucht und anhand ihres Aussehens, ihres Geruchs, ihres Lebenszyklus, ihrer Heilwirkung und anderer Faktoren einer Planetenklasse zugeordnet.

Es gibt sieben klassische Planeten, weil die Menschen in der Antike zu ihrer Zeit nur diese kannten. »Moderne« Planeten wie Neptun und Uranus wurden erst entdeckt, als unsere Technologie sie wahrnehmen konnte. Die sieben klassischen Planeten sind zudem nicht alle Planeten – zwei davon sind unsere Leuchtkörper, die Sonne und der Mond.

Die sieben klassischen Himmelskörper, ihre Eigenschaften und Energien sowie ihre pflanzlichen Verbindungen sind:

- **Saturn:** Grenzen, Bindung, Verbannung, die Ältesten, Altern, Tod; Pflanzen, die giftig sind, Schatten lieben oder in kargem Boden wachsen; Pflanzen mit schlechtem Geruch; Pflanzen, die das Ausscheidungssystem und die Knochen beeinflussen
- **Jupiter:** Großzügigkeit, Recht; Pflanzen, die das Verdauungssystem, die Leber und die Blutgefäße beeinflussen; Pflanzen, die groß sind; Pflanzen, die nahrhaft und appetitlich sind
- **Mars:** Verteidigung, Angriff, Vitalität; Pflanzen mit Dornen oder stacheligen Stängeln oder Blättern, würzige Düfte; Pflanzen, die das Immunsystem, das Blut und den Sexualtrieb beeinflussen
- **Venus:** Liebe, Wohlstand, Aphrodisiakum; Pflanzen, die das Harnsystem beeinflussen, Pflanzen, die die Genitalien beeinflussen, Pflanzen, die Wunden heilen; Pflanzen mit samtigen Blättern, süße Düfte
- **Merkur:** Wissen, Reisen, Kommunikation, Weissagung; Pflanzen mit gefiederten Blättern, kurze intensive Düfte; Pflanzen, die das Atmungs- und Nervensystem beeinflussen
- **Sonne:** Reichtum, Schutz, Gesundheit; Pflanzen, die das Kreislaufsystem und die Sehkraft beeinflussen, Antidepressiva; Pflanzen mit gelben oder orangefarbenen Blüten, zitrusartige Düfte
- **Mond:** Hellsichtigkeit, übersinnliche Fähigkeiten; beruhigende Pflanzen; Pflanzen, die sich bei oder nach Sonnenuntergang öffnen, Pflanzen mit hohem Wassergehalt

Eine der einfachsten Möglichkeiten, einen astrologischen Garten zu gestalten, besteht darin, sieben Zonen in deinem Garten anzulegen und für jede Zone Pflanzen auszuwählen, die mit dem jeweiligen Planeten oder Leuchtkörper in Verbindung stehen. Das Ergebnis ist ein guter Querschnitt durch verschiedene Pflanzen. In Gruppen gepflanzt, können sie die astrologische Energie verstärken, die mit dem Planeten oder Leuchtkörper, dem sie zugeordnet sind, verbunden ist.

Mit Astrologie den besten Zeitpunkt für die Gartenarbeit bestimmen

Wenn man eine Handlung zu einem Zeitpunkt durchführt, der nach astrologischen Gesichtspunkten am besten dafür geeignet ist, nennt man dies Wahlastrologie oder auch Ereignisastrologie. Es gibt zwei gängige Möglichkeiten, die Gartenarbeit astrologisch zu planen: nach den Planetenstunden und nach dem Mondtransit.

Astrologischer Garten

Planetenstunden

Planetenstunden sind eine sehr präzise Methode, um eine Aktivität oder ein Ereignis so zu planen, dass die dafür günstigste astrologische Zeit genutzt wird. Dieses symbolische System ordnet einen Planeten einer bestimmten Zeitspanne zu (die als Stunde bezeichnet wird, aber nicht der profanen sechzigminütigen Stunde entspricht). Dabei wird davon ausgegangen, dass diese Stunde die Energie mit sich bringt, die mit dem dazugehörigen herrschenden Himmelskörper in Resonanz steht.

Die Stunden des Tages werden von sieben Himmelskörpern regiert. Die Reihenfolge ist immer die gleiche, wobei es vom Wochentag abhängt, welcher Planet die Abfolge beginnt. Jeder Tag beginnt mit dem Planeten, nach dem der Wochentag benannt ist:

- Sonntag: Sonne
- Montag: Mond
- Dienstag: Mars
- Mittwoch: Merkur
- Donnerstag: Jupiter
- Freitag: Venus
- Samstag: Saturn

Die Reihenfolge der Planeten für die Planetenstunden richtet sich nicht nach den Wochentagen, sondern ist danach geordnet, wie nahe die klassischen Planeten der Erde stehen, und zwar in der Reihenfolge vom weitesten zum nächsten: Saturn, Jupiter, Mars, Sonne, Venus, Merkur und Mond.

Die Länge einer Planetenstunde ist jeden Tag anders, wobei jede »Stunde« einen berechneten Teil der Tageszeit darstellt. Das System geht von zwölf Stunden am Tag und zwölf Stunden in der Nacht aus. Da sich jedoch die Dauer von Tag und Nacht von Tag zu Tag fließend ändert, entspricht die Dauer einer Planetenstunde einem Zwölftel der Tageslichtstunden.

Um die Planetenstunden zu berechnen, musst du die Zeit des Sonnenaufgangs und des Sonnenuntergangs an deinem Standort kennen. Berechne die Gesamtzeit zwischen Sonnenaufgang und Sonnenuntergang und teile diese Zahl dann durch zwölf. Dies ist die Länge einer Tagesplanetenstunde. Wiederhole den Vorgang für die Nachtplanetenstunden, indem du die Zeit des Sonnenuntergangs und die Zeit des Sonnenaufgangs am folgenden Morgen verwendest.

Die sieben Stunden sind mit unterschiedlichen Energien verbunden. Den allgemeinen Sinn der Stunden wirst du leicht erkennen, da du ähnliche Listen bereits in diesem Kapitel kennengelernt hast.

- **Stunde des Saturn:** Organisieren, Festhalten an langwierigen Arbeiten, die erledigt werden müssen, Ruhe und Innenschau, Ablegen schlechter Gewohnheiten. Gartenpflege wie Unkraut jäten oder was auch immer an Gartenarbeit dir am wenigsten Spaß macht, kann ideal in der Saturn-Stunde erledigt werden.

- **Stunde des Jupiters:** Erfolg, Initiierung neuer Projekte. Alles, was du zum ersten Mal versuchst, das auf jeden Fall gelingen soll, solltest du in der Jupiter-Stunde tun. Auch das Ausbringen von Saatgut oder die Aussaat von Samen passt gut in diese Stunde.
- **Stunde des Mars:** Körperliche Aktivitäten, Dinge, die Mut erfordern, sachliche Konfrontationen (solange deine Emotionen nicht zu hoch kochen; Mars kann sehr leicht über die Stränge schlagen). Gibt es Tiere wie ein besonders lästiges Kaninchen, ein Reh oder Maulwürfe, die in deinem Garten stören? Das Ergreifen von Maßnahmen, um mit ihnen fertig zu werden, kann gut in einer Mars-Stunde durchgeführt werden. Auch der Bau neuer Zäune oder das Ausbessern von Beeten wäre eine gute Wahl.
- **Stunde der Sonne:** Erfolg, vor allem in berufsbezogenen Bereichen, Arbeit im Allgemeinen, Verbesserung der Gesundheit. Die Arbeit mit Pflanzen, die mit Heilung und/oder Erfolg assoziiert werden, ist eine gute Wahl für eine Sonnen-Stunde.
- **Stunde der Venus:** Beziehungen, Liebe, Ehe, finanzielle Investitionen, Versöhnung, Gelassenheit. Arbeiten zur Verschönerung des Gartens und gärtnerische Entscheidungen, die mit deinem finanziellen Budget in Verbindung stehen, sind während einer Venus-Stunde günstig.
- **Stunde des Merkur:** Geistige Aktivität, Kommunikation, Unterzeichnen von Verträgen, Technologie. Merkur-Stunden sind gut geeignet, um zu planen und zu bewerten, wie es deinem Garten geht, und um Entscheidungen über deine nächsten Schritte oder Zukunftspläne zu treffen.
- **Stunde des Mondes:** Intuition, Kreativität, häusliche Aktivitäten. Die ganz allgemeine Gartenpflege ist während einer Mond-Stunde immer angebracht. Auch die Gestaltung und Umgestaltung deines Gartens nach deinen Wünschen und Vorlieben gehört zu den günstigen Arbeiten der Mond-Stunde.

MONDTRANSIT

Der von babylonischen Astronomen um 400 v. Chr. festgelegte Tierkreis ist ein Bereich des Himmels, den die Sonne im Lauf des Jahres durchläuft. Er ist in Zonen unterteilt, die nach den wichtigsten Sternbildern benannt sind, die in diesen Zonen vorkommen.

Im Gegensatz zu den Planetenstunden beträgt die Zeit, die der Mond in den einzelnen Tierkreiszeichen (die wiederum den Planeten zugeordnet sind) verbringt, etwa achtundvierzig Stunden. Der Mond durchläuft den Tierkreis in einem achtundzwanzigtägigen Zyklus, in dem er mit allen zwölf Planeten des Tierkreises in Verbindung steht. Nachdem der Mond seinen letzten Hauptaspekt mit einem Planeten bildet, bevor er das Tierkreiszeichen wechselt, tritt die sogenannte Mondpause, auch »Mond im Leerlauf« oder »Void-of-course-Mond« genannt, auf.

Die Energien der einzelnen Planeten beeinflussen die Energie des Mondes und wirken wie ein Filter oder ein farbiger Schirm, der über eine Lampe gelegt wird. Die Lampe ist immer noch da, aber das Licht, das sie ausstrahlt, wird in der Farbe des Schirms gefärbt.

Nachfolgend findest du die zwölf astrologischen Tierkreiszeichen und ihre herrschenden Planeten. (Die erst kürzlich entdeckten Planeten sind nach dem Tierkreiszeichen aufgeführt, die frühere klassische Zuordnung steht in Klammern).

- Widder: Mars
- Stier: Venus
- Zwillinge: Merkur
- Krebs: Mond
- Löwe: Sonne
- Jungfrau: Merkur
- Waage: Venus
- Skorpion: Pluto (Mars)
- Schütze: Jupiter
- Steinbock: Saturn
- Wassermann: Uranus (Saturn)
- Fische: Neptun (Jupiter)

Wenn sich der Mond im »Leerlauf« befindet, hat er auf seiner Reise durch den Tierkreis keinen Aspekt (Winkelbeziehung) zu einem der Planeten, bis er das Zeichen, in dem er steht, verlässt und im nächsten Zeichen einen neuen Aspekt bildet. Während dieser Phase wird der Mond von keinem Planeten beeinflusst. Es ist eine introspektive Zeit, die in der Regel nicht sehr lange dauert – oft nur Minuten oder ein paar Stunden –, aber hin und wieder aufgrund der Planetenstellung auch ein oder zwei Tage. Die tagesaktuellen Planetenstände kannst du auf astro.com abrufen.

Eine solche Mondpause kann dazu führen, dass wir uns ungeerdet oder unkonzentriert fühlen. Wie während der Rückläufigkeit eines Planeten (seiner scheinbaren »Umkehr«) kann sie die Dinge ein wenig durcheinanderbringen. Wenn der Mond im Leerlauf ist, ist dies eine gute Zeit für Selbstfürsorge und eine Auszeit von der Hektik des Lebens.

Was bedeutet das für deinen Garten? Es bedeutet, dass du anhand des Mondtransits den besten Zeitpunkt für die Durchführung bestimmter Tätigkeiten wie

Anpflanzen, Zurückschneiden, Düngen oder Ernten auswählen kannst. Von den zwei oder drei genannten Zeichen wird eines am besten für deine Ziele geeignet sein. Plane deine Aktivitäten so, dass sie in den Zeitraum der jeweiligen Mondphase fallen.

Der *Old Farmer's Almanac,* ein alter Bauernkalender, empfiehlt, die folgenden Aktivitäten durchzuführen, wenn der Mond unter dem Einfluss der entsprechenden Zeichen steht:

- Anpflanzen, Umpflanzen oder Pfropfen: Wenn der Mond in Krebs, Skorpion, Fische oder Stier steht.
- Ernten: Wenn der Mond in Widder, Löwe, Schütze, Zwilling oder Wassermann steht.
- Zäune oder Gartenbeete bauen/reparieren: Wenn der Mond im Steinbock steht.
- Schädlinge bekämpfen, pflügen oder Unkraut jäten: Wenn der Mond in Widder, Löwe, Schütze, Zwillinge oder Wassermann steht.
- Beschneiden: Wenn der Mond in Widder, Löwe oder Schütze steht.

MONDPHASEN

Traditionell wird häufig nach den Mondphasen gegärtnert. Man geht davon aus, dass der Mond eine ähnliche Kraft auf die Pflanzen ausübt wie auf die Gezeiten.

> Mehr über die Arbeit mit der Energie der Mondphasen in deinem Garten erfährst du im nächsten Abschnitt und in Kapitel 9.

Wenn du nach dem Mondzyklus gärtnerst, solltest du dir die beiden Hauptteile des Zyklus bewusst machen: die zunehmende und die abnehmende Hälfte.

Die Regel lautet wie folgt: Pflanze Obst und Gemüse, das oberirdisch trägt, in der zunehmenden Mondphase. Einjährige Pflanzen sollten ebenfalls in dieser Hälfte des Mondzyklus gepflanzt werden. Pflanze Zwiebeln, Wurzelgemüse und Stauden in der zweiten, abnehmenden Hälfte des Mondzyklus. Der Gedanke dahinter ist, dass mit der Zunahme des Mondlichts während der Nachtstunden auch die Energie des Mondes zunimmt und die Pflanzen, die von ihr berührt werden, zum Wachstum angeregt werden. Wenn die Mondstunden abnehmen, verlagert sich die Wachstumsenergie unter die Erde, was Wurzeln, Knollen und Zwiebeln zugutekommt. Ernte also Obst und Gemüse, das oberirdisch wächst, in der zunehmenden Phase, idealerweise kurz vor Vollmond, Wurzeln und Knollen aber in der abnehmenden Phase, die näher am Dunkelmond liegt.

Mondgärten

Du kannst entweder deinen gesamten Garten nach dem Mond ausrichten (ein Mondphasengarten kann einen breiten Querschnitt von Pflanzen enthalten; siehe nächster Abschnitt) oder einen kleinen Teil deines Gartens dem Mond widmen. Dafür gibt es mehrere Möglichkeiten:

- Lege einen Garten an, der die Mondenergie hervorruft, indem du Pflanzen setzt, die mit dem Mond assoziiert sind oder die Energien transportieren, die mit dem Mond übereinstimmen.
- Lege einen Garten nach den Mondphasen an. Ein solcher Garten muss nicht unbedingt mondbezogene Pflanzen enthalten; Pflanzen, die in unterschiedlichem Maße mit zu- oder abnehmenden Magieformen in Resonanz stehen, sind ebenfalls geeignet.
- Lege einen Garten an, den du am Abend und bei Nacht genießen kannst. Für einen solchen Garten entscheidest du dich möglicherweise, weil du den ganzen Tag über arbeitest und nur abends Zeit dafür hast.

PFLANZEN, DIE MIT DEM MOND IN VERBINDUNG STEHEN

Dem Mond selbst sind Pflanzen zugeordnet, genau wie den anderen Himmelskörpern. Mondkräuter werden im Allgemeinen als kühl und feucht beschrieben. Sie tragen weibliche Energie in sich (Yin-Energie, wenn man sich Energie in Form von Yin und Yang vorstellen möchte). Diese Pflanzen werden mit dem Mond in Verbindung gebracht:

- Aloe
- Anis
- Blauer Lotus
- Vogelmiere
- Muskatellersalbei
- Irisblüte / Iriswurzel
- Ingwer
- Ginseng
- Hibiskus
- Mariendistel
- Passionsblume
- Mohn
- Rose
- Brunnenkresse
- Santakraut (Yerba Santa)

MONDPHASENGARTEN

In einem Mondphasengarten werden Pflanzen verwendet, die mit der zunehmenden und abnehmenden Magie in Einklang stehen.

Um einen Mondphasengarten anzulegen, solltest du wie folgt vorgehen:

1. Markiere einzelne Zonen und ordne jeder dieser Zonen eine Mondphase zu: Neumond, zunehmender Mond, zunehmender Dreiviertelmond, Vollmond, abnehmender Dreiviertelmond, abnehmender Mond und Dunkelmond.
2. Bewerte die Energien der Pflanzen, mit denen du arbeiten möchtest, prüfe die traditionellen Assoziationen und ordne jede Pflanze einer Zone zu.
3. Entwirf ein Segnungsritual für jede Zone, das während der entsprechenden Mondphase durchgeführt wird. Somit solltest du etwa alle vier Tage ein Ritual durchführen.

Wenn du deine magische Arbeit nicht während der entsprechenden Mondphase ausführen kannst, dann führe sie in der Nähe der entsprechenden Zone im Garten durch und ziehe die phasenspezifische Energie heran. (In Kapitel 9 findest du Anregungen für die magische Arbeit in deinem Garten.)

Mondgarten

MONDPHASEN UND DIE ZUGEHÖRIGE ENERGIE

Dieser kurze Überblick veranschaulicht die Mondphasen und die mit ihnen verbundenen Energien.

MONDPHASEN

- **Neumond:** Der Neumond ist das erste Stückchen Mond, das am Himmel zu sehen ist und wird mit Anfängen in Verbindung gebracht. Es ist eine gute Zeit, um Vorsätze zu fassen, und auch eine gute Zeit zum Pflanzen.
- **Zunehmender Mond:** Wenn das Licht des Mondes am Himmel zunimmt, verlagert sich die Mondenergie auf Anziehung, Expansion und Wachstum. Arbeite jetzt an laufenden Projekten, die in ihrer Entwicklung unterstützt werden müssen. Wohlstand, Kreativität und Lernen sind Bereiche, mit denen du während des zunehmenden Mondes vorwärtskommen kannst.
- **Vollmond:** Dies ist die Energie, nach der jeder strebt, in der Annahme, dass sie die beste für jede persönliche Aktivität ist. Im Allgemeinen ist der Vollmond eine großartige Zeit, um deine magische Arbeit voranzubringen. Er steht für Fruchtbarkeit, Erfolg und Vollendung. Der Vollmond ist eine ausgezeichnete Zeit, um Pflanzen zu ernten. Er eignet sich hervorragend für Segnungen und Heilarbeit.

- **Abnehmender Mond:** Wenn das Licht des Mondes abnimmt, richtet sich seine Energie darauf, Dinge zu reduzieren oder zu verbannen. Zu den Bereichen, die für diese Energie empfindlich sind, gehört die Heilung, bei der es darum geht, etwas zu entfernen, Widerstände zu minimieren und Hindernisse zu überwinden. Es ist auch eine gute Zeit, um Stress abzubauen und Überaktivität auszugleichen.
- **Dunkelmond:** Die Energie des Dunkelmonds eignet sich gut für die Innenschau, die Vorbereitung auf künftige Aufgaben und die Stärkung des Geistes. Ruhige, erholsame Selbstfürsorge ist zu dieser Zeit besonders empfehlenswert. Betrachte den Dunkelmond als eine Winterperiode, in der die Erde ruht und sich verjüngt.

Ein Garten für Nachtschwärmer

Wenn du einen Garten für die Nacht anlegen möchtest, solltest du vor allem darauf achten, Pflanzen auszuwählen, die vom späten Nachmittag bis in die Nacht hinein blühen und ein helles Aussehen haben. Mondgärten haben in der Regel helle Blüten oder Blätter, damit sie in der Nacht besonders gut zur Geltung kommen, egal ob der Mond scheint oder nicht.

Bei der Wahl des Standorts für deinen Mondgarten solltest du einen Ort aussuchen, zu dem du nachts problemlos Zugang hast. Dazu musst du nicht unbedingt nach draußen gehen, du musst lediglich deinen Garten so platzieren, dass du ihn gut sehen kannst. Du könntest ihn zum Beispiel durch ein Fenster sehen, in dessen Nähe du dich am Abend entspannst. Der Standort sollte zudem an einem Ort liegen, auf den das Mondlicht fällt. Wenn dies aufgrund deiner räumlichen Gegebenheiten nicht möglich ist (wenn du in der nördlichen Hemisphäre lebst, könntest du zum Beispiel in einer Wohnung leben, die nach Norden ausgerichtet ist), solltest du für eine künstliche Beleuchtung deines Mondgartens sorgen, damit du den Anblick genießen kannst.

> Viele nachtblühende Pflanzen haben flüchtige Blüten. Sie sind zart und blühen oftmals nur für eine Nacht. Das trägt zu ihrem Zauber und ihrer Romantik bei. Ihre magische Energie wird dadurch nicht beeinträchtigt.

Nicht viele vollständige Pflanzengattungen werden als nachtblühend eingestuft; in der Regel handelt es sich um eine oder zwei bestimmte Pflanzen innerhalb einer größeren Gattung. Die folgende Liste enthält eine Auswahl an nachtblühenden Pflanzen, die du in deinen Mondgarten aufnehmen kannst.

Bauernkaktus

Echinopsis oxygona

Auffallend weiße, duftende Blüten, die sich eine Nacht lang öffnen und am nächsten Tag zu verwelken beginnen.

Blühender Tabak

Nicotiana spp.

Trompetenförmige Blüten in einer Vielzahl von Farben; Ziertabak (*Nicotiana alata*) ist eine der am stärksten duftenden Sorten.

Duft-Tuberose

Polianthes tuberosa

Hohe Ähren mit weißen Blüten, die sich nachts öffnen, wenn ihr Duft intensiver wird.

Gardenie

Gardenia augusta, Gardenia jasminoides

Gardenien haben einen üppigen Abendduft und helle Blüten.

Lilie Casablanca

Lilium Orientale Casa Blanca

Die weißen Blüten haben einen intensiven Duft, den man nachts genießen kann.

Mondblume

Ipomoea alba

Mondblumen sind mittelgroße, stark duftende Blumen mit leuchtend weißen Blüten.

Nachtjasmin

Cestrum nocturnum

Winzige Blüten, aber ihr Duft verbreitet sich in der Nacht weit.

Palmlilie (Yucca)

Yucca spp.

Cremeweiße, süßlich duftende Blütenstängel, die den ganzen Sommer über blühen.

Nachtkerze

Oenothera biennis, Oenothera pallida

Die gelben Blüten öffnen sich am Abend und schließen sich am nächsten Morgen wieder.

Regenlilie

Zephyranthes drummondii

Regenlilien öffnen ihre duftenden Blüten nach einem Sommerregen; diese Art ist ebenfalls nachtblühend.

Nachtphlox (Sternbalsam)

Zaluzianskya capensis

Kleine violette Knospen, die sich zu weißen Blüten öffnen. Die Pflanze wird etwa einen Meter hoch und ist ideal für den vorderen Teil einer Rabatte.

Wunderblume

Mirabilis jalapa

Wunderblumen öffnen ihre leuchtenden Blüten am Nachmittag.

In einem Mondgarten können alle Arten von weißen oder hellen Blumen verwendet werden. Dazu gehören Petunien, Clematis, Silberkraut, Narzissen, Tulpen, Löwenmäulchen, Iris, Rosen und Dahlien. Ideal ist es, ein Sortiment von Blumen auszuwählen, die vom zeitigen Frühjahr bis zum Spätsommer blühen, damit du das ganze Jahr über weiße Blüten hast. Wenn du in einer Region lebst, in der Blumen ganzjährlich gedeihen, kannst du die Blütezeit entsprechend einplanen. Nutze auch Pflanzen mit hellem Laub für deinen Mondgarten. Dies können zum Beispiel sein:

> Eine Website, die dir bei Informationen zum Thema Mond helfen kann, findest du unter https://www.der-mond.de

- Garten-Beifuß *(Artemisia schmidtiana »Silver Mound«)*
- Silberblatt *(Senecio cineraria)*
- Wollziest *(Stachys byzantina)*
- Lakritz-Strohblume *(Helichrysum petiolare)*
- Japanischer Frauenfarn *(Athyrium niponicum »pictum«)*
- Filziges Hornkraut *(Cerastium tomentosum)*
- Wolliger Thymian *(Thymus pseudolanuginosus)*

Einen Mondgarten dekorativ gestalten

Dekorationen sind eine wunderbare Möglichkeit, deinen Mondgarten noch schöner zu gestalten und ihn noch mehr zu genießen. Sie verleihen dem Garten einen magischen Charakter und bieten dir die Möglichkeit, die Energie deines Gartens noch weiter zu gestalten. Du kannst deinen Garten dekorieren, wie du magst, wenn du jedoch den silbrigen, blassen Aspekt eines Mondgartens hervorheben möchtest, könntest du diese Möglichkeiten in Betracht ziehen:

- Lichterketten
- Dekorkugeln: Kugeln aus poliertem Metall, Spiegelkugeln oder Glaskugeln leuchten in der Nacht.
- Helle Steine, um den Blick auf die Beete zu lenken, oder größere Felsbrocken zwischen den Pflanzen
- Solarleuchten, die bei den Pflanzen platziert werden, die du besonders hervorheben möchtest

- Wasserelement: Ein steinernes Becken oder eine Vogeltränke können sehr schön sein, da sie das Licht in der Nacht reflektieren. Wenn du das Geräusch von Wasser als entspannend empfindest, kannst du einen kleinen Springbrunnen aufstellen, entweder mit Zeitschaltuhr oder mit manueller Schaltung.

Sonnengärten

Gärten mit Mondthemen sind sehr reizvoll, doch Sonnengärten entfalten ihre Wirkung auf eine andere mächtige Weise. Man kann natürlich argumentieren, dass alle Gärten in gewisser Weise Sonnengärten sind, weil sie alle Sonnenlicht zum Wachsen brauchen, aber in diesem Fall geht es um einen Garten mit Pflanzen, die speziell mit der Sonne verbunden sind. Wenn du an einem Ort lebst, an dem es häufig bewölkt ist oder an dem es Zeiten im Jahr mit nur wenigen Stunden Sonnenlicht gibt, ist es auf jeden Fall sinnvoll, einen Sonnengarten anzulegen, um die mit der Sonne verbundene Energie zu nutzen. Du könntest auch deine Gartenfläche aufteilen und sowohl einen Sonnengarten als auch einen Mondgarten anlegen, um ein Gleichgewicht herzustellen.

Elementargärten

Gärten beziehen alle vier Elemente mit ein. Sie benötigen

- Erde, um darin zu wachsen,
- Wasser, um sie zu nähren,
- die Wärme der Sonne, um das Wachstum zu unterstützen,
- Luft als Quelle für Kohlendioxid.

Auch in der Magie verwenden wir die vier Elemente. Wenn du eine grüne Hexe bist, die gern mit der Energie der Elemente und der Magie arbeitet, könnte ein elementarer Garten für dich sehr interessant sein.

Jede Pflanze hat eine klassische Assoziation mit einem der vier Elemente. In älteren Schriften basiert dies mitunter auf dem Aussehen der Pflanze, manchmal aber auch auf ihrer medizinischen Wirkung oder Verwendung. Modernere

> Wenn es dir seltsam vorkommt, dass Pflanzenmagie mit etwas anderem als dem Element Erde in Verbindung gebracht wird, dann denke über die Verwendung von Steinen und Kristallen nach. Diese sind ebenfalls Erdquellen, aber wir assoziieren sie nicht ausschließlich mit dem Element Erde.

Klassifizierungen berücksichtigen die Art der Magie, für welche die Pflanze im Allgemeinen verwendet wird, und beziehen auch ältere Assoziationen mit ein. Manchmal werden Pflanzen darum verschiedenen Elementen zugeordnet – was durchaus in Ordnung ist.

Idealerweise solltest du mit den Pflanzen interagieren (seien es lebendige oder getrocknete Exemplare) und ihnen eine persönliche elementare und auch eine eigene magische Entsprechung zuordnen. Für den Anfang kannst mit Pflanzenlisten arbeiten, aber deine persönlichen Erfahrungen und Berührungen sollten immer an erster Stelle stehen.

Elementargarten

Du kannst die vier Elemente in deinem Garten auch auf eine andere Art und Weise ehren: Ein kleines Wasserspiel oder ein Vogelbad kann das Element Wasser darstellen. Eine Feuerschale oder -grube oder eine Laterne verkörpert das Feuer und eine Statue oder ein speziell ausgewählter Stein die Erde. Luft kann durch Windspiele, Fahnen oder Windrädchen symbolisiert werden. Ausführlichere Informationen zur Gartendekoration findest du in Kapitel 7.

Bei der Arbeit mit Elementarmagie gibt es zwei grundlegende Ansätze. Der erste besteht darin, fehlende Energie hinzuzufügen, um den Mangel an etwas auszugleichen. Der zweite besteht darin, die Energie des Elements anzurufen, um eine aktive Veränderung entsprechend deiner Bedürfnisse herbeizuführen.

Du könntest beispielsweise spüren, dass es in einem Raum schwierig ist, sich beim Lernen zu konzentrieren. Nachdem du die Energie des Raumes bewertet hast, stellst du vielleicht fest, dass es ihm an luftzugehöriger Energie mangelt. Um den Mangel an Konzentration durch Luftenergie auszugleichen, könntest du Pflanzen verwenden, die mit Luft assoziiert sind, wie Zitronengras, Salbei oder Pfefferminze.

Vielleicht stellst du einen Zauber zur Reinigung her. In einem elementaren Kontext könntest du zu Pflanzen greifen, die mit Wasser und Feuer assoziiert sind, und diese Energien gezielt nutzen, um dein Ziel zu erreichen.

Wenn du nicht gerade ein energetisches Ungleichgewicht am Standort deines Gartens korrigieren willst, wirst du wahrscheinlich einen ausgewogenen Garten anlegen wollen, in dem alle vier Elemente gleichermaßen vertreten sind. Dazu kannst du vier getrennte Zonen planen und dich darauf konzentrieren, die Pflanzen, die einem Element zugeordnet sind, zusammen zu gruppieren. Oder du kannst die Pflanzen der verschiedenen Elemente mischen und in deinem Plan festhalten, wie viele Pflanzen jedes Element repräsentieren.

Wenn du ein Ungleichgewicht der Elemente wahrnimmst und deinen Garten so gestalten möchtest, dass er dieses ausbalanciert, solltest du mehr Pflanzen einplanen, die mit dem Element assoziiert sind, an dem ein Mangel herrscht.

Kapitel 4

Die Planung deines Gartens

Im Haus oder im Freien: Was wächst wo?

Gärten sind grundsätzlich flexibel, weshalb es ganz individuelle Kombinationen gibt, bei der jede Hexe etwas findet, das ihr gefällt. Die Komplexität deines Gartens hängt von deinen magischen Zielen ab. Wenn dein Ziel beispielsweise darin besteht, eine bestimmte Art von Energie in einem Raum zu erzeugen, wird deine Herangehensweise eine andere sein als bei einer Hexe, die im Haus Gemüse für ihre Ernährung anbauen möchte.

Nachdem die Kapitel 2 und 3 dich durch die Gestaltung und Planung deines Gartens geführt haben, wird sich dieses Kapitel auf die Orte konzentrieren, an denen du einen Garten anlegen kannst. Kapitel 6 befasst sich dann mit den einzelnen Pflanzen und ihren magischen Eigenschaften. Dieses Kapitel nun zeigt dir verschiedene Möglichkeiten auf, einen Garten mit den dafür geeigneten Pflanzen in Innenräumen anzulegen – und zum Schluss geht es noch um den Gartenbau im Freien, sei es in Kübeln oder im Beet. Du erhältst einen Einblick in die verschiedenen Methoden der Gartenarbeit drinnen und draußen.

Innenräume und Zimmerpflanzen

Wenn du keinen Platz im Freien hast – oder selbst wenn draußen genügend Platz wäre, du dir aber einen Garten ins Haus holen möchtest –, eröffnen sich viele Möglichkeiten!

GÄNGIGE ZIMMERPFLANZEN

Wir betrachten Zimmerpflanzen in der Regel nicht als magisch. Das ist jedoch ein Irrtum, weil sie ein Teil der Energie eines Hauses sind. Als Hexen sind wir uns sehr bewusst, dass alles die Energie in unserem Lebensraum beeinflusst. Deswegen verwenden viele von uns bereits Pflanzen, um die Stimmung in einem oder mehreren Räumen zu beeinflussen und zu gestalten. Vielleicht hast du bereits gewöhnliche Zimmerpflanzen, also lass uns einen Blick darauf werfen, welche Art von Energien sie transportieren können.

Efeu (Königswein)

Dem Efeu werden Energien zugeschrieben, die mit Loyalität zu tun haben, er kann aber auch für Fruchtbarkeit und Schutz verwendet werden.

Königswein (*Cissus rhombifolia*) ist eine attraktive grüne, kletternd wachsende Pflanze, wobei einige Sorten eher dicht und in die Breite wachsen. Königswein ist eine gute Wahl, wenn man Efeu haben möchte. Der Königswein gehört zur Familie der Weinrebengewächse und eignet sich gut als Hängepflanze.

Der Königswein mag etwas kühlere Temperaturen (zwischen 16 und 28 °C) und fühlt sich bei halbschattigem Licht am wohlsten. Gieße deinen Königswein regelmäßig, lass ihn aber zwischen den Wassergaben antrocknen. Ein staunasser Efeu geht schnell ein.

Efeutute
Epipremnum aureum

Auf der magischen Ebene ist Efeutute gut zur Energiereinigung geeignet und verleiht einem Raum ein leichteres, luftigeres Gefühl.

Efeutute verträgt eine Vielzahl von Lichtverhältnissen und kann sowohl im Wasser als auch in der Erde vermehrt werden; in einem Glas mit Wasser funktioniert dies sogar besonders gut. Efeututen gehören zu den pflegeleichtesten Zimmerpflanzen – sie vertragen über lange Zeiträume ungleichmäßige Bewässerung, ohne ihre Blätter abzuwerfen. Lediglich kalten Luftzug mögen sie nicht. Eine gut gepflegte Efeutute klettert schnell an einem Moosstab oder einer anderen Rankhilfe hoch, macht sich aber auch als Hängepflanze gut. Für Katzen und Hunde ist sie giftig.

Farne

Farne vertreiben Negativität, können zur Reinigung des Raumes verwendet werden und fördern die geistige Konzentration.

Es gibt Dutzende von Farnarten, zu den beliebtesten für den Innenbereich gehört der Schwertfarn, *Nephrolepis exaltata*. Farne bevorzugen milde bis kühle Temperaturen und gedeihen in feuchten Räumen und bei indirektem Licht. Wenn es in deiner Wohnung trocken ist, besprühe die Farne regelmäßig mit Wasser, stelle sie in eine Schale mit Kieselsteinen und Wasser oder gruppiere sie mit anderen Pflanzen, um die Luftfeuchtigkeit zu erhöhen. Im Frühjahr solltest du deine Farne düngen und immer gut wässern.

Grünlilie

Chlorophytum comosum

Nutze Grünlilien für Fruchtbarkeit oder überschüssige Energie.

Die Grünlilie ist aus einem einfachen Grund eine der beliebtesten Zimmerpflanzen: Sie ist sehr robust und schön. Ausgewachsene Pflanzen bilden an ihren bogenförmigen Stängeln kleine Ableger aus, die an Fontänen erinnern. Grünlilien bevorzugen einen hellen Standort sowie regelmäßiges Gießen und Düngen. Sie sind jedoch sehr tolerant gegenüber Pflege- und Bewässerungsfehlern, sodass sie großartige Pflanzen für Gartenanfänger oder für Räume sind, in denen sonst nichts gut wächst.

Gemeiner Efeu

Dem Efeu werden Energien zugeschrieben, die mit Loyalität zu tun haben, er kann aber auch für Fruchtbarkeit und Schutz verwendet werden.

Der Gemeine Efeu (*Hedera helix*) kann im Freien invasiv und schwer zu bändigen sein, aber im Innenbereich lässt er sich in Blumenampeln leichter kontrollieren. Er gedeiht bei kühleren Temperaturen und hat etwas spezifischere Bedürfnisse als andere Zimmerpflanzen. Gemeiner Efeu mag helles Licht und verträgt sogar direkte Sonne, verkümmert aber in dunklen Ecken. Außerdem reagiert der gemeine Efeu empfindlich auf Überwässerung, er bevorzugt jedoch eine relativ hohe Luftfeuchtigkeit. Daher solltest du deinen Efeu regelmäßig besprühen.

Philodendron

Philodendron spp.

Philodendron eignet sich hervorragend zur Luftreinigung und kann auf magische Weise zur Reinigung und Beseitigung negativer oder blockierter Energie eingesetzt werden.

Philodendron-Pflanzen sind sehr leicht zu halten, denn sie wachsen schnell und sind ziemlich widerstandsfähig. Außerdem lassen sie sich gut über Stecklinge, die in Wasser gelegt werden, vermehren.

Philodendron-Pflanzen stehen gern hell, aber nicht im direkten Sonnenlicht, und mögen Luftfeuchtigkeit wie in ihren tropischen Heimatländern sowie reichliche Wassergaben (und einen gut durchlässigen Boden). Der weiße Pflanzensaft des Philodendrons ist leicht ätzend.

Schusterpalme
Aspidistra elatior

Nutze ihre Energie für Hingabe, langsame und stetige Arbeit.

Die *Aspidistra elatior*, auch Schusterpalme oder Metzgerpalme genannt, ist eine beliebte Zimmerpflanze. Sie gedeiht gut an einem hellen Standort, der jedoch kein direktes Sonnenlicht bietet, und bevorzugt einen gleichmäßig bewässerten, feuchten Boden. Während der Wachstumsperiode solltest du sie mit einem Langzeitdünger oder Flüssigdünger versorgen. Die *Aspidistra* ist als robuste Pflanze bekannt, die mit verschiedensten Bedingungen zurechtkommt.

Strahlenaralie
Schefflera spp.

Du kannst die Strahlenaralie für Erdungsenergie verwenden.

Die Strahlenaralie wird manchmal auch als Regenschirmpflanze bezeichnet, da die Blattstiele aus der zentralen Speiche herauswachsen, ähnlich wie die Rippen eines Regenschirms.

Die Strahlenaralie ist eine sehr robuste Zimmerpflanze, die recht groß werden kann. Daher musst du sie eventuell beschneiden, um sie im Zaum zu halten. Strahlenaralien stehen gern im Halbschatten, vertragen aber auch etwas direktes Sonnenlicht am Morgen oder Nachmittag und mögen regelmäßige, gleichmäßige Bewässerung. Sie ist giftig.

Zimmertanne
Araucaria heterophylla

Wie andere Nadelbäume verkörpern auch Zimmertannen auf magische Weise das Leben und sind Träger von reinigender und klärender Energie.

Man findet diese Bäumchen (auch Norfolktannen genannt) häufig im Dezember während der Weihnachtszeit, da sie für die weihnachtliche Dekoration im Haus eine gute Alternative für große Tannen oder Fichten sind. Sie eignen sich jedoch das ganze Jahr über gut als Zimmerpflanzen. Als tropische Pflanzen brauchen sie Wärme, Feuchtigkeit und Licht.

PFLANZENREGALE

Pflanzenregale, Anzuchtregale oder auch Vertikalbeete sorgen für eine effiziente Nutzung des Raumes, weil sie vertikal aufgebaut sind. Wenn du ein System kaufst, das für die Anzucht von Saatgut konzipiert wurde, ist dies oftmals mit Halterungen für Lampen ausgestattet, die mit einer Zeitschaltuhr für einen zuverlässigen, gleichmäßigen Beleuchtungsplan eingestellt werden können. Diese Regale sind aber nicht nur für die Anzucht von Samen geeignet! Wenn du Pflanzen anbauen möchtest, die in deiner Klimazone im Freien nicht gut gedeihen, oder wenn du alle deine Pflanzen an einem Ort unterbringen möchtest, um sie leichter pflegen zu können, dann könnte ein solches System für den Innenbereich die richtige Lösung sein.

> Es gibt auch Regale inklusive Abdeckungen und Anzuchtschränken, die sogar noch einen Schritt weiter gehen und es dir ermöglichen, in einem komplett geschlossenen System ein fast völlig anderes Klima zu schaffen; diese Systeme enthalten oftmals Lampen, Ventilatoren und Filter, mit denen du die Temperatur, die Luftfeuchtigkeit und die Lichtzyklen im Inneren steuern kannst.

Du kannst die Regale mit einer durchsichtigen Abdeckung versehen, um so das Klima im Inneren besser zu kontrollieren, ähnlich wie in einem Gewächshaus. Eine solche Abdeckung schützt die Pflanzen im Inneren und ermöglicht es dir gleichzeitig, sie zu sehen und zu genießen. Man erhält Abdeckungen, die mit einem Reißverschluss geöffnet und bei denen die Seiten nach hinten geklappt werden können, sodass man die Pflanzen im Inneren pflegen kann.

Für dich als Hexe ist es eine großartige Idee, die Abdeckung mit Sigillen oder Zeichnungen oder mit Glücksbringern und Zaubersäckchen zu verzieren, die für Schutz, Reichtum, Gesundheit und Wachstum stehen. Deiner Fantasie sind keine Grenzen gesetzt!

MEHRERE KLEINE GARTENBEREICHE

Es gibt keine Regel, die besagt, dass Zimmerpflanzen unbedingt an einem Ort stehen müssen. Im Gegenteil, verschiedene Pflanzen mit unterschiedlichen Wachstumsanforderungen gedeihen an verschiedenen Orten besser – beispielsweise vor dem Fenster, in Feuchträumen, an trockeneren Orten, an dunkleren Orten und so weiter. Möglicherweise liegen bei dir noch andere Bedingungen vor, die du bei der Auswahl und dem Aufstellort deiner Pflanzen berücksichtigen solltest: Allergien, Haustiere, die Pflanzen kaputt machen oder fressen könnten, kalter Luftzug und so weiter. Schau dir einmal die verschiedenen Bereiche deines Wohnraums unter Berücksichtigung dieser Faktoren an und entscheide dann, welche Pflanzen du bei dir zu Hause aufstellen kannst, die zu den Bedingungen passen, die dein Raum bietet. Wenn du noch keine Erfahrung mit Zimmerpflanzen hast, solltest du dich für solche entscheiden, die pflegeleicht sind und sich in Innenräumen gut halten lassen. Dazu gehören Efeutute, Schwertpflanzen, Grünlilie und viele andere beliebte und gängige Zimmerpflanzen.

Alternative Gärten für Innenräume

Natürlich sind üppige Topfpflanzen eine wunderbare Möglichkeit für einen Garten im Innenbereich, aber manchmal ist dies einfach nicht möglich. Wenn du lebendes Grün zu Hause haben möchtest, aber aus irgendeinem Grund keine Töpfe aufstellen kannst, bieten sich dir mehrere alternative Möglichkeiten. Bedenke dabei, dass eine Pflanze im Allgemeinen nur drei Dinge braucht: Erde, Wasser und Licht.

Von größter Bedeutung ist die Sicherheit von Kindern und Haustieren. Informiere dich bitte sorgfältig über die Toxizität der von dir gewählten Pflanzen. Wenn du dich für eine Pflanze entscheidest, die in irgendeiner Weise giftig für die Mitglieder deines Haushalts ist, überlege dir genau, wo du sie aufstellst. Wenn du eine Hängepflanze in einem Übertopf aufhängst, ist sie vielleicht für Kinder unerreichbar, aber nicht für eine besonders geschickte Katze.

TERRARIEN

Ein Terrarium ist eine großartige Option für einen Garten auf kleinstem Raum. Schon seit Jahrhunderten werden Terrarien für Zimmergärten verwendet. Geschlossene Terrarien sind komplett in sich geschlossene Systeme, die einen Nährboden (wie Erde), Licht und Wasser beinhalten. Als Terrarien eignen sich alte Aquarien hervorragend, da sie aus Glas bestehen und wasserdicht sind. Ein ausgewogenes geschlossenes Terrarium erfordert nach der Einrichtung und Bepflanzung nur wenig zusätzliche Pflege. Einer der Schlüssel zum Erfolg eines geschlossenen Terrariums besteht darin, die richtigen Bedingungen für die erforderliche Luftfeuchtigkeit zu schaffen. Im Idealfall funktioniert ein geschlossenes Terrarium wie ein kleines, in sich geschlossenes Ökosystem, in dem das Wasser von den Pflanzen abgegeben wird, wodurch Feuchtigkeit entsteht, die dann wie Regen in den Boden zurücktropft. Ein gut funktionierendes geschlossenes Terrarium braucht nur sehr wenig Pflege – da es ein geschlossenes System ist, brauchst du es nicht regelmäßig zu gießen.

Bei der Auswahl der Pflanzen für ein geschlossenes Terrarium solltest du Pflanzen wählen, die mit Feuchtigkeit gut zurechtkommen. Eine gute Wahl sind viele Arten schöner Moose, kleine Farne, Kanonierblumen und attraktive kleine Blattpflanzen wie die Punktblume (*Hypoestes phyllostachya*). Mit ein wenig Fantasie kannst du dein geschlossenes Terrarium auch in einen kleinen Schmuckgarten verwandeln, mit schönen Steinen, kleinen Statuen und anderen Objekten.

Wenn dir ein geschlossenes Terrarium zu schwierig erscheint, kannst du auch ein offenes Terrarium anlegen. Diese Miniaturgärten sind nach oben hin offen, es gibt also keinen Deckel, der die Feuchtigkeit einschließt, sodass auch kein Wasserkreislauf entsteht. Diese Terrarien müssen genau wie Topfpflanzen regelmäßig gegossen werden, und die Auswahl an Pflanzen, die du in einem offenen Terrarium ziehen kannst, ist nur durch die Größe deines Gefäßes begrenzt.

Geschlossenes Terrarium

Offenes Terrarium

Als dritte Option kannst du ein Terrarium, das ein Zwischending zwischen einem offenen und geschlossenen Terrarium ist, mit einer Flasche oder einem anderen enghalsigen Gefäß bauen. Diese Flaschengärten sind nicht vollständig geschlossen, sodass die Luftfeuchtigkeit nicht so sorgfältig kalibriert werden muss wie bei einem geschlossenen Terrarium (aber du musst darauf achten, regelmäßig und sorgfältig zu gießen). Flaschengärten können ein großes Überraschungsmoment darstellen, da man Samen in den Behälter streuen und dann beobachten kann, wie sich der Garten füllt.

WASSERPFLANZEN

Wenn du ein Aquarium hast, denke doch einmal über den Einsatz von Wasserpflanzen nach. In den letzten Jahren hat sich ein regelrechter Trend entwickelt, wunderschöne Süßwassergärten in Aquarien anzulegen – manchmal sogar ohne Fische! Wenn du befürchtest, dass Süßwasserpflanzen zu schwierig für dich sind, fange am besten erst einmal klein an und plane deinen Wassergarten sorgfältig.

Wasserpflanzen lassen sich in folgende Kategorien einteilen:

- **Pflanzen für den Vordergrund:** Niedrige und sich ausbreitende Pflanzen, die einen leuchtend grünen Teppich bilden können.
- **Pflanzen für den mittleren Bereich:** Sie sind etwas höher und eignen sich perfekt für die Bepflanzung an den Seiten oder in der Mitte des Beckens als Solitärpflanzen.
- **Pflanzen für den Hintergrund:** Höhere und größere Pflanzen, die den Hintergrund bilden, vor dem deine Fische, Aquariendekorationen und kleineren Pflanzen zur Geltung kommen.

Achte bei der Planung deines Aquariums darauf, dass du für die richtige Wachstumsumgebung sorgst. Genau wie ihre terrestrischen Verwandten brauchen Wasserpflanzen einen Boden (oder ein Substrat), in dem sie wachsen können. Dabei kann dir spezielle Aquarienerde die Arbeit sehr erleichtern, da sie ein perfektes Substrat bietet – normaler Aquarienkies ist für die meisten Wasserpflanzen keine gute Wahl. Außerdem benötigst du eine Beleuchtung mit Vollspektrumlicht. Glücklicherweise ist das gleiche Licht, das deine Fische brauchen, in den meisten Fällen auch gut für deine Pflanzen.

Aquarium

Sobald du die Beleuchtung und das Substrat eingerichtet hast, stehen dir bei der Bepflanzung viele Möglichkeiten offen. Beginne am besten mit einfacheren Pflanzen wie Javamoos, Wasserpest, Amazonas-Schwertpflanze, Javafarn und Anubias. Wenn du Fragen zur Unterwasserbepflanzung hast, kannst du dich in einem Aquariengeschäft vor Ort beraten lassen.

SUKKULENTEN

Sukkulenten sind Pflanzen mit fleischigen Teilen, die Wasser speichern können. Dabei handelt es sich um Blätter, Stängel oder Wurzeln. Zu den gängigen Sukkulenten gehören Dickblätter wie der Geldbaum, Aloe Vera, Bogenhanf und Agaven.

Sukkulenten sind dankbare Pflanzen, weil sie in der Regel nur alle paar Wochen einen Schluck Wasser brauchen. Sie mögen keine Extreme: zu viel Wasser und sie verfaulen, zu wenig und ihre Wurzeln und fleischigen Teile vertrocknen. Sukkulenten sind zwar trockenheitstolerant, aber nicht trockenheitsresistent. Das bedeutet, dass sie regelmäßig gegossen werden müssen, nur eben seltener als andere Zimmerpflanzen. Gieße sie, wenn die Erde ausgetrocknet ist, und warte dann, bis sie wieder trocken ist. Achte zudem darauf, dass sie einen ausreichend durchlässigen Boden haben. Sukkulenten brauchen Sonnenlicht, direktes Sonnenlicht kann aber zu aggressiv sein. Deswegen ist indirektes Licht ein guter Kompromiss.

Sukkulenten

Sukkulenten sind gut geeignet, um dich daran zu erinnern, dass sowohl Mäßigung in allen Dingen als auch eine ausgewogene Herangehensweise sehr wichtig sind. Da sie von Natur aus Wasser in ihren fleischigen Teilen speichern, kommen sie auch mit längeren Trockenperioden zurecht. Wenn du Schwierigkeiten mit überbordenden emotionalen Reaktionen auf Situationen oder Ereignisse hast, könnte die Arbeit mit Sukkulenten für dich vielleicht hilfreich sein. Emotionen zu empfinden ist etwas sehr Wertvolles, doch es ist hinderlich, wenn man entweder unfähig dazu ist, zu funktionieren, weil man von Gefühlen überwältigt wird, oder wenn man ausgelaugt ist, weil man so tief fühlt. Der Schutz deines emotionalen Ichs ist eine Form der Selbstverteidigung und des Selbstschutzes. Meditiere, wende dich an den Pflanzengeist (siehe Kapitel 1 und 9) und bitte ihn um Anleitung, wie du deine Reaktionen und tiefsten Gefühle auf eine heilsame und sichere Weise ausgleichen kannst.

Kakteen

Kakteen sind eine der beliebtesten Arten von Sukkulenten (aber nicht alle Sukkulenten sind Kakteen).

Kakteen

Kakteen haben in der Regel verdickte, fleischige Teile, die dazu dienen, Wasser zu speichern, um sich gegen Trockenheit zu schützen – meist handelt es sich bei diesen Teilen um die Stängel. Anstelle von Blättern haben Kakteen üblicherweise Stacheln, die dazu beitragen, das Licht zu filtern und die Luftzirkulation um die Pflanze herum zu reduzieren, mit dem zusätzlichen Vorteil, dass sie die Pflanze vor pflanzenfressenden Räubern schützen. Einige Kakteenarten wie der Weihnachtskaktus haben wunderschöne Blüten, während andere für ihre beeindruckende Form und schöne Struktur bekannt sind. Zu den beliebtesten Kakteen für den Innenbereich gehören Kaktusgewächse wie der Feigenkaktus, der Schlangenkaktus, der Saguaro oder der Goldkugelkaktus und Mammillaria hahniana. Kakteen werden oftmals ausschließlich als Wüstenpflanzen betrachtet, die unter sehr heißen, trockenen Bedingungen gedeihen – was für einige Kakteen zutrifft, aber nicht für alle. Im Allgemeinen benötigen Kakteen einen sehr gut durchlässigen Boden, mittleres bis helles Licht und Wärme. Es ist ein Irrglaube, dass Kakteen nie Wasser brauchen. Tatsächlich freuen sie sich über regelmäßige Wassergaben, solange du das Wasser zwischen den Wassergaben vollständig aus der Erde ablaufen lässt. Kakteen vertragen regelmäßiges Gießen, aber sie leiden, wenn sie im Wasser stehen oder die Erde staunass wird.

Ein Kaktus weist darauf hin, dass du alleine arbeiten solltest, um Energie zu sparen. Kakteen werden aufgrund ihrer Stacheln oft für die Schutzmagie herangezogen. Sie eignen sich gut als Anker für magische Schutzzäune, als semipermanente Schutzschilde um einen Ort herum. Kakteen können in der magischen Arbeit auch für Ausdauer stehen.

Im Feng-Shui gelten Kakteen als schädlich für den ruhigen Fluss der Energie, doch man kann sie einsetzen, um anhaltende negative oder unerwünschte Energie aufzulösen. Die stachelige Präsenz eines Kaktus wird diese Art von Energie aufbrechen. Im Feng-Shui gilt der Kaktus auch als Symbol für den Schutz des Reichtums, sodass man ihn in der Wohlstandsmagie einsetzen kann.

Kakteen können entweder abwehren oder schützen. Es liegt an dir, zu entscheiden, wie du deinen Kaktus (oder deine Kakteen, denn es gibt keine Regel, die dagegen spricht, mehrere Kakteen für verschiedene Ziele zu verwenden) einsetzen möchtest. Achte dabei darauf, wo du sie aufstellst und wie sie die Energie in ihrer Umgebung beeinflussen können.

> Eine sehr gängige Zimmerpflanze ist der Weihnachtskaktus. Er ist kein Wüstenkaktus, sondern in den Tropen beheimatet.

LUFTPFLANZEN

Luftpflanzen benötigen keine Erde. Sie wachsen auf Gegenständen statt in der Erde (die Bezeichnung für solche sogenannte Aufsitzerpflanzen ist *Epiphyten*). Ihre

Wurzeln dienen dazu, sich an Gegenständen festzuhalten, anstatt Nährstoffe aus dem Boden zu ziehen, und sie ernähren sich, indem ihre Blätter Feuchtigkeit aus der Luft ziehen. Luftpflanzen können auf vielen Oberflächen wachsen, zum Beispiel auf Kork, Holzträgern, Stein und Baumfarnplatten, und sie können sogar einfach in der Luft hängen.

Einige der beliebtesten Luftpflanzen gehören zur Gattung der *Tillandsien*. Diese zarten und schönen stacheligen kleinen Pflanzen werden oft in Glaskugeln hängend gezüchtet und bieten eine atemberaubende Auswahl an leuchtenden Farben wie Violett und Rot und gedeihen durch einfaches Besprühen. Eine weitere häufige und schöne Luftpflanzenart ist die der Bromelien. Obwohl sie oft in Erde getopft verkauft werden, können Bromelien auch auf Treibholz oder Baumfarn gepflanzt werden. Zu den bekanntesten Luftpflanzen gehören außerdem die Orchideen. Obwohl es Zehntausende von Orchideenarten gibt, sind die beliebtesten Arten alle Epiphyten, die in der Natur auf Bäumen oder Steinen wachsen. Die Aufzucht von Orchideen als Luftpflanzen erfordert zwar Geduld und etwas Erfahrung, es ist aber durchaus möglich, auch zu Hause wunderschöne und blühende Orchideen zu züchten.

Orchidee

Wie die Pflege deiner Luftpflanzen aussieht, hängt davon ab, um welche Art es sich handelt, doch es gibt ein paar Dinge, die alle Arten gemeinsam haben. Luftpflanzen gedeihen am besten mit der richtigen Mischung aus Licht, Feuchtigkeit, Luftzirkulation und Temperatur. Die meisten Luftpflanzen schätzen regelmäßige Bewässerung, dies geschieht meist mit einem Zerstäuber oder einer Sprühflasche. Bei Bromelien, die in der Regel einen zentralen »Trichter« haben, der das Wasser auffängt, muss dieser nur mit Wasser gefüllt werden, wenn der Wasserstand niedrig ist. Orchideen bevorzugen regelmäßiges Gießen mit einer Trockenperiode zwischen den Wassergaben, um Schimmel- und Pilzbefall vorzubeugen. Auch wenn die Kultur dieser Pflanzen etwas Geduld erfordert, gehören Luftpflanzen zu den exotischsten und schönsten Pflanzen der Welt. Luftpflanzen können gute Energiequellen für Menschen sein, die mehr Luftenergie in ihre Umgebung oder ihre Arbeit einbringen wollen.

Den Innenbereich im Winter begrünen

Bist du während der Wintermonate unruhig? Wenn du in einem Klima lebst, in dem in den Wintermonaten die Gartenarbeit im Freien stark begrenzt ist, ist es gut möglich, dass dein Garten in der eisigen Jahreszeit unter einer dicken Schneedecke liegt und du dich nach etwas Grünem sehnst. Hier kann ein Garten im Innenbereich Abhilfe schaffen.

Dabei gibt es einige Dinge zu beachten. Je nach Standort kann das Licht im Winter zu schwach sein, selbst wenn du große Fenster hast, doch zum Glück können spezielle Pflanzenlampen, auch Wachstumslampen oder Anzuchtlampen genannt, das ausgleichen. Pflanzenlampen können die natürliche Beleuchtung ergänzen oder sogar ersetzen, wenn du beispielsweise einen Raum mit kleinen Fenstern hast oder der Raum nach Norden ausgerichtet ist. Auch der Bodenbelag muss berücksichtigt werden, denn Teppich- und Holzböden können durch Gärten im Innenbereich beschädigt werden. Außerdem muss eine gute Luftzirkulation gewährleistet sein. Wenn der Raum, in dem du deine Pflanzen hältst, keine gute Luftzirkulation hat, kannst du einen Decken- oder Bodenventilator einsetzen. Im Winter können Zimmer aufgrund des Heizens trocken sein, wobei ein kleiner Luftbefeuchter Abhilfe schaffen kann.

Abgesehen von einem Innengarten gibt es noch andere Möglichkeiten, die Wintermonate drinnen angenehm zu verbringen. Du könntest den Garten für das nächste Jahr planen und dazu Gartenzeitschriften lesen, in Saatgutkatalogen blättern, verschiedene Entwürfe für den Garten entwickeln oder einfach einmal überdenken, was im letzten Jahr in deinem Garten gut funktioniert hat und was nicht.

Gemüse aus Küchenabfällen

Der Anbau von Gemüse aus Küchenabfällen ist eine gute Möglichkeit, einen Garten in den eigenen vier Wänden zu integrieren. Das Gemüse kann problemlos im Haus oder als Fensterbankgarten angebaut werden. Gemüse aus Küchenabfällen zu züchten, verringert die Lebensmittelverschwendung, spart Geld und ermöglicht dir die Erfahrung, etwas selbst anzubauen und es zu essen. Und es ist viel einfacher, als du vielleicht denkst. Man muss allerdings aufmerksam sein und auf die Bedürfnisse der Pflanzen eingehen, beispielsweise täglich das Wasser wechseln oder sie besprühen. (Wenn du viel um die Ohren hast, ist es natürlich keine Schummelei, wenn du dir Notizen machst, um an alles zu denken.)

BLATTGEMÜSE

Zum Blattgemüse zählen Gemüsesorten wie Kopfsalate (vor allem Römersalat), Sellerie, Pak Choi und Kohl. Um Blattgemüse aus Resten zu ziehen, schneidest du zuerst die Basis ab (achte darauf, dass du etwa zweieinhalb Zentimeter der Pflanze stehen lässt) und setzt diese in eine flache Schale. Fülle einen guten Zentimeter Wasser hinein und stelle die Schale an einen sonnigen Platz. Das Wasser solltest du alle ein bis zwei Tage austauschen. Blattgemüse kann das ganze Jahr über auf der Fensterbank gezüchtet werden, zunächst in Wasser und danach in Erde, sobald die Wurzeln zu sehen sind. Wenn du das Blattgemüse einpflanzt, bedecke die Wurzeln und den Boden mit Erde, lass aber den oberen Teil frei. Blattgemüse kann man auch züchten, indem man einige Blätter in ein Glas mit etwas Wasser legt. Die Blätter sollten alle ein bis zwei Tage besprüht werden, außerdem sollte man das Wasser alle paar Tage wechseln.

Es dauert etwa ein bis zwei Wochen, bis eine neue Frühlingszwiebel gewachsen ist. Du kannst ab diesem Zeitpunkt abschneiden, was du brauchst, und die weiße Basis weiterwachsen lassen. Wechsle das Wasser alle paar Tage.

ZWIEBELGEMÜSE

Zu den Zwiebelgemüsen gehören unter anderem Frühlingszwiebeln, Lauch, Fenchel und Schalotten. Schneide bei diesen Zwiebeln etwa zweieinhalb Zentimeter des Wurzelendes ab und lege dies mit dem Wurzelende nach unten in ein Gefäß, das circa einen Zentimeter hoch Wasser enthält. Ein kleines Glas eignet sich dafür besser als eine Schale.

Knoblauch und Zwiebeln gehören zwar auch zum Zwiebelgemüse, müssen aber mit etwas anderen Techniken gezogen werden. Für Knoblauch nimmt man eine Zehe und pflanzt sie mit dem Wurzelende nach unten in Blumenerde ein. Das Gefäß sollte an einem gut beleuchteten Ort stehen. Wenn neue Triebe aus der Zehe herauswachsen, schneidet man diese ab, damit die Pflanze ihre Wachstumsenergie auf die Zwiebel konzentrieren kann.

Gewöhnliche Zwiebeln wachsen in Wasser nicht gut, sie gedeihen besser, wenn man sie direkt in Blumenerde oder in den Garten pflanzt. Schneide dazu ungefähr zweieinhalb Zentimeter des Wurzelendes ab und stecke es mit der Wurzelbasis nach unten in die Erde, wobei du die Schnittfläche frei lässt und nicht mit Erde bedeckst.

WURZELGEMÜSE

Zum Wurzelgemüse gehören beispielsweise Rüben, Rote Bete, Möhren und Pastinaken. Man isst die Wurzel, und der obere Teil, an dem die Blätter wachsen, wird üblicherweise weggeworfen. Aus den Resten lässt sich zwar keine neue Wurzel ziehen, aber man kann neue Blätter treiben lassen, die man an Haustiere wie Kaninchen verfüttern oder für die Verfeinerung von Salaten oder Pfannengerichten verwenden kann. Schneide dazu den oberen Teil des Wurzelgemüses ab, sodass gut ein Zentimeter übrig bleibt, und lege ihn mit der Schnittfläche nach unten in eine flache Schale mit einem Zentimeter Wasser. Tausche das Wasser regelmäßig aus.

Ingwer ist zwar auch ein Wurzelgemüse, erfordert aber eine andere Technik. Um neuen Ingwer zu züchten, pflanzt man ein Stückchen der Ingwerwurzel in Blumenerde, wobei das kleinere Ende nach oben zeigt.

KRÄUTER

Bei Kräutern kann man generell einen etwa zehn Zentimeter langen Stängel des jeweiligen Krauts in ein Glas Wasser stellen (dabei sollte sich mindestens ein Sprossknoten unter Wasser befinden) und dieses an einen gut beleuchteten Ort, aber nicht in die direkte Sonne stellen. Wenn die Wurzeln ein paar Zentimeter lang sind, kannst du das Kraut in Blumenerde umsetzen.

Gärten für Fensterbank und Blumenkästen

Gärten auf der Fensterbank und in Blumenkästen eignen sich hervorragend für Pflanzen wie Kräuter. Deshalb findet man sie auch oft in Küchen, wo die Kräuter dann in Reichweite sind, wenn man sie zum Kochen braucht. Wenn du im Haus nicht viel Platz hast, können eine Fensterbank oder Blumenkästen dir eine gewisse Flexibilität bieten.

BLUMENKÄSTEN

Blumenkästen, die oft zu dekorativen Zwecken verwendet werden, können so viel mehr als nur Zierde sein. Im Freien bieten sie dir die Möglichkeit, Pflanzen anzubauen, die sich im Haus nicht unbedingt wohlfühlen. Sie sind so konstruiert, dass sie vom offenen Fenster aus leicht zugänglich sind, sodass du dich von dort aus um die Pflanzen darin kümmern kannst. Bei der Zusammenstellung eines Blumenkastens solltest du Pflanzen auswählen, die ähnliche Anforderungen an Bewässerung, Licht und Boden haben. So gedeihen beispielsweise einige kleinere Gemüsesorten hervorragend in Blumenkästen.

> Wenn du mehr als ein Fenster für Blumenkästen zur Verfügung hast, kannst du thematische Kästen planen: einen, der Wohlstand anzieht, einen mit Pflanzen zum Schutz und so weiter. Wenn du nur einen Kasten hast, wähle Pflanzen, die verschiedene Zwecke abdecken.

Bei der Bepflanzung von Blumenkästen gibt es einige Dinge zu beachten. Erstens sind sie nicht sehr groß, sodass sie schnell austrocknen. Kontrolliere daher den Boden regelmäßig, um sicherzustellen, dass er feucht genug bleibt, während du darin Pflanzen anbaust. Wenn du die Blumenkästen aufhängst, wähle Halterungen, die einen gewissen Abstand zur Wand haben, damit kein Wasser zwischen die beiden Oberflächen gerät, was die Außenwand beschädigen könnte. Am besten verwendest du lange Halterungen und positionierst den Kasten so, dass seine Oberkante unterhalb der Unterkante des Fensters hängt. So haben größere Pflanzen Platz zum Wachsen, ohne die Sicht zu versperren. Außerdem solltest du leichte Blumenerde verwenden, keine Muttererde, denn entscheidend bei der Arbeit mit Blumenkästen ist, den Kasten so leicht wie möglich zu halten.

Gärten für die Fensterbank

Eine einfache und kostengünstige Möglichkeit, Pflanzen in dein Leben einzubeziehen, sind Fensterbankgärten, bei denen du einfach kleine Töpfe oder Gefäße auf deine Fensterbank stellst. Achte für diese Art des Gärtnerns bei der Wahl des Fensters darauf, ein sonniges Fenster auszuwählen (wobei es meist in Ordnung ist, wenn das Licht indirekt einfällt, solange es ausreichend hell ist). Sonnenlicht ist im Winter besonders wichtig. Wähle am besten Pflanzen aus, die zeitlich unregelmäßiges und auch unregelmäßig intensives Licht vertragen. Dafür sind Kräuter und Blattgemüse gut geeignet. Wechsle bitte auch regelmäßig den Standort der Pflanzen auf der Fensterbank, und drehe sie immer wieder so, dass mal die eine, mal die andere Seite dem Fenster zugewandt ist.

Es ist wichtig, dass die von dir gewählte Fensterbank eine relativ konstante Temperatur hat, damit die Pflanzen nicht dem Stress ausgesetzt sind, sich an Schwankungen anpassen zu müssen. Wenn du in einem sehr kalten Klima lebst, solltest du nach Pflanzen Ausschau halten, die robust genug sind, um die Kälte zu ertragen, die vom Fensterglas ausgeht. Küchenfensterbänke in der Nähe einer Spüle eignen sich besonders gut für diese Art von Garten. Die warme Luftfeuchtigkeit der Spüle umgibt die Pflanzen und macht es möglich, auch schwierige tropische Pflanzen wie Anthurien zu züchten.

> Denke bitte daran, dass die von dir gewählten Töpfe eine Drainage haben sollten. Dazu kannst du beispielsweise mehrere kleine Töpfe auf ein Tablett stellen, um Wassertropfen und verschüttetes Wasser aufzufangen.

Wenn du kein Fenster mit einer ausreichend großen Fensterbank hast, auf der du deine Pflanzen sicher abstellen kannst, und ein Blumenkasten im Freien aus irgendeinem Grund nicht möglich ist, gibt es einige recht einfache Möglichkeiten, wie du im Haus vor deinem Fenster mehr Platz schaffen kannst.

Du könntest zum Beispiel ein Regalbrett vor dem Fenster aufhängen. Dazu brauchst ein einfaches Holzbrett mit langen Ösenschrauben oder Schraubhaken in jeder Ecke, zwei Seile oder Schnüre, die jeweils doppelt so lang sind wie der Abstand von der Decke bis zu der Stelle, an der das Brett aufgehängt werden soll (plus etwas mehr, um Knoten zu machen und die Schnur über das schmale Ende des Bretts zu führen), und stabile Haken, die in einem Abstand von der Breite des Bretts in die Decke eingelassen sind. Führe jedes Stück Schnur durch die beiden Ösenschrauben über ein kurzes Ende

PROJEKT

Sprossenzauber auf der Fensterbank

Wenn du einen Garten auf der Fensterbank hast oder wenn draußen alles mit Schnee bedeckt ist, kannst du ganz wunderbar diesen Zauber im Haus durchführen. Er nutzt den physischen Akt des Wachsens, um die Pflanze mit deinem magischen Ziel zu durchdringen. In diesem Beispiel werden Brokkoli-Sprossen verwendet, aber du kannst jeden beliebigen Samen verwenden (informiere dich über die Größe und Essbarkeit der Samen, die du verwenden willst). Dieser Zauber kann auch für Microgreens verwendet werden. Das Rezept ergibt etwa 300 Gramm Brokkoli-Sprossen. Die Sprossen können jederzeit nach Beginn des Keimens gegessen werden, aber im Allgemeinen verzehrt man sie, wenn sie zwei bis fünf Zentimeter lang sind.

Du brauchst:

- 3 Esslöffel Brokkoli-Samen
- Einmachglas mit breiter Öffnung, ca. 1 Liter
- Wasser
- Schere
- Mulltuch
- Stift
- Gummiband
- feines Sieb
- große Schüssel

1 Gib die Samen in das Glas. Bedecke die Samen mit kaltem Wasser.

2 Schneide einen Kreis aus dem Mulltuch zu, dessen Durchmesser 1 ½ -mal so groß ist wie die Öffnung des Glases. Zeichne eine Rune oder ein Symbol, das du mit deinem magischen Ziel verknüpfst, auf den Mulltuchkreis. Wenn du möchtest, kannst du auch einen Zauberspruch auf das Tuch schreiben. Lege das Tuch über die Öffnung des Glases und befestige es mit dem Gummiband. Lasse die Samen acht Stunden lang einweichen.

3 Nimm das Tuch ab und stülpe das Sieb über die Öffnung des Glases. Drehe das Glas um und lasse das Wasser ablaufen. Drehe das Glas und das Sieb nun wieder um und lasse die Samen auf den Boden des Glases fallen. Klopfe mit dem Sieb gegen den Rand des Glases, um festsitzende Samen zu lösen.

4 Fülle neues kühles Wasser in das Glas, schwenke es etwas herum, um die Samen durchzuspülen, und gieße es erneut ab. Entferne so viel Wasser wie möglich. Lege das Mulltuch samt Gummiband wieder auf. Stelle das Gefäß kopfüber in die große Schüssel, damit das Wasser abfließen und die Luft zirkulieren kann.

5 Spüle die Samen auf diese Weise zweimal am Tag aus. Vermittle den Keimlingen jedes Mal, wenn du sie abspülst und abtropfen lässt, dein magisches Ziel oder wiederhole den geschriebenen Zauber. Die Samen werden innerhalb weniger Tage sprießen. Während sie sprießen, werden die Sprossen mit deinem magischen Ziel versehen.

6 Spüle die Sprossen ein letztes Mal ab, breite sie auf einem Küchentuch (mit Stoff oder Papier belegt) aus und tupfe sie trocken. Verzehre die Sprossen, wie du sie am liebsten magst – im Salat, in einer Wok-Pfanne, in einem Sandwich –, und konzentriere dich beim Essen darauf, die Magie zu verinnerlichen. Wasche das Mulltuch oder kompostiere es.

des Brettes und binde dann die Enden zu einer Schlaufe zusammen. Hänge jede Schlaufe an einen Deckenhaken, und verknüpfe die Knoten erneut, um die Höhe wie gewünscht einzustellen.

Alternativ kannst du das Brett auch an einer stabilen Gardinenstange oder an Haken in der Wand über dem Fenster oder seitlich des Fensters aufhängen, um so ein kleines Hängeregal zu schaffen. Oder du bringst Halterungen oder Regalstützen unter dem Fenster an und legst ein Brett, ähnlich wie ein Fensterbrett, darüber. Deine Pflanzen solltest du mit Bedacht auf einem solchen Brett oder Regal aufstellen, große Keramiktöpfe beispielsweise gehören an einen stabileren Ort. Hängeregale eignen sich hervorragend für die Anzucht von Stecklingen, Kräutern oder Gemüseresten in Wasser (mehr dazu weiter vorn in diesem Kapitel). Denke bei der Bepflanzung von Regalen auch daran, eine Drainage einzuplanen – einfache Schalen oder Tabletts zum Auffangen von Wasser können viele Schäden verhindern. Wenn die Luftfeuchtigkeit in deinem Raum nicht ausreicht, kannst du die Pflanztöpfe auch in größere Schalen mit Kieselsteinen und Wasser stellen. Das verdunstende Wasser erhöht die Luftfeuchtigkeit um deine Pflanzen herum.

Topfgärten

Unter Topfgärten, manchmal auch Containergärten genannt, versteht man den Anbau von Pflanzen in Pflanzgefäßen, entweder drinnen oder draußen. Man kann dazu Innenräume nutzen, einen Garten im Freien anlegen oder einen Außenbereich wie einen Balkon oder einen Poolbereich gestalten. Auch Menschen mit eingeschränkter Mobilität können davon profitieren, denn die Arbeit in Töpfen ist viel einfacher als das Herumlaufen auf einem Grundstück. Außerdem kann man die Gefäße auf niedrige Tische oder eine andere Unterlage stellen, um alle Pflanzen in eine bequeme Höhe zu bringen, auf der man arbeiten kann. Hängekörbe gelten ebenfalls als Containergarten, die einen praktischen Platz bieten, wenn der Fußboden oder die Gartenerde bereits belegt sind.

Unabhängig davon, warum du in Töpfen gärtnerst – Platzmangel, fehlende Freiflächen, Mobilitätsprobleme oder einfach nur Vorliebe –: Es gibt einige entscheidende Vorteile von Topfgärten. Einer davon ist, dass man die Pflanzen in Gefäßen viel leichter mit genau den richtigen Nährstoffen versorgen kann, die sie benötigen,

Bei Einhaltung dieser Grundlagen gibt es keine Grenzen für den Anbau in Töpfen. Gemüse wie Tomaten, Paprika, Gurken, Brokkoli und viele andere gedeihen in Pflanzgefäßen gut. Wenn du Blumen magst, kannst du prächtige Arrangements aus leuchtenden Blüten in Kombination mit rankenden Pflanzen wie Weinreben schaffen. Wenn deine Töpfe im Freien stehen, solltest du auch Pflanzen wie Ysop, Kosmeen, Lavendel und Sonnenhut verwenden, um Bienen, Schmetterlinge und je nach Region sogar Kolibris in deinen Topfgarten zu locken.

und sie in hochwertiger Blumenerde wachsen lassen. (Du solltest keine gewöhnliche Gartenerde in Töpfen verwenden, da sie zu schwer ist; greif stattdessen lieber zu einer speziellen Topferde.) Da Töpfe überall aufgestellt werden können, kannst du deinen Garten auch auf deiner Terrasse, deinem Balkon oder sogar in einem überdachten Poolbereich anlegen. Dies kann besonders hilfreich sein, wenn du Probleme mit Tieren wie Rehen hast, die deine Pflanzen anfressen.

Neben diesen Vorteilen kann der Anbau in Töpfen aber auch so manche Herausforderung mit sich bringen. Um erfolgreich mit Töpfen zu gärtnern, solltest du einige wichtige Punkte beachten. Erstens muss alles, was deine Pflanze zum Wachsen braucht, in dem Pflanzgefäß vorhanden sein, insbesondere Wasser. In der Erde kann eine durstige Pflanze längere Wurzeln ausbilden. In einem Topf stirbt eine Pflanze, die zu wenig Wasser bekommt, einfach ab, also musst du sie regelmäßig gießen. Alternativ kannst du ein Selbstbewässerungssystem einsetzen, das genau die Menge an Wasser liefert, die eine Pflanze braucht. So verlockend es auch sein mag, es ist in der Regel keine gute Idee, Topferde von Jahr zu Jahr wiederzuverwenden. Topferde enthält in der Regel Torf, der sich mit der Zeit zersetzt und verdichtet. Daher ist es sinnvoll, Pflanzen in Pflanzgefäßen jedes Jahr umzutopfen oder frische Erde zuzugeben. Außerdem ist es besonders wichtig, deine Topfpflanzen mit einem hochwertigen Dünger zu versorgen, da sie keine Nährstoffe aus dem Boden aufnehmen können.

WANDGÄRTEN

Ein Wand- oder Vertikalgarten ist eine spezielle Art von Topfgarten, bei dem die Pflanzgefäße an einer Wand befestigt werden, um einen Kaskadeneffekt zu erzeugen. Sie können sowohl im Innen- als auch im Außenbereich eingesetzt werden. Wenn du jedoch im Innenbereich gärtnerst, solltest du auf die Entwässerung achten, damit du deinen Boden oder die Wand nicht beschädigst. Wandgärten können mit verschiedenen Gefäßen und Systemen angelegt werden, solange sich alles sicher an der Wand befestigen lässt. Sobald du deinen Wandgarten angelegt hast, kannst du ihn mit blühenden einjährigen Pflanzen, Zimmerpflanzen, Zierpflanzen oder vor allem mit Kräutern wie Basilikum, Thymian und Oregano bepflanzen, welche die perfekte Größe und die richtige Wachstumsgeschwindigkeit für Wandgärten haben.

Auch Hängekörbe sind sehr dekorativ und können sogar für den Anbau von Gemüse verwendet werden. Wie Blumenkästen können sie je nach Klima sehr schnell austrocknen. Behalte daher bitte den Feuchtigkeitsgehalt genau im Auge. Wenn deine Blumenampeln in einem sonnigen Bereich hängen und häufig gegossen werden müssen, ist es sinnvoll, wenn sie niedrig genug sind, sodass du leicht herankommst, oder wenn du einen Hocker oder Schemel bereitstehen hast.

Der Garten im Freien

Den typischen Hexengarten stellt man sich so vor: üppig und ausladend, mit einer großen Vielfalt an Pflanzen und einer lebendigen, natürlichen Atmosphäre. Das ist ein schönes Bild, aber die meisten von uns leben nicht in einem Klima, das diese Art von Garten zulässt.

Wir müssen unsere geografische Lage und unser Klima berücksichtigen, wenn wir uns unseren idealen Garten vorstellen. Die Pflege eines üppigen Märchengartens in einem Klima, das diese Art des Anbaus nicht zulässt, würde einen immensen Aufwand an Zeit, Energie, Bodenveränderung und Wasser erfordern. Das ist das Gegenteil von einer Zusammenarbeit mit dem Land. Es ist der Versuch, das Land und die Pflanzen zu etwas zu zwingen, wofür sie nicht geschaffen sind. Die Auswahl der Pflanzen, die du anbauen kannst, hängt daher in erster Linie von den klimatischen Bedingungen deines Wohnorts ab.

Gute Anlaufstellen, um herauszufinden, welche Pflanzen in deiner Region optimal gedeihen, sind das örtliche Gartenamt, lokale Gartenvereine oder auch Gartenkurse. Sobald du dich über deine örtlichen Gegebenheiten informiert hast, kannst du mit der Planung deines Gartens beginnen. Die Arbeit im Freien, mit dem Land, auf dem du auch lebst, ist eine sehr gute Möglichkeit, mit der Natur und der Erde verbunden zu bleiben. Einige der Aufgaben, die ein Garten im Freien mit sich bringen kann, sind der Bau von Hochbeeten, das Belüften und Auflockern des Bodens als Vorbereitung für die Bepflanzung, das Hinzufügen von Kompost oder anderem organischen Material zur Verbesserung deines Bodens, das Anlegen von Strukturen

> Was kannst du tun, wenn du eine bestimmte Pflanze anbauen möchtest, die nicht ideal für deine Klimazone geeignet ist? Es gibt nichts, was dagegen spricht, deinen Hexengarten auf mehrere verschiedene Orte zu verteilen. In Innenräumen ist es einfacher, die Umgebung zu kontrollieren, vor allem in einem Regal mit Abdeckung oder einem geschlossenen Anzuchtregal. Draußen solltest du das pflanzen, was zu deinem Ort passt. In Töpfen kannst du empfindlichere Pflanzen halten, die mehr Schutz und Aufmerksamkeit benötigen. Pflanzen, die mehr Sorgfalt und Pflege erfordern, machen sich am besten im Haus.

wie Spalieren für Weinreben und Kletterpflanzen, das Anlegen von Beeten und Einfassungen, das Verlegen von Bewässerungsschläuchen oder Sprinkleranlagen, das Ausbringen von Mulch, das Anlegen von Wegen und natürlich das Hinzufügen von Besonderheiten wie Bänken, Springbrunnen und Gartenkunst, die den Garten zu etwas ganz Besonderem machen.

Die genaue Gestaltung deines Gartens hängt letztendlich davon ab, welches Ziel du verfolgst. Wenn du einen Wildblumengarten anbauen möchtest, erzeugen frei geformte Beete mit schmalen Wegen das wilde, natürliche Aussehen, das du dir wünschst. Möchtest du Gemüse und Kräuter anbauen, lege deinen Garten in einer Reihe von klar definierten Beeten für Pflanzen wie Bohnen, Tomaten, Paprika, Möhren und weiteren Gemüsesorten an. Wenn dein Boden sandig oder lehmig ist, solltest du vielleicht lieber Hochbeete für deine Pflanzen anfertigen. Ein Hochbeet ist einfach ein erhöhtes Pflanzbeet, das in der Regel mit Holz oder Betonblöcken ummauert und mit hochwertigem Mutterboden aufgefüllt wird.

Das klingt alles so, als seien die Möglichkeiten unbegrenzt – und das sind sie auch. Dennoch brauchst du dich nicht von der Fülle der Möglichkeiten überwältigen zu lassen. Gehe es einfach langsam an und sei offen für die unterschiedlichen Möglichkeiten. Deinem Garten im Freien sind nur Grenzen durch deine eigene Vorstellungskraft und deine Erfahrungen mit dem Anbau auf deinem einzigartigen Grundstück gesetzt. Ganz gleich, ob du einen Kräutergarten, ein Katzenminze-Beet, einen Gemüsegarten oder einen formalen Formschnittgarten anlegst, mit jedem Jahr, das du im Freien gärtnerst, lernst du mehr über deine Umgebung. Es ist dabei sinnvoll, ein Gartentagebuch zu führen und darin Ereignisse wie das Datum des letzten Frosts, die Vögel und Insekten, die du in deinem Garten beobachtest, und deinen Bewässerungs- und Düngeplan zu notieren. Du wirst überrascht sein, wie oft du zu deinem Gartentagebuch greifst, um dich an etwas zu erinnern, das du in einem früheren Jahr gelernt hast und das dir helfen wird, in Zukunft eine bessere, mit der Natur verbundenere Gärtnerin zu werden.

Kapitel 5
Vorbereitung des heiligen Raums

Werkzeuge für deinen Garten

Jede Hexe hat Werkzeuge, die sie am liebsten benutzt, sei es für ein Ritual, in der Küche oder im Garten. Wenn du die Gartenarbeit als ernsthaftes Hobby betreibst, solltest du dir die Zeit nehmen, über die speziellen Geräte nachzudenken, die du dafür benötigst. Du musst natürlich nicht direkt einen neuen Satz teurer Werkzeuge kaufen, aber du kannst dir die handfeste Gartenarbeit dennoch erleichtern. Warum etwas benutzen, das einigermaßen funktioniert, wenn es ein Werkzeug gibt, das effizienter ist? In der Hexenkunst gibt es eine altehrwürdige Tradition der Wiederverwendung und des Wiederaufbereitens, aber wenn es um die Energie geht, die in etwas wie einen Garten investiert wird, kann es sinnvoll sein, in die für diesen Zweck vorgesehenen Werkzeuge zu investieren. Natürlich brauchst du nicht unbedingt einen riesigen neuen Schuppen voller Gerätschaften oder Gartenfahrzeuge – dies richtet sich nach deinem Fitnesslevel, deinem Budget und der Größe deines Gartens. Die Menschen gärtnern schon seit Jahrtausenden und haben dies oftmals nur mit den rudimentärsten Mitteln getan. Es gibt also keinen Grund, warum du dich von deinem Plan abbringen lassen solltest, schöne Pflanzen anzubauen, nur weil du vielleicht nicht die neuesten, teuersten Gartengeräte hast.

DIE AUSWAHL DER GARTENWERKZEUGE

Wie andere Werkzeuge, die in der Hexerei verwendet werden, sind auch diejenigen für die Gartenarbeit persönlich. Einige sind für dich unverzichtbar, während andere eher nicht zu deinem normalen Repertoire gehören. Was du brauchst, hängt auch davon ab, wo du deinen Garten anlegen willst. Wenn du ihn ausschließlich im Haus hast, wird dir eine Harke nicht viel nützen. Dann kannst du dein Werkzeugset auf kleinere, handliche Geräte reduzieren. Und wenn du die Möglichkeit hast, auf einer großen Fläche zu arbeiten, sind größere Werkzeuge effizienter als kleinere. Niemand will schließlich mit einer kleinen Handschaufel einen ganzen Hektar Erde umgraben.

Im Folgenden findest du eine Übersicht über gängige Gartenwerkzeuge.

HANDSCHUHE

Handschuhe sind wichtig, vor allem bei Arbeiten im Freien. Du glaubst vielleicht, dass du sie nicht brauchst, aber du wirst unweigerlich auf etwas besonders

Schmutziges stoßen und dir wünschen, du hättest Handschuhe an. Auch das Anfassen von dicken oder auch stacheligen Stämmen ist mit Handschuhen immer einfacher. Die Auswahl der richtigen Handschuhe ist nicht ganz leicht. Sie sollten schwer genug sein, um deine Hände zu schützen, aber leicht genug, um die Beweglichkeit und Fingerfertigkeit zu erhalten. Gut ist es, wenn sie atmungsaktiv sind, schließlich mag niemand das schleimige Gefühl heißer, verschwitzter Hände in einem stickigen Handschuh, vor allem, wenn man versucht, etwas festzuhalten. Und ein Wasser abweisendes Material oder eine Beschichtung ist ebenfalls hilfreich.

Gartenscheren

Gartenscheren werden zum Schneiden von Pflanzen für verschiedene Zwecke verwendet, beispielsweise zum Ernten, Beschneiden oder Abtrennen. Wähle eine Schere aus, die gut in deiner Hand liegt. Wenn sie zu groß ist, verkrampfen deine Hände und du kannst nicht mehr so effizient schneiden.

Für beide Scherentypen gilt, dass eine Schere mit Ratschenmechanismus die Schnittkraft erhöht, ohne die Hand zu belasten.

Es gibt zwei Arten von Scheren. Die Bypass-Schere hat eine scharfe Klinge, die an einer zweiten scharfen Klinge vorbeiläuft; sie wird zum sauberen Schneiden von lebenden grünen Stängeln und Holz verwendet. Amboss-Scheren haben lediglich eine scharfe Klinge, die auf eine stumpfe Oberfläche trifft. Sie dienen zum Schneiden abgestorbener Pflanzenteile, da sie die trockenere Struktur zerkleinern und so abtrennen können.

Gartengabeln und Forken

Gartengabeln und Forken lassen sich im Allgemeinen in zwei Kategorien einteilen: gerade Zinken oder gebogene Zinken. Die Zinken einer Heugabel sind leicht gebogen, um Material wie Heu aufzuheben und zu schleudern. Forken mit geraden Zinken sind ideal zum Graben und Auflockern des Bodens.

Spaten und Schaufeln

Diese Werkzeuge sind vom Stil her ähnlich, dienen aber etwas anderen Zwecken. Spaten haben flache, viereckige Blätter, die zum Aufbrechen von Wurzeln und Boden verwendet werden. Schaufeln haben gebogene Blätter mit einer abgerundeten oder spitzen Form, die zum Wenden des Bodens verwendet werden. Beide können zum Bewegen von Erde und zum Graben verwendet werden.

> Es ist sehr wichtig, Gartengeräte mit guten Griffen auszuwählen. Im Gegensatz zu rituellen Werkzeugen müssen Gartenwerkzeuge über einen längeren Zeitraum hinweg benutzt werden und sollten daher besonders gut in der Hand liegen. Wenn der Griff zu breit oder zu kurz ist oder einen unbequemen Winkel hat, wird es bestenfalls unangenehm und schlimmstenfalls schmerzhaft sein, ihn zu benutzen. Probiere verschiedene Modelle aus, um herauszufinden, welcher Griff für dich am besten ist.

HACKEN

Hacken haben ein kurzes, flaches Blatt. Sie werden zum Umgraben und Verteilen des Bodens um die Pflanzen herum verwendet, um Unkrautwuchs zu verhindern, Klumpen im Boden aufzubrechen und Dünger zu verteilen.

UNKRAUTSTECHER

Ein Unkrautstecher ist ein äußerst nützliches Werkzeug für Gärtner im Freien. Es gibt viele verschiedene Typen, aber alle haben scharfe Zinken, die sich in den Boden graben und das Unkraut an den Wurzeln herausheben können. Mit langstieligen Unkrautstechern kann man das Unkraut aus den Beeten entfernen, ohne sich bücken zu müssen.

HANDHARKE

Die Handharke beziehungsweise der Handrechen sieht aus wie eine große Harke im Miniaturformat. In der Regel handelt es sich um ein kleines, dreizinkiges Werkzeug mit gebogenen Zinken, das einer Hand mit gebogenen Fingern ähnelt. Man erhält sie oft im Set mit einer Gartenkelle (siehe unten). Eine Handharke eignet sich hervorragend zum Einarbeiten von Dünger oder Hilfsstoffen in den Boden, zum Auflockern der Oberfläche, zum Zerkleinern von Klumpen und zum Ausheben von Löchern für neue Pflanzen.

HANDKELLE

Eine Handkelle ist wie eine Miniaturschaufel oder ein Spaten für die Hand. Mit ihr kann man die Bewegung des Bodens genauer steuern, etwa beim Ausheben eines Lochs zum Pflanzen von Setzlingen. Mit einer Kelle mit breitem Blatt lässt sich mehr Erde bewegen, während eine schmale das Graben in verdichteter Erde erleichtert.

HARKE

Eine große Harke ist für viele verschiedene Aufgaben im Garten nützlich. Federnde, fächerförmige Harken werden zum Aufharken von Laub oder Schnittgut nach dem Baumschnitt oder zum Auflockern von Gras oder Bodendeckern verwendet.

Geradlinige Metallrechen, die wie ein Kamm am Ende eines langen Stiels aussehen, eignen sich zum Umgraben einer großen Fläche oder zum Aussieben von Steinen oder Ästen aus dem Boden.

Werkzeuge zur Bewässerung

Bewässerungsgeräte sind unverzichtbar, egal wo sich dein Garten befindet. Gießkannen und Eimer bringen das Wasser von einer zentralen Quelle dorthin, wo es gebraucht wird. Schläuche und Berieselungssysteme können es gleichmäßig und langsam transportieren. In Innenräumen ist eine leichte Gießkanne mit einem langen Ausguss nützlich. Im Freien eignet sich eine größere, robustere Gießkanne mit einem Gießbrausen-Aufsatz besser. Für Pflanzen, die Feuchtigkeit mögen, kann ein feiner Zerstäuber verwendet werden.

Weitere Hilfsmittel

Auch diese Utensilien können dir die Gartenarbeit erleichtern:

- Pflanzetiketten oder Gartenstäbe zeigen an, was wo gepflanzt wurde. Vielleicht glaubst du, dass du dir das merken wirst. Das wird aber garantiert nicht der Fall sein.
- Mit einem Bodentester/-messgerät lassen sich der pH-Wert des Bodens, die Lichtverhältnisse und der Feuchtigkeitsgehalt messen. Sie sind sehr nützlich für Gärtner, die sich nicht sicher sind, welche Pflanzen in ihrem Boden am besten gedeihen, in welchem Teil ihres Zimmers diffuses Licht herrscht oder wie oft bestimmte Pflanzen gegossen werden müssen.
- Abtropfschalen sind nützlich, besonders für Innengärten. Fülle die Schale mit kleinen Steinen und stelle dann deine Töpfe darauf. Auf diese Weise erhalten die Pflanzen eine zusätzliche Drainage und du schützt deine Möbel vor Wasserflecken.
- Pflanzenleuchten oder Anzuchtlampen können im Winter die kurzen Tageslichtstunden in Innenräumen ergänzen. Wenn du im Haus Pflanzen in einem Regal ziehst, kann eine Abdeckung, welche die Feuchtigkeit im Inneren hält, ebenfalls nützlich sein. Sie verwandelt dein Regal in eine gewächshausähnliche Umgebung. Einige der besten Anzuchtlampen sind LED-Lampen. Sie sind relativ preiswert, verbrauchen nicht viel Strom und geben nicht viel Wärme ab. Unter diesen Lampen kannst du deshalb vielfältige Pflanzen ohne komplizierte Geräte wie Ventilatoren oder spezielle Lichthauben und Vorschaltgeräte halten.

BOLLINE

Das Bolline ist ein Werkzeug, das manchmal in Wicca-Büchern erwähnt wird. Es handelt sich um eine Sichel, die du als Ergänzung zum Athame verwendest, dem Zeremonialmesser, das in Ritualen verwendet wird, um die Energie zu lenken. Das Athame hat manchmal eine oder zwei stumpfe Klingen, da es sich um ein symbolisches und nicht um ein praktisches Werkzeug handelt. Ein Bolline hingegen verfügt über eine scharfe Klinge, oft mit einem weißen Griff, im Gegensatz zum schwarzen Griff des Athame. Außerdem ist die Klinge in der Regel sichelförmig gebogen. Dieses Werkzeug wird speziell für mechanische Arbeiten verwendet, zum Beispiel zum Ernten von Kräutern und zum Schnitzen von Kerzen.

In der Gartenterminologie wird diese Art von Werkzeug mit gebogener Klinge als Handsichel bezeichnet. Als Gartenhexe kannst du natürlich auch eine Handsichel benutzen, wenn du möchtest. Sicheln sind jedoch etwas gewöhnungsbedürftig, deswegen ist deine Gartenschere wahrscheinlich das geeignetere und praktischere Werkzeug. Und es gibt keine Regel, die besagt, dass alltägliche Werkzeuge nicht auch für die Magie verwendet werden können. Bei der grünen Magie geht es schließlich um Praktikabilität. Wir erkennen das Spirituelle im Alltäglichen.

HEXENWERKZEUGE

In der Magie verwenden wir Werkzeuge, die nicht unbedingt auf Listen mit Gartengeräten auftauchen, aber für den Garten nützlich sein können. Es empfiehlt sich, diese Werkzeuge in deine Hexenausrüstung aufzunehmen.

BESEN

Mit dem Besen lassen sich unerwünschte Energien aus einem Raum entfernen. Auf einem so praktischen Lebenspfad wie dem der grünen Hexe kann ein gewöhnlicher Besen auch als spirituelles Werkzeug verwendet werden. Du kannst ihn sogar im Garten benutzen, um Gehwege, Terrassen und Treppen zu säubern.

OPFERSCHALE

Eine Opferschale (Teller, Schüssel oder Ähnliches), die im Rahmen eines Rituals, eines Zaubers oder einer Ehrung draußen aufgestellt wird, ist ebenfalls empfehlenswert. Wenn du möchtest, kannst du deine Opfergaben immer an einer ganz bestimmten Stelle auf dem Boden ausgießen oder abstellen, aber auch je nach Bedarf verschiedene Stellen im Garten nutzen.

Gegabelter Stab

Der gegabelte Stab ist wie ein großes Y geformt. Er ist ein fantastisches Werkzeug für die Magie im Freien, da er als eine Art Altar und/oder Schrein dient, an dem man Zauberbeutel, Schnüre für Knotenzauber, Kräuterbündel zum Trocknen, Stoffstreifen und alles andere befestigen kann, was einem einfällt. Du kannst auf deinem Grundstück nach einem solchen Stab suchen, nachdem die Bäume beschnitten wurden. Gehe alternativ in einem öffentlichen Park oder Waldgebiet spazieren, um einen entsprechendem Ast auf dem Boden zu suchen und mit nach Hause zu nehmen.

Stab

Der Stab ist ein Verwandter des Zauberstabs, mit dem in Ritualen die Energie gelenkt wird. Er ist außerdem ein praktisches Werkzeug, mit dem man Symbole oder Linien auf den Boden zeichnen kann, wenn man im Garten zaubert.

Kessel

Der Kessel kann als Behälter für Feuer verwendet werden, was praktisch für magische Arbeiten im Garten ist. Achte darauf, den Kessel auf einen Stein oder eine Platte zu stellen, damit die Füße oder der Boden des Kessels die Hitze nicht in die Pflanzen um ihn herum leiten. (Sei bitte immer vorsichtig, wenn du im Garten mit Feuer arbeitest, denn in der Erde können sich noch Wurzelstücke oder Pflanzenreste befinden, die schwelen oder Feuer fangen können). Ein Kessel kann auch verwendet werden, um Tränke zum Gießen, Beregnen, Besprühen der Pflanzen und anderes herzustellen.

Mörser und Stößel

Ein Mörser und ein Stößel können bei der Zubereitung von Kräutern und getrockneten Pflanzen für Zaubersprüche oder zum Kochen nützlich sein.

Die Werkzeuge segnen

Wenn du zu den Hexen gehörst, die ihre alltäglichen Werkzeuge magisch segnen, solltest du auch deine Gartengeräte einsegnen. Im Folgenden findest du ein einfaches Segnungsritual für diesen Zweck. Gestalte es ganz nach deinen Wünschen!

RITUAL

Die Segnung eines Werkzeugs

Wenn die Gartenarbeit für dich eine spirituelle Praxis ist, hilft dir die Einsegnung deiner Werkzeuge dabei, sie in deine Energie einzubinden und sie so darauf vorzubereiten, dass sie besser mit deinen Zielen in Resonanz stehen. Dieses kleine Ritual kann für jedes Werkzeug durchgeführt werden, das deine Arbeit im Garten unterstützt. Wenn du es vorziehst, kannst du das Ritual statt mit einer kleinen Schale voller Erde auch draußen in deinem Garten durchführen.

Du brauchst:

- Votivkerze oder Teelicht in einem Halter
- Streichhölzer oder Feuerzeug
- Werkzeug (oder Werkzeuge)
- kleine Schale oder 1 Glas mit Wasser
- kleine Schale mit Erde

1. Zentriere und erde dich. Zünde die Kerze an.
2. Nimm das Werkzeug auf. Sage:
   (Name des Werkzeugs), du bist von diesem
   Moment an mein Partner.
   Du unterstützt meine Arbeit des Anbaus,
   der Pflege und der Fürsorge.
   Du bist eine Verlängerung meiner Hände
   und meines Willens.
   Dein Anteil an dieser Arbeit ist lebenswichtig.
   Ich widme dich der Arbeit, die Natur zu
   pflegen und zu stärken.
   Willkommen in meinem Dienst.
3. Atme sanft auf das Werkzeug und sage:
   Mit Luft segne ich dich.
4. Bewege das Werkzeug über die Kerzenflamme und sage:
   Mit Feuer segne ich dich.
5. Tauche deine Finger in das Wasser, besprenge das Werkzeug damit und sage:
   Mit Wasser segne ich dich.
6. Bestreue schließlich das Werkzeug mit ein wenig Erde oder lege es auf den Boden und sage:
   Mit Erde segne ich dich.
7. Schließe die Augen, und stelle dir eine Energieranke vor, die von deinem Energiezentrum ausgeht und dich mit dem Werkzeug verbindet. Visualisiere, wie die Energie das Werkzeug durchdringt. Sage:
   (Name des Werkzeugs), ich heiße dich
   willkommen.
   Es ist vollbracht.

Reinigung des Gartenraums

Wenn du einen Garten anlegst oder einen Garten zu einem spirituellen Arbeitsraum umgestaltest, solltest du ihn unbedingt reinigen. Räume den Bereich auf; fremde oder störende Gegenstände sollten entfernt werden. Bereite ihn so vor wie einen heiligen Raum, den du weihen möchtest ... was er im Wesentlichen auch ist. Die Reinigung ist der physische Teil, der spirituelle Aspekt folgt im Anschluss. Beim Reinigen geht es darum, negative oder nicht förderliche Energien aus einem Raum zu entfernen, der einem bestimmten Zweck gewidmet werden soll.

INNENRÄUME

Die physische Reinigung ist wie immer die Grundlage für die spirituelle Reinigung. Dies ist besonders wichtig, wenn du in diesem Raum lebende Dinge aufstellst wie zum Beispiel Pflanzen. Unordnung und Ansammlungen von Staub und Schmutz können Energien einfangen oder die gesunde Zirkulation der Energie in deinem Haus verlangsamen. Die erste Regel zu Beginn jeder magischen Arbeit in irgendeinem Bereich deines Hauses ist, den Bereich zu reinigen. Du kannst ganz normal abstauben, fegen, staubsaugen und wischen, aber du kannst diese Tätigkeiten auch mit magischer Unterstützung durchführen. Kräuter sind besonders geeignet, um einen Raum fürs Gärtnern vorzubereiten.

AUßENBEREICH

Beginne mit der physischen Entrümpelung des Bereichs, den du für deinen Garten im Freien nutzen willst. Wenn du bereits einen Garten hast, räume alles weg, was du nicht behalten willst. Wasche alle materiellen Elemente wie Zäune, Mauern, Garten- oder Hochbeeteinfassungen, Spaliere und so weiter ab. Repariere alles, was abgenutzt oder kaputt ist. Indem du physisch aufräumst und säuberst, gestaltest du in diesem Raum einen Neuanfang. Ebenso wichtig ist es, die Energie des Raumes in einen neutralen Zustand zu versetzen. Ich mache das gern mit einer Räucherung, bei der ich eine Mischung aus reinigenden Kräutern über glühender Räucherkohle in einer hitzebeständigen, mit Sand gefüllten Schale zerbrösele. Für eine solche Reinigung verwende ich am liebsten eine Mischung aus getrockneten Zutaten: Rosmarin, Salbei, Beifuß und Zedernholz. Es ist eine zuverlässige Grundmischung, die negative Energie zerstreut und eine frische, ruhige Energie hinterlässt, die bereit ist, von deiner Absicht für den Raum gestärkt zu werden.

Du kannst diese Mischung verwenden, Kräuter hinzufügen oder weglassen oder deine ganz eigene Mischung zusammenstellen, je nach deinen Bedürfnissen und Vorräten.

Lasse den Rauch der Räuchermischung durch den Garten ziehen. Wenn möglich, gehe um den Bereich herum und verbreite den Rauch mit der Hand, einem Bündel frischer Kräuter, einem Fächer oder Federn in deinem Gartenraum. Beuge dich auch ganz nach unten, sodass der Rauch den Boden berühren kann. Stelle dir dabei vor, dass der Rauch Negativität auflöst, alte, müde Energie vertreibt und der Boden danach vor Verjüngung und frischer, fruchtbarer Energie sprüht.

> Da Gemeinschaftsgärten auf öffentlichem Grund liegen, hast du dort wahrscheinlich nicht die Privatsphäre, die du zu Hause hättest. Wenn nötig, kannst du eines dieser Rituale wortlos durchführen, Gesten abschwächen, wenn du dich unwohl oder bloßgestellt fühlst, und vorgemischte, gesegnete oder aufgeladene Elemente mitbringen.

Wenn dir die Reinigung durch Räuchern nicht zusagt, kannst du auch Zweige von Kräutern deiner Wahl in frischem Wasser einweichen, um das Wasser mit ihren Energien zu durchtränken. Fülle dazu zunächst ein sauberes Gefäß mit Wasser und gib dann die Kräuterzweige hinein. Stelle das Glas für ein bis drei Stunden an einen sonnigen Platz. So kann die Sonnenenergie das Wasser ebenfalls aufladen. Du kannst das aufgeladene Wasser in eine Sprühflasche füllen und es auf diese Weise verteilen oder du kannst die Kräuterzweige verwenden, sie nach Bedarf in das Wasser tauchen und mit den benetzten Zweigen Tröpfchen in deinem Garten verteilen.

Eine weitere Möglichkeit besteht darin, mit einem Stock oder dem Finger Symbole für Schutz, Fülle und Fruchtbarkeit in den Boden zu zeichnen. Wähle ein Symbol aus, das für dich persönlich von Bedeutung ist, und zeichne es bewusst in die Erde. Für eine noch bodenständigere Methode kannst du in der Form deines Symbols durch den Gartenraum gehen und deine Absicht mit jedem Schritt in den Boden einfließen lassen.

RITUAL

Kräuter verstreuen

Traditionell wurden Kräuter auf den Boden gestreut, um Räume zu erfrischen oder Schädlinge zu vertreiben. Diese Variante des Kräuterstreuens hilft, negative Energien aufzulösen. Streue diese Mischung vor Beginn der eigentlichen Reinigung um den zu reinigenden Bereich herum, und beginne dann damit, die Energie des Raumes zu reinigen. Fege sie danach im Rahmen deiner physischen Reinigungsroutine auf. Alternativ kannst du den Raum auch physisch reinigen und danach die Mischung ausstreuen, um die Energie aufzufrischen, wenn du dich wohler dabei fühlst, die beiden Aktivitäten voneinander zu trennen.

Die benötigte Kräutermenge hängt davon ab, wie groß der Raum ist, den du reinigst. Die hier angegebenen Zutaten ergeben etwa ½ Tasse der Kräutermischung, die du auf den Boden des von dir vorbereiteten Bereichs streuen kannst.

Du brauchst:

- Schüssel
- 2 Esslöffel frischen oder getrockneten Rosmarin
- 2 Esslöffel Salz
- 1 Esslöffel Pfeffer (gemahlen oder zerstoßene Pfefferkörner)
- 1 Teelöffel Zimt (gemahlen oder eine Stange grob in einem Mörser mit dem Stößel zerrieben)
- Optional: Zedern-, Wacholder- oder Kiefernnadeln (frisch oder getrocknet)

1. Vermische mit deinen Fingern alle Zutaten in der Schüssel.
2. Nimm etwas von der Mischung in die Hand und streue dies in dem gewünschten Bereich auf den Boden. Stelle dir dabei vor, dass die Kräuter den Raum mit ihren reinigenden Eigenschaften erfüllen.
3. Lasse die Kräuter wenn möglich über Nacht liegen. Wenn du Haustiere hast oder sie nicht liegen lassen kannst, fege sie auf, sobald es notwendig ist.

Segne deinen Garten

Sobald etwas gereinigt wurde, ist es ein neutraler Raum, der auf seine Ausrichtung wartet. Segne ihn, um ihn mit deiner Absicht zu programmieren. Diese Segnung gibt deinem Garten den bestmöglichen Start. Sie ruft positive Energie und bestimmte Absichten herbei.

Dieser Elementarsegen kann sowohl im Haus als auch im Freien durchgeführt und von dir nach deinen Wünschen angepasst werden. Wie immer kannst du ihn als Vorlage für deinen eigenen Segen verwenden, wenn du eine andere Richtung einschlagen möchtest. Bevor du beginnst, bereite bitte Darstellungen der vier Elemente vor, und ordne sie im Garten an, wie du möchtest.

Schaffe den heiligen Raum auf die von dir bevorzugte Weise. Es kann so einfach sein, wie zu sagen: »Ich erkenne die angeborene Spiritualität dieses Landes und ehre sie. Während ich hier arbeite, möge es sicher und frei von negativer Energie gehalten werden.«

Wenn du bereit bist, zentriere und erde dich. Verbinde deine persönliche Energie mit der des Gartenbereichs. Rufe den Segen der vier Elemente an:

Möge diese Luft immer sanfte Brisen bringen, um dich zu kühlen, wenn es heiß ist, und die geflügelten Bestäuber tragen, um deine Fruchtbarkeit zu steigern. Möge sie den Sauerstoff spenden, den du uns im Gegenzug für das Kohlendioxid gibst, das du aufnimmst.

Möge dieses Feuer dich wärmen und nähren, wie es die Sonne auf ihrem täglichen Weg tut. Mögen die Samen auf das Licht reagieren, die Blumen sich ihm öffnen und die Fotosynthese fruchtbar und produktiv sein.

Möge dieses Wasser die Samen und Wurzeln nähren, damit diese Pflanzen stark wachsen. Mögen die Regenfälle sanft fallen und dem Boden den richtigen Wasserstand für gesundes Wachstum bescheren.

Möge diese Erde dir Stabilität und Fülle schenken, den optimalen Gehalt an Nährstoffen und Mineralien. Wir ehren die organischen Wesen, die vor uns gegangen sind und deren Körper nun den Boden nähren.

Ich rufe die Geister in Form der Bestäuber an. Wir ehren die Bestäuber, deren Wirken ein vielfältiges und gesundes Ökosystem gewährleistet. Mögen die Bestäuber wissen, dass sie immer willkommen sind und dass ihre Bedeutung hier geehrt wird.

Dies alles möge diesen Garten segnen, ihn gesund und sicher erhalten. Möge er eine Zuflucht und ein Trost sein.

Bepflanzungszyklus und Design

Bei einem Pflanzzyklus geht es im Wesentlichen darum herauszufinden, wann du in deiner Klimazone mit der Bepflanzung beginnen kannst. Dieses Wissen in Verbindung mit dem Plan für die Pflanzen, die du anbauen möchtest, hilft dir dabei, den Zeitplan für das Anpflanzen der Setzlinge und der Aussaat zu erstellen sowie zu entscheiden, was zuerst gepflanzt wird. Nachdem du diese Informationen gesammelt hast, kannst du auch mit der Designplanung deines Gartens fortfahren. Möchtest du den Platz später in der Saison, nach den Frühblühern, wiederverwenden? Willst du einjährige Pflanzen nach der Blüte an ihrem Platz belassen oder sie entfernen, um den Platz für etwas anderes frei zu machen?

Berücksichtige auch die Zyklen der Pflanzen, die du ausgewählt hast – wann sie blühen, wann sie Früchte oder ihr Endprodukt tragen. Möchtest du diese Pflanzen miteinander mischen? Pflanzt du sie in Gruppen, die danach ausgerichtet sind, wann die Pflanzen einen Teil des Zyklus ungefähr zur gleichen Zeit durchlaufen? Diese Informationen zu sammeln wird dir dabei helfen, deinen Entwurf für die Gartengestaltung festzulegen.

Gestaltung des Gartens

Beim Gartendesign sind deiner Fantasie keine Grenzen gesetzt! Unabhängig davon, wo sich dein Garten befindet, kannst du dich auf Farbkorrespondenzen, Symbolik und alle anderen Gestaltungselemente stützen, die dir gefallen. Heilige Geometrie für die Planung der Anordnung? Numerologie? Schreibe am besten alle Informationen auf, die dir bei der Entscheidung über die Gestaltung deines Gartens helfen sollen.

Neben der Anordnung der Pflanzen gibt es noch einige andere Dinge, die du beachten solltest. Stehen deine Pflanzen in Gefäßen? Wähle die Töpfe oder Gefäße nach den magischen Zielen aus. Kaufe Schalen aus Ton und Platten oder dekorative Töpfe, die du mit wasserfestem Material auslegen kannst, bevor du eine Topfpflanze hineinstellst. (Denn Ton ist nicht wasserdicht, wenn er nicht glasiert und gebrannt wurde!) Oder suche ein Töpferstudio, einen Volkshochschulkurs oder einen Makerspace (eine offene Werkstatt) auf und lerne dort, wie man einen Topf auf der Drehscheibe dreht (sehr lohnend und auch sehr erdend).

Makerspaces bieten auch Holzbearbeitungskurse an, in denen du ein einfaches Regal oder einen einfachen Pflanzenständer bauen kannst, oder sie helfen dir bei der Planung eines Hochbeets oder eines Spaliers. Ein Makerspace ist ein gemeinschaftlicher, unterstützender Arbeitsbereich, in dem Fähigkeiten und Ausrüstung gemeinsam genutzt werden können. Es kann Bastelarbeiten, Kunst, Computerkenntnisse, Elektronik und Projekte aller Art unterstützen. Du kannst nach einem Makerspace in deiner Nähe suchen: https://maker-faire.de/makerspaces/

Das Gartentagebuch – ein Muss!

Oh ja, das ist der beste Teil der Gartenarbeit! (Natürlich abgesehen davon, dass man mit der Erde und den Pflanzen selbst in Berührung kommt.) Mit der Zeit wird dein Gartentagebuch zu einem Erinnerungsstück, zu einer Aufzeichnung deiner Reise durch das Pflanzenreich, der Energie, die du kultiviert hast, und des Landes, das du gepflegt hast. Deine Überlegungen, Ideen, Experimente und Pläne machen dein Gartenbuch zu einem magischen Dokument, das du immer wieder ansehen oder mit anderen teilen kannst.

Ein Gartentagebuch ist ein unverzichtbares Hilfsmittel für jeden Gärtner, und für eine grüne Hexe erst recht. Die Möglichkeit, von Jahr zu Jahr Notizen über Wachstum, Erträge, Wetter und Verhalten der Pflanzen zu machen, ist für die fundierte und sachkundige Pflege eines Gartens unerlässlich.

Das Aufzeichnen deiner Arbeit hilft dir dabei, Entwicklungen, Herausforderungen, Reaktionen des Gartens auf große Wetterereignisse und andere Begebenheiten nachzuvollziehen. In diesem Buch sammelst du Informationen über deine Versuche mit bestimmten Düngemitteln zu bestimmten Zeitpunkten oder über die Entscheidung, zu verschiedenen Zeiten im Mondphasenzyklus zu beschneiden oder zu düngen. Nutze dein Tagebuch, um alles zu notieren, von Vögeln, die deinen heiligen Raum besuchen, bis hin zu deinem Umgang mit Blattläusen. Wenn du viele Jahre am selben Ort gelebt hast, kannst du mit einem Gartentagebuch auch verfolgen, wie sich deine Interessen entwickeln und wie sich dein Garten verändert. Es ist immer interessant, zurückzublicken und zu sehen, wie viel kleiner eine Rebe war oder wie sich beispielsweise dein Schwerpunkt beim Gemüseanbau von einer Ernte für den Frischverzehr zu einer Ernte für die Konservierung verschoben hat.

Der erste Schritt besteht darin, ein Format für dein Gartentagebuch auszuwählen. Es gibt zwei grundsätzliche Möglichkeiten, deine Forschungen und Beobachtungen physisch zu sammeln: in einem Ordner oder in einem Notizbuch.

So sehr ich auch gebundene Notizbücher liebe, so bevorzuge ich für meine Gartenaufzeichnungen eher einen Ringbuchordner. In einen Ordner kann man Materialien wie Pflanzenanhänger und Informationsblätter, die den gekauften Pflanzen beiliegen, einfügen. Ein Notizbuch wird schnell unhandlich, wenn man so etwas einfügt. Für Ordner gibt es Klarsichthüllen, in denen du Dinge wie deutlich beschriftete Umschläge mit Samen (gekaufte oder von deinen Pflanzen geerntete) aufbewahren kannst. Du kannst auch gepresste Proben von Blättern, Blüten, kleinen Zweigen oder Stängeln, die auf Pappe geklebt und in eine Sichttasche eingelegt werden, einheften. Alternativ kannst du sie auch auf ein festes Blatt Papier laminieren, das Papier lochen und direkt in den Ordner einheften.

> Führe bitte zumindest ein Gartentagebuch in Form eines Notizbuches. Schreibe darin auf, wann du etwas gepflanzt hast, wann du Triebe siehst, wann die Pflanze welkt oder unglücklich aussieht. Notiere die Tage, an denen du gegossen oder zurückgeschnitten hast, gedüngt oder Komposttee verwendet hast. Dir auf diese Weise einen Überblick zu verschaffen, hilft dir dabei, dich bestmöglich um deine Pflanzen zu kümmern.

Mache auch häufig Fotos von deinem Garten, und drucke sie aus, damit du sie in das Tagebuch einkleben oder ein zusätzliches Fotoalbum anlegen kannst. Es bringt nicht nur Freude, sich die Bilder anzusehen, sondern du erschaffst damit auch ein wertvolles Nachschlagewerk, um die Entwicklung deiner Pflanzen festzuhalten. Es ist sinnvoll, wenn du zu verschiedenen Zeitpunkten Fotos deines Gartens machst; so kannst du das Wachstum und die Entwicklung über den Jahreszyklus hinweg verfolgen. Bei Zimmerpflanzen lässt sich auf diese Weise die Entwicklung einer Pflanze über die Jahre hinweg beobachten und auch sehen, wie der Jahreszyklus einer bestimmten Pflanze aussieht, sofern sie einen hat.

Du kannst in deinem Gartentagebuch zudem Skizzen von aktuellen und potenziellen Gartenentwürfen und -gestaltungen aufbewahren. Es ist auch ein

Aufbewahrungsplatz für eine Liste von Ideen, die du eines Tages verwirklichen möchtest. Was würdest du gern tun, kannst es aber im Moment nicht umsetzen, weil das Budget, der Standort oder andere Zwänge es nicht zulassen? Zu diesen Einschränkungen können auch Dinge gehören wie »Ich habe keine Ahnung, wie ich das jetzt machen soll« oder »Ich schaffe es im Moment nicht, alle Schritte zu durchdenken, um das zu erreichen«. Diese Liste kannst du dazu nutzen, um wirklich alles und jedes aufzuschreiben, was dir in den Kopf kommt.

Gartentagebuch oder Grimoire?

Für eine grüne Hexe können die Grenzen zwischen einem Gartentagebuch und einem Grimoire (Zauberbuch) oder einem spirituellen Tagebuch fließend sein. Wo du deine Informationen platzierst und organisierst, bleibt dir überlassen. Vielleicht möchtest du deine magischen Informationen getrennt von deinen Garteninformationen aufbewahren oder du möchtest alles zusammenlegen. Es gibt keinen richtigen oder falschen Weg dafür, sodass dies deine ganz persönliche Entscheidung ist.

Proben und Erntegut aufbewahren

Das Sammeln von Proben ist ein wichtiger Teil bei deinen Gartenaufzeichnungen. Als grüne Hexe schneidest du wahrscheinlich ohnehin ab und zu kleine Stücke von deinen wachsenden Pflanzen ab, um diese für Zaubersprüche oder Kräutermedizin zu verwenden. Auf diese Weise solltest du dabei vorgehen:

- Gehe respektvoll mit der Pflanze um, und frage sie, ob du eine Probe nehmen oder einen Teil der Pflanze ernten darfst. Wenn du ein Gefühl vermittelt bekommst, das kein klares Ja ist, berühre sie nicht und entferne nichts von der Pflanze. Gib der Pflanze Wasser als Opfergabe, unabhängig davon, ob sie einwilligt oder nicht.
- Reiße nicht die ganze Pflanze aus. Schneide vorsichtig einen Zweig oder ein Blatt ab, und zwar in einem 45-Grad-Winkel etwa einen halben Zentimeter oberhalb eines Sprossknotens, um weiteres Wachstum zu fördern.
- Halte die Proben feucht, damit sie so frisch wie möglich bleiben, bis du sie pressen kannst. Um die Stecklinge frisch zu halten, lege sie in ein leicht angefeuchtetes Tuch oder Papiertuch und stecke dieses in eine Plastiktüte. Vergiss nicht, das Erntedatum darauf zu schreiben.

Als Alternative zur physischen Ernte einer Probe der Pflanze kannst du sie fotografieren, das Bild ausdrucken, beschriften und dann – wenn du ein physisches Grimoire oder Gartentagebuch hast – der Seite mit den Informationen über diese Pflanze hinzufügen. Oder verwende das digitale Foto, wenn du mit einem digitalen Tagebuch arbeitest.

Pressen einer Probe

Wenn du eine Probe der Pflanze nimmst, möchtest du sie vielleicht pressen, um sie in deinem Tagebuch aufzubewahren. Das folgende Projekt beschreibt diesen Vorgang. Eine einfache Methode zum Pressen von Pflanzen ist, Zeitungspapier zu verwenden. Das hat heutzutage nicht mehr jeder im Haus, deshalb kannst du auch Flugblätter oder andere Papiersorten verwenden; du brauchst nur ein sauberes Stück Papier, das direkt mit der Pflanze in Berührung kommt, auch Löschpapier (das bekommst du in einem Kunst- oder Bastelgeschäft) ist gut geeignet. Für die Pappe kannst du einen Versandkarton zerlegen und Stücke daraus schneiden.

PROJEKT

Pressen von Pflanzenproben

Das Pressen einer Probe dient dazu, sie zu konservieren und als Teil deiner Gartenaufzeichnungen aufzubewahren.

Du brauchst:

- Zeitungspapier oder Löschpapier
- mehrere Stücke Wellpappe, etwa 20 x 25 cm
- schwere Bücher
- Pappe oder festes Papier (DIN A4)
- Kleber
- Wattestäbchen oder kleinen Pinsel
- gewachstes Papier
- kleines Etikett
- Stift

1 Lege die Probe so flach wie möglich auf eine Lage Zeitungspapier (sie sollte aus einigen Zeitungsblättern bestehen). Falte eine Zeitungsseite über die Probe oder lege weitere Zeitungsblätter darauf. Lege ein Stück Pappe darauf. Verwende dazu am besten Wellpappe, da diese die Luft besser zirkulieren lässt als ein festes Stück Pappe.

2 Lege darauf die nächste Schicht Zeitungspapier und Proben, dann wieder Wellpappe, dann die nächste Schicht. (Stelle dir das wie einen Baumkuchen oder eine Lasagne vor.)

3 Wenn du alle Proben in das Papier gelegt hast, beschwere dies mit ein oder zwei schweren Büchern und achte darauf, dass dieser Papierstapel nicht irgendwo im Weg herumliegt. Lasse ihn trocknen.

4 Kontrolliere alle paar Tage, wie der Trocknungsprozess verläuft. Wenn das Zeitungspapier anfängt, feucht zu werden, tausche es gegen frisches Papier aus. Das Trocknen kann bei dünnerem, leichterem Pflanzenmaterial eine Woche dauern, bei einem fleischigen Stiel oder dicken Blättern auch etwas länger. Je schneller es trocknet, desto besser sind die Farbe und der Gesamtzustand.

5 Sobald die Probe trocken ist, kannst du sie auf ein Stück Pappe oder sehr festes Papier kleben. Verwende ein Wattestäbchen oder einen kleinen Pinsel, um den Kleber in einer sehr dünnen Schicht aufzutragen, damit keine Kleckse entstehen. Lege ein Stück Wachspapier über die Probe und darauf ein schweres Buch, damit die aufgeklebte Probe flach liegend trocknen kann. Entferne das Buch und das Wachspapier nach dem Trocknen.

6 Beschrifte das Etikett mit dem botanischen und dem deutschen Namen der Pflanze, dem Fundort, dem Sammeldatum und allen anderen Informationen, die du für wichtig erachtest. Klebe das Etikett an die Ecke der Pappe.

7 Platziere die Pappe in deinem Gartentagebuch.

Pflanzensteckbriefe

Zu den wichtigsten Teilen deines Gartentagebuchs werden wahrscheinlich die Informationen gehören, die du über Pflanzen, Bäume und Blumen sammelst. Die Art und Weise, wie du diese Informationen festhältst, ist für deine Arbeit als grüne Hexe wichtig. Deswegen sollten deine Aufzeichnungen klar, präzise und mit Angabe der Quelle und/oder Referenz erfolgen. Du solltest außerdem zahlreiche Informationen zu deiner Pflanze in den Steckbrief aufnehmen. Wenn du nur die magischen Entsprechungen notierst, schränkst du die Möglichkeiten ein, die Energie einer Pflanze zu nutzen. Schauen wir uns im Folgenden die verschiedenen Abschnitte eines Eintrags an.

> Diese Reihenfolge und diese Informationen gelten für Bäume, Blumen und Kräuter; wir verwenden hier jeweils das Wort *Pflanze*.

1. **Name der Pflanze:** Es ist wichtig, die verschiedenen Pflanzennamen aufzuschreiben. Als Erstes sollte der botanische Name angegeben werden, der sich nie ändert, wie es bei den gängigen Namen der Fall ist. Notiere auch die gebräuchlichen Namen (und, ja, es gibt meist mehr als einen), auch die veralteten. Zum Beispiel ist mehr als eine Pflanze als Alraune bekannt.
2. **Physikalische Beschreibung und Merkmale:** Beschreibe, wie die Pflanze aussieht. Du kannst ein Foto, eine botanische Illustration oder ein Exemplar der tatsächlichen Pflanze einfügen. Notiere Informationen wie die Form des Blattes, des Stiels, der Blüten und/oder der Früchte.
3. **Illustration:** Diese kannst du selbst anfertigen, eine botanische Illustration nachzeichnen oder verwenden oder ein Foto aus einem Buch fotokopieren. Wenn du die Arbeit einer anderen Person als Inspiration oder als tatsächliche Kopie verwendest, notiere die Quelle.
4. **Toxizität/Warnungen:** Notiere alle Gefahrenhinweise und Hinweise auf die Giftigkeit im Zusammenhang mit der Pflanze. Dazu gehört das Berühren der Blätter, des Pflanzensafts oder des Harzes, das Einatmen des Duftes, das Einatmen des Rauchs bei Verbrennung und der Verzehr der Pflanze. Auch wenn du nicht vorhast, diese Dinge zu tun, notiere sie unbedingt, weil es enorm wichtige Informationen sind.
5. **Geografische Informationen:** Dies ist für den Anbau von Pflanzen im Haus wichtiger als im Freien, wenn sie beispielsweise nicht einheimisch sind oder nicht

in deine Klimazone passen. In welcher Region der Welt wächst die Pflanze? In was für einer Umgebung? Gib auch diese Informationen an (sie sind nötig, wenn du dich auf die Arbeit mit einheimischen und heimischen Pflanzen konzentrieren möchtest, was ein wichtiger Teil der grünen Magie ist).

6. **Medizinische Eigenschaften:** Auch wenn du nicht vorhast, die Pflanze medizinisch zu verwenden, solltest du diese Informationen aufschreiben; das Wissen ist nützlich, um deine Unterlagen zu vervollständigen. Notiere, welche spezifischen Teile bei bestimmten Behandlungen verwendet werden. Du kannst diese Informationen auch für magische Zwecke nutzen; Energie ist schließlich Energie.
7. **Praktische und historische Anwendungen:** Diese Informationen können sich mit den medizinischen überschneiden, zum Beispiel bezüglich der Verwendung von Lavendel in Streukräutern zur Abschreckung von Flöhen oder des Einsatzes von Zedernholz, um Motten zu vertreiben.
8. **Traditionelle magische Informationen:** Wofür haben Hexen in früheren Zeiten diese Pflanze eingesetzt? Welche magischen Verwendungen haben sich in der Praxis etabliert? Welche Teile der Pflanze werden für bestimmte Zwecke verwendet? Vergiss nicht, deine Quellen für jede Information anzugeben.
9. **Deine persönlichen magischen Informationen:** Dies ist ebenso wichtig wie die traditionellen Verwendungen der betreffenden Pflanze. Deine persönlichen Erfahrungen und Interaktionen mit der Pflanze haben mehr Gewicht in deiner Magie als die einer Hexe vor einem Jahrhundert. Halte hier auch deine Übungen zur Energiewahrnehmung und deine Erfahrungen und Interaktionen mit der Pflanze fest. Vergleiche diese Informationen mit den Ergebnissen deiner Zauber und magischen Handlungen, die du mit der Pflanze durchgeführt hast.
10. **Pflanzenprobe:** Deinem Eintrag solltest du auch eine gepresste Probe der Pflanze (Blätter, Blüten oder anderes Material) beifügen. Alternativ kannst du auch ein kleines Papiertütchen mit zerkleinerten, getrockneten Pflanzenresten einkleben.

Wenn du den Eindruck hast, dass dies jede Menge Informationen ist, hast du damit völlig recht. Aber sicher möchtest du dein Gartentagebuch so vollständig wie möglich gestalten. Je vollständiger die Informationen sind, desto mehr Wissen kannst du daraus schöpfen. Auf den folgenden Seiten siehst du ein Beispiel dafür, wie ein Steckbriefeintrag für eine bestimmte Pflanze oder ein Kraut aussehen könnte. Du kannst diese Seiten gern kopieren und in dein Gartentagebuch einfügen.

PFLANZENSTECKBRIEF

Datum:

Name der Pflanze:

Physikalische Beschreibung und Merkmale:

Toxizität/Warnungen:

Geografische Informationen:

Medizinische Eigenschaften:

Praktische und historische Anwendungen:

Traditionelle magische Informationen:

Meine persönlichen magischen Informationen:

Illustration/Foto

Proben der Pflanze

Gartenplanung fürs nächste Jahr

Der Winter oder die Nebensaison ist ein guter Zeitpunkt, um deine Aufzeichnungen über die Gartenarbeit des vergangenen Jahres zu überprüfen. Was hat funktioniert? Was ist misslungen? Was hat zwar funktioniert, hätte aber besser laufen können? Skizziere alternative Gartenpläne, experimentiere mit anderen Standorten oder anderen Pflanzen. Schaue dir deine Liste von Ideen an und von Pflanzen, die du eines Tages anbauen möchtest. Ist das kommende Jahr der richtige Zeitpunkt, um etwas davon auszuprobieren?

Eine der Freuden des Gärtnerns ist es, Saat- und Pflanzenkataloge durchzusehen und den Garten für das nächste Jahr zu planen. Wirst du eine neue Sorte ausprobieren? Bleibst du bei dem, was letztes Jahr funktioniert hat? Dir sind in deinen Überlegungen keinerlei Grenzen gesetzt. Um fundierte Entscheidungen zu treffen, kannst du auch weiter recherchieren und Berichte darüber lesen, wie sich bestimmte Sorten in deinem Klima oder deiner geografischen Region bei anderen Gärtnern verhalten haben.

In Online-Communitys kannst du dich mit Menschen aus deiner Umgebung austauschen; vielleicht könnt ihr sogar Samen oder Setzlinge tauschen. Botanische Gärten oder Gesellschaften organisieren manchmal solche Tauschaktionen oder bieten Informationsveranstaltungen an. Wenn du dazu ein wenig recherchierst, wirst du sicher fündig.

Kapitel 6

Die Auswahl deiner Pflanzen

Pflanze das, was dir gefällt

Die Auswahl der Pflanzen ist der aufregendste Teil bei der Planung deines Hexengartens – und vielleicht auch der schwierigste. Was ganz wichtig ist: Du solltest pflanzen, was dich glücklich macht. Es hat keinen Sinn, etwas für deine magische Arbeit anzubauen, wenn du es nicht magst. Denn es ist wichtig, dass du eine persönliche Beziehung zu deinen Materialien hast. Und wenn du eine Pflanze nicht magst und sie nicht verwenden willst – sei es, dass dir ihr Aussehen, ihr Duft oder ihre magische Energie nicht gefällt –, dann hat es absolut keinen Sinn, dass sie Platz wegnimmt, der besser für eine Pflanze genutzt werden könnte, die bei dir mehr positive Assoziationen weckt.

Eine persönliche Verbindung zu deinen Materialien ist ein wichtiges Kriterium bei der Auswahl der Pflanzen, die du anbauen möchtest. Womit hast du in der Vergangenheit magisch gearbeitet und was hat dich angesprochen? Ganz gleich, ob es sich um getrocknete Pflanzen handelt, die du in einem Geschäft oder im Internet gekauft hast, oder um etwas, das du in Form von ätherischen Ölen, Infusionen oder anderen Aufgüssen verwendet hast – wenn du damit Erfahrung hast und es magst, kann es in deiner magischen Arbeit mehr Wirkung haben als etwas anderes.

Die persönliche Verbindung ist auch der Grund, warum wir Dinge selbst anbauen, sofern dies möglich ist. Die Menge an persönlicher Energie, die in eine Pflanze eingeflossen ist, um die man sich während ihres Wachstums und ihrer Entwicklung gekümmert hat, erleichtert ihre spätere Verwendung in der magischen Arbeit. Dank dieser Verbindung und des Selbstanbauens entfällt auch die Notwendigkeit, die Pflanzen vor ihrer Verwendung zu reinigen. Du brauchst also keine negativen oder unerwünschten Energien mehr zu neutralisieren oder zu vertreiben, die sich mit dem Kraut oder der verwendeten Pflanze verbunden haben, bevor diese Pflanze den Weg zu dir gefunden hat.

Blättere noch einmal zu Kapitel 2 zurück, um dir deine magischen Ziele und den Zweck deines Gartens in Erinnerung zu rufen und Hinweise darauf zu erhalten, wie sich seine geografische Lage auf deine Entscheidungen auswirkt.

In diesem Kapitel wird eine Auswahl von Pflanzen vorgestellt, die für die Hexerei verwendet werden können. Die Pflanzen sind in die folgenden Kategorien unterteilt:

- Blumen
- Kräuter
- Obst
- Gemüse
- Bäume
- Pilze
- Bodendecker und Getreide

Diese Listen erheben absolut keinen Anspruch auf Vollständigkeit. Es handelt sich hierbei lediglich um Vorschläge für die Auswahl deiner Pflanzen, in denen auch magische Anwendungen oder ihre symbolischen Energien aufgeführt sind.

Blumen

Die meisten Pflanzen blühen in irgendeiner Form; das gehört zum natürlichen Zyklus. Selbst Pflanzen, von denen man es nicht erwartet, blühen, wenn auch nur kurz oder in großen Abständen, wie Kakteen oder Sukkulenten. Wenn wir an Blumen denken, meinen wir jedoch oft eine Pflanze, die speziell wegen ihrer Blüten gezüchtet wird. In der Blüte einer Pflanze steckt ein regelrechtes Energiebündel, denn sie ist das Sexualorgan der Pflanze und trägt zur Fortpflanzung bei.

Die Bedeutung der Farben

Jede Farbe trägt ihre eigene Energie in sich, darum kann die Farbe einer Blüte die Energien der Pflanze auf subtile Weise verändern. Im Laufe der Zeit hat man die unterschiedlichen Farben mit bestimmten magischen Zielen verknüpft, wie die folgende Liste zeigt.

Wie jedoch bereits erwähnt, beeinflussen deine persönlichen Assoziationen mit der Pflanze, wozu auch ihre Farbe gehört, deine Arbeit mit dieser Pflanze. Wenn du die Farbe Orange hasst, ist es sinnlos, sie als eine deiner magischen Entsprechungen zu verwenden, egal wie viele Listen dich davon überzeugen wollen, dass Orange mit Erfolg verbunden ist.

Die folgende Liste enthält die grundlegenden Farbentsprechungen, die ich verwende:

- Rot: Leben, Leidenschaft, Aktion, Energie
- Rosa: Zuneigung, Freundschaft
- Orange: Erfolg, Geschwindigkeit, Karriere, Aktion
- Gelb: Verstand, Kommunikation
- Hellgrün: Heilung, Wünsche
- Dunkelgrün: Wohlstand, Geld, Natur
- Hellblau: Wahrheit, Spiritualität, Gelassenheit, Frieden
- Dunkelblau: Heilung, Gerechtigkeit
- Violett: Mystik, Meditation, Spiritualität
- Lila: okkulte Kräfte, Spiritualität
- Schwarz: Schutz, Fruchtbarkeit, Geheimnis
- Braun: Stabilität, Heimat, Karriere
- Weiß: Reinheit, mediale Entwicklung
- Grau: Ruhe, geistige Arbeit, sanftes Abschließen, neutralisiert Energie oder Situationen
- Silber: Reinheit, Weissagung, mediale Arbeit, weibliche Energie, Geist, Mondenergie
- Gold: Gesundheit, Wohlstand, Sonnenenergie, männliche Energie

Gängige Blumen

Blumen werden nicht nur aus ästhetischen Gründen angebaut, sondern auch wegen ihres Duftes und zum Verzehr. Die Energie, welche die Blüten transportieren, kann sich subtil von derjenigen der Stängel oder Blätter unterscheiden. Versuche daher, mit beiden zu arbeiten, um zu sehen, welche Energie du bevorzugst. Die Blüten sind Teil des Fortpflanzungssystems einer Pflanze und locken Bestäuber an, die auf ihrer Reise Pollen von verschiedenen Pflanzen miteinander vermischen. Nach der Befruchtung entwickeln sich die Samen im Fruchtknoten der Blüte. Aus diesem Grund können Blumen im Allgemeinen für Fruchtbarkeits- oder Füllezauber verwendet werden.

Dies sind einige Blumen, die man häufig im Garten einer grünen Hexe findet.

Flieder

Syringa vulgaris

Der süße, wilde Duft des Flieders im späten Frühjahr ist ein berauschendes Erlebnis. Die Blüten dieses Strauches sind meist weiß oder violett gefärbt. In der Magie werden sie zum Schutz und zur Vertreibung negativer Energie verwendet.

Anbau: Der schwere Duft des Flieders ist im gemäßigten Klima von Nordamerika und Europa ein sicherer Indikator für den Sommer. Flieder wird als Hecke oder dekorativer Strauch gepflanzt und blüht mit großen Blütenbüscheln in einer Vielzahl von Farben. Einige Fliedersorten können bis zu dreißig Meter hoch werden, Zwergsorten bleiben in der Regel jedoch unter einem Meter. Flieder bevorzugt einen Boden mit viel organischem Material und gilt als pflegeleicht. Er sollte regelmäßig zurückgeschnitten werden, damit er gut wächst und seine Form erhält.

Gardenie

Gardenia spp.

Die Gardenie ist eine ausgezeichnete Blume, die ruhige Energie zu einem Ort oder einer Person anzieht. Das Hinzufügen von Gardenienblüten zu einem Heilungsbeutel oder die Verwendung in einem Heilungsritual bezieht diese ruhige Energie mit ein und hilft, die Heilung in einem kontrollierten Tempo voranzutreiben. Die Gardenie wird auch häufig in Liebeszaubern und Amuletten verwendet. In der Magie wird sie mit Harmonie, Heilung, Liebe und Frieden assoziiert.

Anbau: Gardenien sind für ihre cremeweißen Blüten und ihren betörenden Duft am frühen Abend bekannt. Diese subtropischen oder tropischen Sträucher werden in kühleren Regionen häufig in Töpfen kultiviert, in wärmeren Gegenden können sie auch als Landschaftspflanzen verwendet werden. Gardenien bevorzugen nährstoffreiche, kalkarme, leicht saure Böden. Am besten verwendest du daher einen speziellen Dünger für Säure liebende Pflanzen. Sie gedeihen gut im Halbschatten, sind aber anfällig für Rußtau und Pilzbefall. Vermeide daher Staunässe und ein Durchnässen der Blätter, halte den Boden aber feucht.

Geranie

Pelargonium spp.

Ob im Haus oder im Freien, Geranien haben generell eine starke Schutzenergie und verbreiten diese in ihrer Umgebung. Rote Geranien werden traditionell mit Schutz assoziiert, die Rosengeranie findet in Liebeszaubern Anwendung. In der Magie bringt man Geranien mit Fruchtbarkeit, Liebe, Heilung, Mut und Schutz in Verbindung.

Anbau: Diese aus Südafrika stammenden Pflanzen sind mehrjährig und werden in kühleren Klimazonen, beispielsweise in Nordamerika oder Europa, normalerweise als einjährige Pflanzen gehalten. Sie eignen sich hervorragend als Beetpflanzen, in Topfgärten oder in Blumenampeln, wo sie während der gesamten Vegetationsperiode reichlich blühen (durch Abschneiden abgestorbener Blüten lässt sich die Blütezeit verlängern). Geranien mögen leicht sauren Boden und gedeihen am besten in einem nährstoffreichen, organischen Pflanzsubstrat mit regelmäßiger Wassergabe. Beachte bitte, dass Geranien sowohl für Menschen als auch für Tiere giftig sind.

Hyazinthe

Muscari racemosum, Hyacinthus non-scriptus, Hyacinthus orientalis Blue Pearl

Hyazinthen verströmen einen herrlichen Frühlingsduft. Die mehrjährige Waldhyazinthe ist kleiner und zierlicher als die kultivierte Traubenhyazinthe oder die Blue Pearl. Hyazinthen blühen nur für kurze Zeit, entfalten dabei aber eine lebendige Energie. Hyazinthen werden in der Magie mit Liebe, Glück und Schutz assoziiert.

Anbau: Hyazinthen sind die Vorboten des Frühlings. Diese Zwiebeln sind häufig die ersten, die im zeitigen Frühjahr aus dem Boden sprießen und den Beginn einer neuen Vegetationsperiode signalisieren. Nachdem die Blüten verblüht sind, solltest du sie abschneiden. So verhinderst du die Samenbildung und bewahrst die Kraft der Zwiebel für eine weitere Wachstumsperiode. Wenn sich Samenkapseln bilden, entfernen diese. Im Allgemeinen sind Hyazinthen innerhalb weniger Wochen der Frühjahrssaison mit der Blüte fertig. Ein einmal angelegtes Hyazinthenbeet benötigt oft jahrelang kaum Pflege. Pflanze die Zwiebeln im Herbst an einen sonnigen Platz.

Iris

Iris florentina

Die Iris, auch als Schwertlilie bekannt, ist eine wunderschöne Frühlingsblume, die in der Magie für Reinigung und Segen sowie für Weisheit verwendet wird. Die drei Blütenblätter sollen Glaube, Weisheit und Tapferkeit symbolisieren. Die Iriswurzel ergibt zermahlen ein mildes, süßes Pulver, das als Duftbinder in Potpourris verwendet wird. Irispulver wird auch für Frieden, Harmonie und Liebe verwendet.

Anbau: Die Iris ist eine historisch wichtige Pflanze, die schon seit Jahrhunderten angebaut wird. Diese blühenden Pflanzen wachsen aus Rhizomen oder unterirdischen Stängeln, die an einem sonnigen Standort in sandigen, sehr gut durchlässigen Boden gepflanzt werden. Sie sind Starkzehrer, die im zeitigen Frühjahr eine gute Dosis Dünger benötigen, um optimal zu gedeihen. Grabe die Rhizome alle paar Jahre aus, und teile diese, um neuen Pflanzen mehr Platz zu geben und deinen Bestand zu vergrößern.

Jasmin

Jasminum spp.

Jasmin besitzt einen berauschenden, aber zarten Duft, der in der Regel nachts stärker ist. Aus diesem Grund wird er oft mit dem Mond und weiblicher Energie in Verbindung gebracht. Jasmin, der seit Langem mit Verführung und Sinnlichkeit assoziiert wird, ist eine geschätzte Zutat für Parfümeure. In der Magie wird Jasmin mit Liebe, Meditation, Spiritualität, Harmonie und Wohlstand in Verbindung gebracht.

Anbau: Es gibt verschiedene Jasminarten, und die beliebtesten Sorten belohnen ihre Gärtner mit einem herrlichen Duft, der schubweise aufsteigt. Jasmin ist als Rebe, Strauch oder sogar als kleiner Baum erhältlich. Die Pflanzen können im Haus in Töpfen oder im Freien an Spalieren oder als Beetpflanzen gezogen werden. Jasmin sollte in voller Sonne oder im Halbschatten an einem warmen Standort mit gut durchlässigem Boden gepflanzt werden. Ausgewachsener Jasmin sollte zurückgeschnitten werden, um seine Form zu erhalten.

Kamille

Chamaemelum nobile, Matricaria chamomilla

Die beiden beliebtesten Kamillenarten sind die Römische Kamille und die Echte Kamille. Kamille ist ein wohltuendes, beruhigendes Kraut, das sowohl als Tee getrunken als auch magisch verwendet werden kann. Kamille wird magisch mit Geld, Liebe, Schlaf, Meditation, Reinigung, Schutz und Beruhigung assoziiert.

Anbau: Diese hübschen kleinen Blumen, die zur Familie der Korbblütler gehören, verleihen jedem Standort ein wildblumiges Aussehen. Sie wachsen bevorzugt in voller Sonne in gut durchlässigen (nicht zu feuchten) Beeten oder Kübeln. Ihr Nährstoffbedarf ist gering, aber die Blume gedeiht am besten, wenn man sie bei der Pflanzung düngt. Die Blüten der Kamille erscheinen im frühen Hochsommer in großer Zahl und blühen bis zum Herbst kontinuierlich.

Lavendel

Lavandula spp.

Lavendel wird sehr häufig für magische und nicht magische Anwendungen genutzt. Dank seines sanften Dufts ist er ein ideales Kraut für die Magie mit Kindern, denn er fördert die Entspannung und den Schlaf. In der Magie wird Lavendel mit Frieden, Harmonie, Ruhe, Liebe, energetischer Reinigung und Heilung assoziiert.

Anbau: Mit seinen weichen Blättern und violetten Blüten ist der Lavendel ein beliebtes Mitglied der Familie der Lippenblütler. Lavendel eignet sich für Kübel oder Beete und bevorzugt volle Sonne und einen gut durchlässigen, sogar etwas trockeneren Boden. Die Pflanzen blühen im Hochsommer mit massenhaft kleinen violetten Blüten an zierlichen, kleinen Stängeln. Sie sind für Tiere giftig. Um eine lange Blütezeit zu gewährleisten, empfiehlt es sich, den Lavendel nach der Blütezeit um etwa ein Drittel zurückzuschneiden.

Lilie

Lilium spp.

Die Familie der Liliengewächse ist sehr groß. Im Allgemeinen werden Lilien mit Schutz und als Gegenmittel gegen Verhexungen assoziiert. Taglilien erinnern an das Konzept der Lebenszyklen.

Anbau: Lilien werden als mehrjährige Blumen aus Zwiebeln gezogen, die im Frühjahr aus der Erde kommen und je nach Art im Frühsommer oder Herbst blühen. Neue Lilienzwiebeln pflanzt man im Herbst, bevor der Boden gefriert. Pflanze die Lilien möglichst dreimal so tief wie die Höhe der Zwiebel, mit der spitzen Seite nach oben, in einem Abstand von etwa 40–45 Zentimetern. Lilien bevorzugen einen gut durchlässigen, nährstoffreichen Boden an einem sonnigen Standort. Wenn sie zu wachsen beginnen, solltest du sie regelmäßig gießen und mit einem Blütendünger nähren, um eine kräftige Blüte zu fördern. Schneide nach der Blüte den Blütenstiel ab, aber entferne die alten Blätter erst, wenn diese im Herbst vollständig abgestorben sind. Diese Blätter versorgen die Zwiebel mit Nährstoffen und helfen ihr, sich auf die nächste Vegetationsperiode vorzubereiten.

Löwenmäulchen

Antirrhinum majus

Löwenmäulchen haben eine wunderbar unschuldige Energie. In der Magie werden sie zum Schutz verwendet, insbesondere vor Illusionen oder Täuschungen, oder um negative Energie zu ihrer Quelle zurückzureflektieren. Pflanze Löwenmäulchen am Rand deines Gartens, um ihn zu schützen.

Anbau: Löwenmäulchen sind eigentlich mehrjährige Pflanzen, die in Gärten in kühleren Regionen meist als einjährige Pflanzen gepflanzt werden. Mit ihren charakteristischen, lange haltbaren Blüten sind sie auch sehr beliebte Topf- und Balkonpflanzen. Ausgewachsene Pflanzen können von wenigen Zentimetern bis zu einem Meter hoch werden. Sie mögen volle Sonne, wachsen aber auch im Halbschatten. Löwenmäulchen bevorzugen einen nährstoffreichen Boden, regelmäßige Bewässerung und eine frühe Düngergabe in der Saison. Sie blühen während der gesamten Vegetationsperiode.

Lupine

Lupinus spp.

Die Lupine mit ihren Ähren, an denen viele kleine Blüten wachsen, gibt es in vielen Farben. Sie gehört zur Familie der Hülsenfrüchtler. Die Samen ähneln kleinen Bohnen, die für die Wunschmagie verwendet werden können. Die Lupine kann zur Förderung der Kreativität und zur magischen Behandlung von Hunden verwendet werden.

Anbau: Lupinen gehören zu den beliebtesten Stauden, die wegen ihrer beeindruckenden Blütenähren beliebt sind. Sie gedeihen am besten in sandigem, sehr gut durchlässigem Boden mit regelmäßigen Wassergaben und kühleren Temperaturen. Entferne die Blütenköpfe der Lupinen, um sie zum Blühen anzuregen, und dünge sie in den Sommermonaten regelmäßig. Einen Lupinengarten legt man an, indem man im Frühjahr Samen ausstreut oder Setzlinge einpflanzt.

Maiglöckchen

Convallaria magalis

Diese winzige Kaskade weißer oder cremefarbener glockenförmiger Blüten hat einen zarten Duft. In der Magie fördern Maiglöckchen die Konzentration und die geistigen Fähigkeiten und werden als Glücksbringer eingesetzt.

Anbau: Das Maiglöckchen ist ein beliebter mehrjähriger Bodendecker für schattige oder halbschattige Standorte, zum Beispiel unter Bäumen. Diese sich ausbreitenden, niedrigen Pflanzen sind robust und können leicht ein ganzes Beet einnehmen, wenn sie sich erst einmal etabliert haben. Wenn der Platz nicht ausreicht, empfiehlt es sich, sie in Töpfen zu halten. Im Frühjahr solltest du sie düngen. Sorge außerdem für regelmäßige Bewässerung, um optimale Ergebnisse zu erzielen, denn Maiglöckchen mögen es nicht, wenn sie zu sehr austrocknen. Diese Pflanzen sind sowohl für Menschen als auch für Tiere sehr giftig.

Margerite/ Gänseblümchen

Leucanthemum vulgare, Chrysanthemum leucanthemum, Bellis perennis

Das Gänseblümchen und die Margerite werden gemeinhin mit Liebe und Flirten assoziiert. Wir alle haben schon einmal die Blütenblätter eines Gänseblümchens abgezupft und dabei »er liebt mich, er liebt mich nicht« abgezählt. In der Magie werden diese Pflanzen mit Liebe, Hoffnung und Unschuld assoziiert. Gänseblümchen kann man in der Magie auch bei Kindern verwenden.

Anbau: Gänseblümchen und Margeriten sind ideale Wildblumen. Diese gelb und weiß blühenden Stauden wachsen sowohl gut in voller Sonne als auch in leichtem Schatten, wo sie vor der Mittagssonne geschützt sind. Am besten gedeihen sie in Beeten mit gut durchlässigem Boden. Da sie kein stehendes Wasser vertragen, solltest du darauf achten, dass deine Anbaufläche über eine gute Drainage verfügt. Entferne verwelkte Blüten, um die Pflanze zum Blühen anzuregen, und ersetze die Pflanzen alle zwei oder drei Jahre.

Mohn

Papaver rhoeas

Der rote Mohn, auch als Klatschmohn bekannt, ist eine leuchtende Blume, deren grüne Stängel und Blätter pelzig sind. Obwohl der rote Mohn in großen Mengen eine leicht narkotische Wirkung hat, ist nur der weiße Mohn giftig und die Quelle für Opium. Mohnsamen werden zum Kochen und Backen verwendet, und manchmal wird auch Öl für die Zubereitung von Speisen gewonnen. In der Magie steht der Mohn für Ruhe, Fruchtbarkeit, Wohlstand, Liebe, Schlaf und Unsichtbarkeit.

Anbau: Roter Mohn eignet sich hervorragend für Wildblumengärten. Diese einjährigen Blumen zeigen im Frühjahr und Sommer zarte, becherförmige rote Blüten. Mohn wird in der Regel aus Samen gezogen, kann aber auch als kleines Pflänzchen gekauft werden. Mohn ist als pflegeleichte Pflanze bekannt, die eine Vielzahl von Lichtverhältnissen und Bodenbedingungen verträgt. Entferne welke Blüten, um eine bessere Blütenbildung zu fördern. Roter Mohn ist für Haustiere giftig.

Narzisse

Narcissus spp.

Auch bekannt als Osterglocke, ist die Narzisse eine ausgezeichnete Blume für Liebes- und Fruchtbarkeitszauber. Die Narzisse wird mit Glück, Fruchtbarkeit und Liebe in Verbindung gebracht.

Anbau: Narzissen gedeihen in den meisten Teilen Europas. Die Zwiebeln sollten im Herbst vor dem ersten Frost und Schnee gepflanzt werden. Im Frühjahr treiben die jungen Narzissen ihre Blüten aus, was meist eines der ersten Anzeichen einer neuen Vegetationsperiode ist. Narzissen gedeihen am besten in heller oder voller Sonne, weil dies die Blüte fördert. Sie sollten nicht an feuchten, tief liegenden Stellen gepflanzt werden, da die Zwiebeln dort faulen könnten. Pflanze die Zwiebeln mit dem spitzen Ende nach oben in einem Abstand von ca. 7 bis 15 Zentimeter in die Erde.

Nelke

Dianthus spp.

Die Nelke hat eine wunderbare Heilkraft und eignet sich hervorragend als Geschenk für Kranke. Nelken werden in der Magie für Schutz, Kraft, Energie, Glück und Heilung verwendet.

Anbau: Nelken sind äußerst lohnende Pflanzen, auch weil sie eine Vielzahl von Bedingungen vertragen. Diese reichhaltig blühenden Pflanzen bevorzugen einen leicht alkalischen Boden (wie die meisten Pflanzen) und wachsen in Kübeln oder Beeten, wo sie niedrige Polsterhügel bilden, die im Frühjahr am stärksten blühen. Beachte bitte, dass Dianthus-Arten für Haustiere giftig sein können. Wenn du sie also in Innenräumen anbaust, halte die Pflanze von neugierigen Tieren fern.

Primel
Primula vulgaris

Die Primel oder Schlüsselblume ist eine der ersten Blumen, die im Frühjahr blühen. Sie ist meist blassgelb, es gibt aber auch weiße und blassrosa Arten. Primeln sind bei den Pflanzenbestäubern sehr beliebt. Sie eignen sich gut für Magie mit Kindern und werden mit Schutz und Neubeginn assoziiert. Sie können eine schöne Ergänzung für Übergangsriten sein.

Anbau: Die Primel ist ein zeitiger Frühlingsblüher, der als niedriger Bodendecker in halbschattigen Bereichen wächst. Die Primel bevorzugt zum Keimen kühlere Temperaturen. Die Pflanzen selbst sind nicht sehr anspruchsvoll – sie mögen durchschnittliche Wasser- und Temperaturverhältnisse und sind nicht wählerisch, was ihre bevorzugte Bodenart angeht. Verwende in der Wachstumsperiode einen Standarddünger, um optimale Ergebnisse zu erzielen.

Ringelblume
Calendula officinalis

Magisch assoziiert mit Schutz, übersinnlichen Fähigkeiten, Träumen, Erfolg bei Rechtsangelegenheiten, Treue, Heilung, Liebe, Tieren und Trost.

Anbau: Die gemeinhin als Ringelblume bekannte Calendula ist eine robuste Pflanze, die ein breites Spektrum an Lichtverhältnissen verträgt, von weniger Licht bis zu voller Sonne. Sie gedeiht gut in Beeten oder Töpfen, bevorzugt aber kühleres Wetter. Die Pflanzen blühen während der gesamten Vegetationsperiode und bilden mehr als einmal Blüten, wenn man ältere Blüten abschneidet. Regelmäßige Wassergaben und eine ausgewogene Düngung sorgen für beste Ergebnisse.

Rose

Rosa spp.

Die Rose ist in allen Kulturen im Laufe der Geschichte zu einer der berühmtesten Blumen geworden. Folklore und Literatur haben sie zum Synonym für die Liebe gemacht, obwohl das bei Weitem nicht die einzige Assoziation ist, die sie mit sich bringt. Rosen schaffen eine Atmosphäre der Schönheit, welche die Verbundenheit mit der Natur fördert. Die Blume hat einen sanften Duft, dessen Intensität von Gattung zu Gattung variiert. In der Magie wird die Rose mit Heilung, Weissagung, Ruhe, Harmonie, übersinnlichen Fähigkeiten, Spiritualität und Schutz assoziiert.

Anbau: Rosen haben den Ruf, schwierige Pflanzen zu sein – ein Ruf, der von Züchtern kultiviert wurde. Viele Rosen sind jedoch leicht anzubauen. Rosen wachsen als kleine, stachelige Sträucher gern in voller Sonne. Sie mögen viel Wasser in einem gut durchlässigen Boden und sollten regelmäßig gedüngt werden, um die Blüte zu fördern, die im Frühjahr oder Sommer erscheinen kann. Rosensträucher sollten sorgfältig beschnitten werden, um ein offenes Wachstum zu fördern und Rußtau vorzubeugen.

Sonnenblume

Helianthus spp.

Die Sonnenblume wird natürlich mit der Sonne und ihrer Energie in Verbindung gebracht, was bedeutet, dass sie magische Assoziationen von Glück, Erfolg und Gesundheit mit sich bringt. Sie steht auch für Gastfreundschaft und Familie. Die reichlich vorhandenen Samen der Pflanze versinnbildlichen in der Magie die Fruchtbarkeit. Sonnenblumen eignen sich hervorragend für ein Festritual oder für ein Ritual zur Sommersonnenwende. Lasse die Samen keimen, und pflanze sie dann ein, um die Energie des Überflusses in deinem Garten zu erhöhen.

Anbau: Sonnenblumen inspirieren seit Jahrhunderten Schriftsteller und Künstler. Diese auffälligen Pflanzen haben große Blüten auf hohen Stängeln, die eventuell gestützt werden müssen, wenn die Blütenköpfe zu schwer sind. Sonnenblumen mögen viel Licht, Feuchtigkeit und Dünger – sie vertragen keine trockenen Standorte und werden bei Trockenheit braun. Mehrjährige Sonnenblumen verbreiten sich durch unterirdische Stängel, die Rhizome, sodass du sie alle paar Jahre teilen kannst, um deinen Bestand zu vergrößern.

Stiefmütterchen

Viola tricolor

Das Stiefmütterchen, auch bekannt als Ackerveilchen, Mädchenauge und Schöngesicht, ist eine robuste, fröhlich aussehende Pflanze mit mehrfarbigen Blüten, die mit dem Veilchen verwandt ist. Es blüht den ganzen Sommer über und ist sowohl in einjährigen als auch in mehrjährigen Sorten erhältlich. In der Magie wird es für Wahrsagerei, Kommunikation, Glück und Liebe verwendet.

Anbau: Stiefmütterchen sind sehr beliebte und zart blühende Pflanzen, die häufig in Topfgärten und Körben sowie in Beeten verwendet werden. Sie mögen kühlere Temperaturen und leiden unter heißerem Klima oder Hitzeperioden. Die Pflanzen blühen im Frühjahr und Frühsommer und werden in der Regel als einjährige Pflanzen gezogen. Sie bevorzugen sehr gut durchlässige Böden in voller Sonne bis Halbschatten und gedeihen am besten mit viel Dünger.

Tulpe

Tulipa spp.

Die kelch- oder becherartige Form der Tulpe macht diese Blume zur idealen Entsprechung für die Magie des Wohlstands und des Überflusses. Die Tulpe wird auch mit Schutz, Liebe und Glück assoziiert.

Anbau: Tulpen sind beliebte Zwiebelblumen im Frühling, die schon früh in der Vegetationsperiode zarte, schalenförmige Blüten hervorbringen. Sie wurden im Laufe der Jahrhunderte ausgiebig gezüchtet, sodass sie in einer überwältigenden Vielfalt von Farben erhältlich sind. Tulpen kommen besonders gut zur Geltung, wenn sie in großen Gruppen im Beet gepflanzt werden, sodass ihre Blüten für leuchtende Farbtupfer im Garten sorgen, während die anderen Pflanzen noch im Wachstum sind. Tulpenzwiebeln mögen einen nährstoffreichen Boden und viel Feuchtigkeit. Sie gedeihen am besten in voller Sonne.

Veilchen

Viola odorata

Das Veilchen und auch das Duftveilchen sind zarte Blumen, die mit Frieden, Hoffnung, Harmonie, Schutz, Glück, Liebe, Schlaf und Ruhe in Verbindung gebracht werden. Das Veilchen wird in Talismanen und Beuteln verwendet, um die Ruhe zu bewahren und den Frieden unter den Menschen zu fördern. Ein Kräuterkissen mit Veilchen und Lavendel ist ideal zur Förderung des Schlafes bei Kindern und um Albträume zu vertreiben. Das Veilchen hat auch Aspekte der Fruchtbarkeit und des Überflusses, die sich darin widerspiegeln, wie leicht sich die Pflanze vermehrt.

Anbau: Veilchen sind mehrjährige Pflanzen, die seit Hunderten von Jahren in Europa und Asien angebaut werden. Sie werden häufig als Bodendecker verwendet und haben kleine Blätter und intensiv duftende Blüten. Veilchen gedeihen in der vollen Sonne und auch im Halbschatten, solange sie genügend Feuchtigkeit erhalten. Sie breiten sich durch unterirdische Wurzeln aus, gelten aber nicht als aggressiv und sind leicht zu kontrollieren. Versorge deine Veilchen regelmäßig mit Wasser und Dünger und halte im Frühjahr Ausschau nach Blüten.

Kräuter

Kräuter sind herrlich flexibel und können für alle möglichen magischen Anwendungen eingesetzt werden. Bei begrenztem Anbauraum würde ich mich dafür entscheiden, Kräuter als vielseitig verwendbare Pflanzen anzubauen. Sie lassen sich leicht trocknen, enthalten viel Energie in einer kleinen Menge von Blättern, und jedes Kraut hat mehrere magische Entsprechungen. Außerdem können Kräuter zum alltäglichen wie auch zum magischen Kochen und für die magische Arbeit verwendet werden. Zudem sind sie ästhetisch ansprechend, duften angenehm und sind im Allgemeinen leicht zu pflegen. Wie könnte man sie also nicht lieben?

Dieser Abschnitt ist unterteilt in Kräuter für die Küche (die man in der Speisekammer hat) und diejenigen, die oft für magische Zwecke verwendet werden, aber in der Küche nicht üblich sind. In der Hexenkunst werden alle Arten von Pflanzen verwendet, von denen viele nicht als Blumen, Früchte, Gemüse, Sträucher oder eine andere eindeutige Kategorie eingestuft werden. Diese nichtkulinarischen Kräuter haben viele Verwendungsmöglichkeiten.

Ein Hinweis zu Zimt

Es ist tatsächlich möglich, Zimt in Töpfen anzubauen. Normalerweise wird er in subtropischen bis tropischen Klimazonen angebaut, aber er kann auch im Haus gezüchtet werden, wenn deine Klimazone nicht den notwendigen Anforderungen entspricht. Im Freien kann er zu einem kleinen Baum heranwachsen, aber in Töpfen und im Haus (oder im Sommer in einem Kübel im Freien, der über den Winter ins Haus geholt wird) bleibt er eher kompakt. Die frischen Blätter können zerkleinert und in Tees oder für die Magie verwendet werden oder sie können getrocknet und für magische Zwecke genutzt werden. Um etwas zu erhalten, das der uns bekannten Rinde näher kommt, schneidet man kleine Zweige ab und trocknet diese. Sie können in der Magie wie die Zimtstangen aus der Küche verwendet werden. Damit sie duften, ritzt man die getrocknete Rinde an, um das aromatische Öl freizusetzen.

GÄNGIGE KÜCHENKRÄUTER

Basilikum

Ocimum basilicum

Basilikum, auch bekannt als Basilie, Basilienkraut oder Königskraut, findet man in ganz Europa und Amerika in Gewürzregalen und in Küchengärten. Es ist in der Küche vielseitig einsetzbar und eignet sich auch hervorragend als magisches Kraut. Basilikum wird für Wohlstand, Erfolg, Frieden, Schutz, Glück, energetische Reinigung, Gelassenheit und Liebe verwendet.

Anbau: Basilikum ist eines der lohnendsten Kräuter, die man anbauen kann, weil es so kräftig ist. Basilikum bevorzugt Wärme, reichlich Wasser und eine nährstoffreiche Erde. Es gedeiht gleichermaßen gut im Beet und im Topf und kann geerntet werden, sobald es ausgewachsen ist (jüngeres Basilikum ist weniger bitter als älteres). Basilikum bevorzugt sechs bis acht Stunden Sonnenlicht pro Tag.

Dill

Anethum graveolens

Dill kann in zwei Formen verwendet werden: als Samen und als Kraut, das aus den federartigen getrockneten Blättern der Pflanze besteht. Beide können in der grünen Magie verwendet werden. Dill wird in der Magie für Glück, Gelassenheit, Wohlstand, Lust und Schutz verwendet.

Anbau: Dill ist in den meisten gemäßigten Klimazonen ein verbreitetes und relativ einfach anzubauendes Kraut. Die besten Ergebnisse erzielst du, wenn du deine Dillsamen an einem sonnigen Standort auspflanzt oder deinen Topf mit Dill an einem Ort mit voller Sonne aufstellst. Sorge für regelmäßige Bewässerung, aber achte darauf, dass keine Staunässe entsteht. Dill bildet bei heißem Wetter Samen, die du ernten kannst, sobald die Blüten verblüht sind. Schneide dazu die gesamte Pflanze am Stängel ab und hänge sie kopfüber in eine braune Papiertüte – die Samen fallen dann von selbst aus den Blüten.

Eisenkraut

Verbena officinalis, Verbena spp.

Diese Pflanze ist ein ausgezeichnetes Allzweckkraut. In der Medizin hilft ein Aufguss aus Eisenkraut gegen Kopfschmerzen. Zudem lindert er Stress und ist ein entspannender Tee vor dem Schlafengehen. In der Magie ist das Eisenkraut vielseitig einsetzbar und wird mit Weissagung, Schutz, Inspiration, Liebe, Frieden, Ruhe, Heilung, Wohlstand, Kunstfertigkeit und der Umkehrung negativer Aktivitäten assoziiert. Zur Herstellung eines Eisenkrautöls wird die frische Pflanze in ein leichtes Oliven- oder Traubenkernöl eingelegt, das dann als Segens- und Schutzöl verwendet werden kann. Die Zugabe von zerkleinerten Eisenkrautblättern in deine Zauberbeutel rundet deren positive Energien ab. Verbene kann jedem Zauberbeutel oder -spruch hinzugefügt werden, um den Erfolg zu fördern.

Anbau: Eisenkraut ist ein mehrjähriges Kraut, das in wärmeren Regionen häufig angebaut wird. Es gedeiht auch in Kübeln. Eisenkraut mag volle Sonne und gut durchlässige Böden. Es reagiert empfindlich auf Überwässerung und sollte zwischen den Wassergaben austrocknen.

Engelwurz

Angelica archangelica

Diese duftende Pflanze wird seit Jahrhunderten zur Verbesserung der Verdauung, zum Aromatisieren von Weinen und Likören und zur Herstellung von Süßigkeiten verwendet. In magischer Hinsicht ist sie besonders wirkungsvoll, wenn sie zum Schutz und zur energetischen Reinigung eingesetzt wird.

Anbau: Die mit der Petersilie verwandte Engelwurz ist ein weniger verbreitetes Kraut, aber als kurzlebige mehr- oder zweijährige Pflanze nicht besonders schwierig anzubauen. Engelwurz blüht nach zwei Wachstumsjahren. Nach der Blütezeit stirbt die Pflanze häufig ab. Die Engelwurz mag etwas kühlere Gegenden. Wenn du also in einer heißen Gegend lebst, pflanze deine Engelwurz an einem Standort, der vor der heißen Sonne geschützt ist. Achte darauf, dass sie immer reichlich Wasser bekommt – sie reagiert empfindlich auf Trockenheit.

Estragon

Artemisia dracunculus

Dieses Kraut wird mit Selbstvertrauen, Kraft und Schutz in Verbindung gebracht. Es kann auch zur Beseitigung negativer Energien und zur Förderung der emotionalen Heilung eingesetzt werden. Medizinisch gesehen unterstützt Estragontee die Genesung von Krankheiten und lindert Verdauungsprobleme.

Anbau: Estragon ist ein robustes Kraut, das sich an sonnigen Standorten wohlfühlt. Die Pflanze neigt dazu, kräftige Wurzeln zu entwickeln, weshalb sie etwas trockenheitstoleranter ist als viele andere Kräuter und sogar in sandigen Böden wachsen kann. Wenn du eine Schicht Mulch oder eine andere Bodenbedeckung hinzufügst, wird dein Estragon noch widerstandsfähiger. Ernte die Blätter, sobald die Pflanze ausgewachsen ist.

Kümmel

Carum carvi

Der Samen der Kümmelpflanze eignet sich hervorragend zum Schutz gegen Negativität. Er ist auch ein gutes Anti-Diebstahl-Kraut, daher kannst du etwas davon in die Gartensäckchen geben, die du im Freien aufstellst, um kleine tierische Eindringlinge davon abzuhalten, deine Pflanzen anzuknabbern, sowie in Schutzsäckchen oder Glücksbringer in deinem Haus. Zu den magischen Entsprechungen gehören Gesundheit, geistige Fähigkeiten, Schutz, Treue und Diebstahlschutz.

Anbau: Kümmel wird häufig aus Samen gezogen, die im zeitigen Frühjahr in flachen Löchern etwa einen halben Zentimeter tief ausgesät werden. Die Pflanze bevorzugt viel Licht und einen gut angereicherten, nährstoffreichen Boden. Ausgewachsene Pflanzen sind etwa einen Meter hoch und tragen im zweiten Jahr nach der Aussaat Samen. Um die Samen zu ernten, schneidet man die Pflanzen ab, wenn die Früchte reif sind, trocknet sie und trennt die Samen von den Schoten. Auch die Kümmelblätter sind essbar.

Lorbeer

Laurus nobilis

Lorbeer, auch bekannt als Gewürzlorbeer, wurde im antiken Griechenland und Rom zur Krönung des Siegers von Spielen verwendet. Lorbeer wird in der Magie mit Erfolg, Weisheit und Weissagung assoziiert. Schreibe einen Wunsch auf ein Lorbeerblatt, und verbrenne es oder lege es unter dein Kopfkissen, um zu träumen, wie du dein Ziel erreichen kannst. (Wenn du das Lorbeerblatt verbrennst, achte darauf, dass dein Raum gut belüftet ist, weil der Rauch leicht halluzinogen wirken kann.)

Anbau: In seiner mediterranen Heimat ist der Lorbeer ein robuster Strauch oder sogar ein kleiner Baum, dessen Blätter geerntet und getrocknet werden. Wenn du deinen eigenen Lorbeer anbauen möchtest, pflanze ihn in einen Topf oder in einen sonnigen Teil des Gartens. Lorbeer ist nur in der USDA-Klimazone (Winterhärtezone) 8 oder höher winterhart. In kälteren Regionen musst du die Lorbeerpflanze im Winter zum Schutz nach drinnen bringen. Lorbeer mag gut durchlässigen Boden, aber aufgrund ihres flachen Wurzelsystems ist die Pflanze empfindlich gegenüber Trockenheit und sollte regelmäßig gegossen werden.

Minze

Mentha spp.

Es gibt eine Vielzahl von Minzarten, die sowohl im Garten als auch auf der Fensterbank angebaut werden können. Ein Aufguss aus den Blättern hilft bei den meisten Formen von Kopfschmerzen, regt den Appetit an und fördert die Verdauung. Magische Entsprechungen sind Wohlstand, Freude, Fruchtbarkeit, energetische Reinigung, Liebe und Erfolg.

Anbau: Minze ist eines der besten Kräuter für Gartenanfänger. Minzpflanzen sind kräftige Stauden, die unter einer Vielzahl von Bedingungen wachsen. Minze ist sogar so einfach anzubauen, dass sie ganze Gärten erobern kann. Minze liebt viel Feuchtigkeit, mag aber keine sumpfigen oder feuchten Böden und gedeiht in allen Lichtverhältnissen, von voller Sonne bis zum Halbschatten. Halte deine Minzsorten gut bewässert, dann wirst du mit einem ständigen Nachschub an Blättern belohnt.

Muskatnuss

Myristica fragrans

Medizinisch gesehen vertreibt die Muskatnuss Übelkeit und lindert Verdauungsprobleme (obwohl sie in hohen Dosen giftig sein kann). In der Magie wird sie mit übersinnlichen Fähigkeiten, Glück, Liebe, Geld und Gesundheit assoziiert.

Anbau: Muskatnüsse werden von Bäumen geerntet, die in tropischen Regionen wachsen, sodass es für Gärtner in gemäßigten Breiten eine Herausforderung ist, sie selbst anzubauen. In ihrer heimischen Umgebung können Muskatnussbäume fast dreißig Meter hoch werden und nach etwa sechs Jahren Früchte tragen. Muskatnuss lässt sich nicht gut in Töpfen anbauen, daher solltest du nur dann versuchen, Muskatnuss anzupflanzen, wenn du in einem subtropischen Klima lebst und Platz für einen ausgewachsenen Baum hast.

Petersilie

Petroselinum crispum

Im antiken Griechenland wurde Petersilie für so unterschiedliche Zwecke verwendet wie das Bestreuen von Leichen, um den Verwesungsgeruch zu neutralisieren, oder die Herstellung von Siegerkronen zur Feier des Erfolgs. Sie wird in der Magie mit Macht, Stärke, Lust, energetischer Reinigung und Wohlstand assoziiert. Sowohl die Samen als auch die Blätter können verwendet werden.

Anbau: Petersilie ist eine beliebte einjährige Pflanze, die für ihre nährstoffreichen Blätter geschätzt wird. Sie ist in weiten Teilen Nordamerikas und Europas winterhart und kann im Freiland oder in Gefäßen auf der Fensterbank angebaut werden. Petersilie bevorzugt einen hellen Standort mit viel Wasser. Die Pflanzen wachsen relativ langsam und breiten sich nicht weit aus. Ernte Petersilie, wenn die Pflanze etwa 15 Zentimeter hoch ist, und schneide die Stängel nach Bedarf ab.

Rosmarin

Rosmarinus officinalis

Zu den praktischen Anwendungen von Rosmarin gehören die äußerliche Anwendung als Hauttonikum und die Verwendung als Haarspülung, um dunkles Haar zum Glänzen zu bringen und juckende Kopfhaut zu beruhigen. Ein Rosmarintee hilft bei Kopfschmerzen. Die magischen Entsprechungen des Rosmarins umfassen Schutz, Verbesserung des Gedächtnisses, Weisheit, Gesundheit und Heilung.

Anbau: Rosmarin ist ein winterharter, immergrüner Strauch, der oft als Zierpflanze, aber auch als kulinarisches oder magisches Kraut angebaut wird. Rosmarin gedeiht am besten an sonnigen Standorten, die viel Wärme spenden. Die Pflanze ist trockenheitstolerant, daher sollte man den Rosmarin nicht zu stark bewässern. Er lässt sich gut beschneiden.

Salbei

Salvia spp.

Salbei ist das Kraut, das wahrscheinlich am häufigsten zur energetischen Reinigung und zum Schutz verwendet wird. Ein Salbeitee hilft, einen sauren Magen zu beruhigen und die Verdauung zu erleichtern, und kann auch Ängste lindern. Zu den magischen Entsprechungen gehören energetische Reinigung und Schutz, Weisheit, Gesundheit und langes Leben.

Anbau: Salbei ist ein verbreitetes Kraut mit leicht flaumigen Blättern, das sowohl in Kübeln als auch in normalen Gartenbeeten gedeiht. Salbeipflanzen mögen volle Sonne, aber wenn du in einem wärmeren Klima mit starker Sonneneinstrahlung lebst, solltest du die Pflanze am späten Nachmittag im Schatten halten, um sie vor der prallen Sonne zu schützen. Salbeipflanzen sollten eine Saison lang ungehindert wachsen können, bevor man mit der Ernte der Blätter nach Bedarf beginnt. Salbei mag trockenere Bedingungen; die Pflanze sollte nie im Wasser stehen.

Schnittlauch

Allium schoenoprasum

Der kleinste Vertreter der Zwiebelgewächse, der Schnittlauch, hat einen zarten Zwiebelgeschmack, der nicht zu stark ist. Die Blüten sind ebenfalls essbar und verleihen Salaten oder Eierspeisen eine hübsche, blass-lavendelfarbene Note. Wie Zwiebeln eignet sich Schnittlauch hervorragend zum Schutz und zur Absorption negativer Energie.

Anbau: Schnittlauch lässt sich leicht im Topf oder im Gartenbeet anbauen, wo er oft als Rabattenpflanze verwendet wird. Schnittlauch wächst gut in voller Sonne, aber wenn du in einer Region mit intensiver Mittagssonne lebst, solltest du einen Standort im Halbschatten in Betracht ziehen. Am besten gedeiht Schnittlauch, wenn er regelmäßig gegossen und reichlich gedüngt wird. Wenn du ihn im Freien pflanzt, solltest du deine Schnittlauchbüschel nach ein paar Jahren trennen, um den Pflanzenbestand zu vergrößern und neue Triebe zu fördern. Schnittlauchblätter können geerntet werden, sobald sie groß genug sind, um abgeschnitten zu werden.

Thymian

Thymus vulgaris

Thymian wird in der Magie für Schutz und Mut verwendet und kann außerdem in der Medizin bei Halsschmerzen eingesetzt werden. Das Öl hat antiseptische und pilzabtötende Eigenschaften und kann Schädlinge abwehren. Gib ein paar Tropfen davon in ein Glas Wasser, und versprühe es, um Krabbeltiere fernzuhalten. In magischer Hinsicht kann Thymian auch helfen, Kummer zu lindern, die Stimmung zu heben und negative Energie zu beseitigen.

Anbau: Thymian gehört zu den Kräutern, die man am einfachsten anpflanzen kann. Er gedeiht in vollem Sonnenlicht in einem gut durchlässigen Topf oder Gartenbeet. Thymian hat den wohlverdienten Ruf, etwas trockenheitstolerant zu sein. Daher sollte man ihn lieber weniger gießen, da er bei Staunässe eingehen würde. Thymian ist nicht wählerisch, wenn es um Dünger geht, also verwende am besten einen Langzeitdünger. Die mehrjährige Pflanze mag Wärme und wird voller und kräftiger, wenn man sie erntet.

Zimt

Cinnamomum spp.

Zimt ist eines der unentbehrlichen Mehrzweckkräuter im Vorrat einer grünen Hexe. Er besitzt sehr viel Energie, und eine Prise Zimt kann zu allem hinzugefügt werden, um das Energieniveau zu erhöhen. Er eignet sich auch hervorragend für Zaubersprüche und Amulette im Zusammenhang mit Geld. In der Magie wird Zimt mit Erfolg, Tatkraft, Heilung, Schutz, Energie, Liebe, Wohlstand und energetischer Reinigung assoziiert.

Anbau: Zimt wird aus der Rinde von Zimtbäumen gewonnen, die in den Tropen beheimatet sind. Wenn du nicht in einem tropischen oder subtropischen Klima lebst, kannst du Zimt nur in Töpfen im Haus anbauen, damit du für die Wärme, Feuchtigkeit und das helle Licht sorgen kannst, die Zimt braucht. Zimtpflanzen benötigen regelmäßig Wasser, sind aber nicht wählerisch in Bezug auf Düngung. Die Zimtrinde ist ernterief, wenn die Pflanzen drei Jahre alt sind. Dann kann man die äußere Rinde abziehen und gelangt an die gelbe Innenrinde, die getrocknet und zu dem bekannten Zimtgewürz gemahlen werden kann.

Baldrian

Valeriana officinalis

Medizinisch gesehen hat Baldrian beruhigende Eigenschaften und kann zur Schmerzlinderung beitragen. In magischer Hinsicht hilft er, Selbstvertrauen zu gewinnen, das Positive in einer negativen Situation zu finden und eine negative Situation zum Vorteil zu wenden.

Anbau: Baldrian ist ein mehrjähriges Kraut, das unter den verschiedensten Bedingungen leicht und problemlos wächst und sich durch wild gesäte Samen leicht ausbreitet. Baldrian gedeiht in sonnigen Lagen, wird bis zu einem Meter fünfzig hoch und trägt weiße Blüten. Die Pflanze ist für ihre Kältetoleranz bekannt und treibt auch in kalten Regionen jedes Frühjahr aus. Während der Wachstumsperiode bevorzugt Baldrian regelmäßige Feuchtigkeit. Das Ausbringen von Mulch um die Basis der Pflanze hilft, das Wasser im Boden zu halten und die Pflanze zu schützen.

Beifuß

Artemisia vulgaris

Der Beifuß, auch bekannt als Gewürzbeifuß, ist ein weiteres allgegenwärtiges Hexenkraut. Ein Sud aus den Blättern soll helfen, den Geist zu öffnen, bevor man eine Weissagung versucht. In der Magie wird er mit prophetischen Träumen und Wahrsagerei, Entspannung und Ruhe, Schutz, Verbannung und Weihe assoziiert.

Anbau: Beifuß ist eine winterharte Staude, die bei Bestäubern beliebt ist und wegen ihres unverwechselbaren Geruchs geschätzt wird. Die kräftige Pflanze kann bis zu zwei Meter hoch werden, mit dunkelgrünen Stängeln, die leicht violett aussehen können, als wären sie mit Wein gefärbt. Beifuß mag volle Sonne, verträgt aber auch etwas schattigere Standorte. Sobald er sich etabliert hat, kann der Beifuß aggressiv wachsen und sich über unterirdische Wurzeln ausbreiten. Daher ist das Pflanzen in Kübeln eine gute Möglichkeit, ihn im Garten unter Kontrolle zu halten.

Beinwell

Symphytum officinale

Beinwell, auch bekannt als Milchwurz oder Knochenkraut, ist als Heilpflanze geschätzt. In der Magie wird er mit Gesundheit, Heilung, Schutz auf Reisen und Wohlstand assoziiert.

Anbau: Beinwell ist eine sehr anpassungsfähige Staude, die unter den richtigen Bedingungen schnell wächst. Die Pflanze benötigt täglich mindestens ein paar Stunden volles Sonnenlicht und ist nicht wählerisch, was die Bodenbedingungen angeht, solange eine gute Wasserdurchlässigkeit und regelmäßiges Wasser vorhanden sind. Ausgewachsener Beinwell wächst aus einem kräftigen Wurzelsystem; die Pflanzen sterben im Herbst ab und treiben im Frühjahr wieder aus den Wurzeln aus. Beinwell breitet sich leicht aus wild gesäten Samen aus, weshalb bestehende Bestände kontrolliert werden sollten, um eine aggressive Ausbreitung zu verhindern.

Fingerhut

Digitalis purpurea

Die Blüten des Fingerhuts sind wie die Finger eines Handschuhs geformt. In der Medizin wird der Fingerhut als Herzstimulans verwendet. Er ist giftig und darf deshalb nur in genau berechneten Dosen verabreicht werden. Zu Hause darf man ihn in keiner Weise verwenden, die den Verzehr oder das Auftragen des Pflanzenmaterials auf die Haut beinhaltet. Man sollte auch keine Aufgüsse trinken und zudem den Rauch der brennenden Blätter nicht einatmen. In der Magie wird der Pflanze eine Energie zugeschrieben, die das Feenvolk erfreut. Pflanze also Fingerhut an oder trage ihn bei dir, um deine Kommunikation mit den Feen zu verbessern.

Anbau: Fingerhut-Pflanzen werden wegen ihrer glockenförmigen, hängenden Blüten geschätzt, die an hohen Stängeln wachsen. Der Fingerhut wird in der Regel als zweijährige Pflanze angebaut und ist in den gemäßigten Breiten der Vereinigten Staaten und in Europa eine weitverbreitete Gartenpflanze. Fingerhut wächst unter verschiedenen Licht- und Bodenverhältnissen und erreicht als ausgewachsene Pflanze eine Höhe von bis zu zwei Metern.

Frauenmantel

Alchemilla vulgaris

Diese Pflanze wird in der Medizin als adstringierendes und entzündungshemmendes Mittel verwendet und hat ihren Namen von der Form der gezackten Blätter, die an die Ränder eines Mantels erinnern sollen. Die Frau, auf die sich der Name bezieht, ist die Jungfrau Maria. In der Magie wird Frauenmantel zur Förderung eines ruhigen Schlafs und zur Heilung der Vergangenheit verwendet und kann jeder Magie, die für oder von Frauen ausgeführt wird, zusätzliche Energie verleihen.

Anbau: Frauenmantel wird sowohl für sein schönes Laub als auch für seine lang anhaltenden gelben Blüten geschätzt. Die mehrjährige Pflanze lässt sich leicht aus Samen, die direkt im Garten ausgesät werden, auspflanzen oder aus Stecklingen ziehen und erreicht eine Größe von etwa einem halben Meter. Frauenmantel bevorzugt einen hellen Standort und regelmäßiges Gießen, obwohl ältere Pflanzen trockenheitstoleranter sind. In heißeren Klimazonen sollte er am Nachmittag vor direkter Sonneneinstrahlung geschützt werden.

Königskerze

Verbascum thapsus

In der Medizin wird die Königskerze unter anderem zur Linderung von Husten verwendet; sie gilt als linderndes, entkrampfendes und adstringierendes Kraut. Der haarähnliche Flaum auf den Blättern kann Mund und Rachen reizen, daher sollte man Königskerzentee grundsätzlich durchsieben. In der Magie schützt die Königskerze vor Gefahren und vertreibt negative Energien. Die Pflanze hat einen dickflüssigen, schleimigen Saft, der in getrocknetem Zustand leicht entflammbar ist. Die Königskerze wurde früher als Zunder verwendet. Aus den Blütenständen lassen sich kerzenähnliche Fackeln herstellen.

Anbau: Die Königskerze ist eine Pflanze, die häufig in Straßengräben oder auf wilden Flächen wächst, aber auch als Landschafts- oder Gartenpflanze verwendet werden kann. Mit ihrem bis zu zwei Meter hohen Blütenstiel, der gelbe Blüten auf hohen Dolden trägt, ist die Königskerze eine auffällige Solitärpflanze, die volle Sonne und trockene Böden verträgt. Sie ist auch bei Bestäubern beliebt und lockt Vögel und Bienen in deinen Lebensraum.

Schafgarbe

Achillea millefolium

Die Schafgarbe ist ein weitverbreitetes Gartenkraut, das wegen seines attraktiven silbrigen Laubs angebaut wird. Die Blätter und der Stängel der Schafgarbe, die im Spätsommer geerntet werden, werden traditionell als Wickel zum Stillen von Blutungen verwendet. In der Magie wird sie für Mut, Heilung und Liebe eingesetzt.

Anbau: Je nach Standort ist die Gemeine Schafgarbe entweder eine Landschaftspflanze mit hellen Blüten oder ein schädliches Unkraut, das sich ohne Rücksicht auf andere Pflanzen ausbreitet. Als mehrjährige Pflanze bildet die Schafgarbe einen kleinen Strauch, der etwa einen Meter hoch und einen Meter breit wird. Sie gedeiht gut in voller Sonne und ist tolerant gegenüber einer Vielzahl von Bodenverhältnissen. Die Schafgarbe verträgt auch kältere Klimazonen und ist, sobald sie sich etabliert hat, sehr trockenheitsresistent.

Verbene

Verbena officinalis

Die Verbene ist auch ein kulinarisches Allzweckkraut, das in diesem Zusammenhang häufiger als Eisenkraut bezeichnet wird. Verbene wird wegen ihrer vielfältigen magischen Anwendungsmöglichkeiten manchmal auch als Zauberkraut bezeichnet. Sie wird zur energetischen Reinigung, Läuterung und zum Schutz verwendet. In der Medizin kann Verbene zum Stressabbau eingesetzt werden.

Anbau: In ihrer Heimat in Europa wächst Verbene häufig an Straßenrändern, wo sie in voller Sonne und ohne zusätzliche Feuchtigkeit gedeiht. Im Garten blüht sie auch in der heißesten Zeit des Sommers, wenn es wenig regnet. Die Pflanze verträgt eine große Bandbreite an Bodenverhältnissen, mag aber keine nassen oder feuchten Böden. Durch das Entfernen älterer Blüten wird die Pflanze dazu angeregt, die ganze Saison über zu blühen.

Wermut

Artemisia absinthium

Wermut kann zur Abwehr von Ungeziefer eingesetzt werden und war aus diesem Grund ein häufiger Bestandteil von Streukräutern. In der Medizin wird Wermut als Tonikum und Stimulans verwendet. Ein Extrakt aus Wermut wird zur Herstellung des Absinths genutzt. Zu den magischen Verwendungszwecken von Wermut gehören die Überwindung einer Pechsträhne, Exorzismus, die Bannung negativer Energien, die Stärkung der psychischen Kräfte und der Schutz auf Reisen.

Anbau: Wermut hat schöne silbrige Blätter und kleine gelbe Blüten auf niedrigen, ausladenden Pflanzen, die selten höher als einen Meter werden. Wermut bevorzugt volle Sonne, verträgt aber auch etwas Schatten und hat eine hohe Toleranz gegenüber Trockenheit und minderwertigen Böden. Er gilt als nicht aggressiv und sollte zu Beginn jeder Wachstumsperiode durch neue Pflanzen ersetzt oder geteilt werden.

Obst

Obst stammt von Bäumen, Sträuchern oder Stöcken; hier geht es um die Früchte selbst. Auf einige dieser Pflanzen werden wir später in diesem Kapitel im Abschnitt »Bäume« noch einmal eingehen, da sie geringfügig andere Entsprechungen oder Anwendungen haben.

Mit der Frucht pflanzt sich eine Pflanze fort und trägt dadurch eine Energie in sich, die auf Fruchtbarkeit und Überfluss beruht. Alle Früchte enthalten Samen, die den Beginn des Lebens darstellen. Ob wir die Samen nun verzehren oder nicht, ihre fruchtbare Energie durchdringt die ganze Frucht. Obst ist auch eine gute Möglichkeit, die Energie der Jahreszeiten zu nutzen, denn verschiedene Früchte erscheinen zu verschiedenen Zeitpunkten des Jahreszyklus.

Magische Entsprechungen der Früchte

Diese Liste gängiger Früchte zeigt ihre magischen Entsprechungen:

- Ananas: Wohlstand, Glück, Schutz
- Apfel: Gesundheit, Langlebigkeit, Liebe
- Banane: Fruchtbarkeit, Stärke
- Birne: Gesundheit, Wohlstand, Liebe
- Brombeeren: Wohlstand, Schutz, Reichtum
- Cranberrys: Schutz, Heilung
- Erdbeeren: Liebe, Frieden, Glück, Glücksgefühl
- Heidelbeeren: Ruhe, Frieden, Schutz, Wohlstand
- Himbeeren: Kraft, Mut, Heilung
- Kirsche: Weissagung, Liebe
- Limette: Glück, Reinigung, Heilung
- Mango: Spiritualität, Glück
- Melone: Liebe, Frieden
- Orange: Freude, Gesundheit, Reinigung
- Pfirsich: Spiritualität, Fruchtbarkeit, Liebe, Harmonie
- Pflaume: Liebe, Gelassenheit
- Weintraube: Wohlstand, Fruchtbarkeit
- Zitrone: Reinigung, Schutz, Gesundheit

Ob du eine bestimmte Obstsorte anbauen kannst, hängt davon ab, was du anbauen möchtest und wo du lebst. Bananen sind beispielsweise tropische Pflanzen, die keinen Frost vertragen und große Mengen an Wasser und Dünger benötigen, um zu gedeihen. Im Gegensatz dazu wachsen Cranberrys an Sträuchern, die in den Mooren des amerikanischen Nordostens auf torfhaltigem, saurem Boden gedeihen. Andere tropische oder subtropische Früchte sind Mangos, Ananas und die meisten Zitrusfrüchte, während Früchte wie Kirschen und Äpfel in Temperaturregionen mit harten Wintern gedeihen. Unabhängig davon, welches Obst du anbauen möchtest, kannst du mit diesen zwei Grundregeln zum Erfolg kommen:

> Kirschsaft kann in Zaubersprüchen als Ersatz für Blut verwendet werden.

1. **Stelle sicher, dass dieses Obst an deinem Standort gut wächst.** Gute Informationsquellen sind die örtlichen Gartencenter, die Beratungsstelle deines Bezirks, Gartenvereine und andere begeisterte Gärtner. Letztlich hängt dein Erfolg davon ab, dass du die richtige Frucht am richtigen Ort anbaust. Wenn du eine Frucht anbauen möchtest, die in deiner Gegend nicht gedeiht, kannst du sie auch im Haus aufziehen, aber sei dir bewusst, dass die meisten Früchte auf Bäumen wachsen und sich nicht leicht an den Anbau im Haus anpassen.
2. **Befolge die Pflanz-, Schnitt- und Pflegeanweisungen für das Obst deiner Wahl.** Ein Obstbaum ist eine langfristige Investition, denn viele Obstbäume aus Laubholz leben und tragen jahrzehntelang Früchte. Bevor du einen Obstbaum pflanzt, solltest du dich vergewissern, dass du ausreichend Platz für seine Größe hast und dass der Baum auch in den kommenden Jahren noch zu deinem Garten passt.

Gemüse

Wie Obst enthält auch Gemüse gut erkennbare Samen und transportiert damit die magischen Assoziationen mit Lebenszyklen und Fruchtbarkeit. Wenn du kochst, kannst du das Gemüse auch wegen seiner magischen Eigenschaften auswählen.

Wer kann bei der Gartenarbeit schon einem schönen, witzigen oder gar magischen Namen für eine Pflanze widerstehen? Wenn du auf der Suche nach einer robusten Tomatensorte bist, kannst du dich für die Hybride Mountain Magic entscheiden, die so gezüchtet wurde, dass sie krankheitsresistent ist und gleichzeitig süße, kleine Früchte trägt. Wenn du Brokkoli anbauen möchtest, ist die Green-Magic-Pflanze eine gute Wahl, denn sie ist anpassungsfähig und reift im Spätsommer bis zum Frühherbst. Vielleicht findest du auch den Blumenkohl White Magic oder die violette Kartoffel Magic Molly interessant. ich wünsche dir jedenfalls viel Spaß mit Saatgut- und Pflanzenkatalogen!

Magische Entsprechungen der Gemüsesorten

Hier findest du gängige Gemüsesorten und ihre magischen Entsprechungen:

- Blumenkohl: Schutz, Fruchtbarkeit
- Bohnen: Liebe, Familie, Schutz
- Brokkoli: Schutz, Reichtum
- Erbsen: Liebe, Reichtum
- Gurke: Fruchtbarkeit, Heilung, Harmonie
- Kartoffeln: Fruchtbarkeit, Schutz, Reichtum
- Knoblauch: Heilung, Schutz, Bannung, Reinigung
- Kohl: Schutz, Wohlstand
- Kopfsalat: Fruchtbarkeit, Frieden, Harmonie, Schutz
- Kürbis: Reichtum, Harmonie
- Lauch: Schutz, Harmonie
- Mais: Schutz, Weissagung, Glück, Göttergaben, Schutz des Hauses, Fruchtbarkeitszauber, Rituale für eine sichere Entbindung, Säuglingsschutz
- Möhren: Fruchtbarkeit, Gesundheit
- Oliven: Heilung, Frieden, Lust, Schutz, Potenz, Fruchtbarkeitsrituale
- Pilze: Kraft, Mut, Heilung, Schutz
- Rüben/Rote Bete: Fruchtbarkeit, Erdung
- Sellerie: Liebe, Gelassenheit, Konzentration
- Tomate: Schutz, Liebe
- Zwiebel: Schutz, Exorzismus, Heilung, Wohlstand

Gemüse kann als Träger für Magie und Zaubersprüche sowie für die ihnen innewohnenden Energien verwendet werden. So kann beispielsweise der Saft der Roten Bete als Ersatz für Blut in Zaubern verwendet werden, während Kartoffeln als Ersatz für Puppen eingesetzt werden können mit dem Ziel der Heilung oder des Schutzes.

Ähnlich wie beim Obstanbau hängt die Wahl des Gemüses weitgehend davon ab, wo du lebst und was in deiner Gegend gedeiht. Die gute Nachricht ist, dass die meisten deiner Lieblingsgemüsearten viel weniger aufwendig sind als ein Obstbaum. Sehr viele lassen sich sogar leicht in Kübeln anbauen. Wenn du einen Gemüsegarten planst, können dir einige Tipps zu einer besseren Ernte verhelfen:

- **Ziehe das Gemüse aus Samen im Haus an, bevor du es nach draußen pflanzt.** Die Anzucht aus Samen erfordert zwar zusätzliche Schritte, einschließlich der Keimung und der Einrichtung eines beleuchteten Anzuchtbereichs im Haus, hat aber einige entscheidende Vorteile wie zum Beispiel den Zugang zu Dutzenden oder sogar Hunderten von Sorten, die du in deinem örtlichen Gartencenter nicht als Setzlinge finden wirst. Außerdem lernst du mit etwas Übung, viel gesündere Setzlinge zu produzieren, als du normalerweise kaufen kannst. Und du verlängerst die Wachstumsperiode um mehrere Wochen, wenn du die Setzlinge drinnen ansetzt, solange es noch zu kalt zum Auspflanzen ist.
- **Bereite Gartenbeet oder Gefäße für deine Pflanzen vor.** Die meisten Gemüsesorten gedeihen besser in reichhaltigem, lehmigem Boden mit viel organischem Material. Bereite dein Gartenbeet vor, indem du Kompost, Torf, organisches Material und gegebenenfalls Mittel zur Bodenverbesserung wie Knochenmehl oder Blutmehl einmischst. Das Gleiche gilt für Pflanzgefäße, die dir eine genaue Kontrolle über die Wachstumsumgebung ermöglichen.
- **Baue alle Strukturen, die du brauchen wirst, im Voraus.** Dazu gehören Zäune, um Tiere fernzuhalten, Spaliere für Bohnen oder Gurken oder Gitter für hochwachsende Tomaten.
- **Plane die Bewässerung.** Um gut zu gedeihen, braucht das Gemüse eine ständige Wasserversorgung. Bevor du pflanzt, solltest du dich vergewissern, dass du in der Lage bist, dein Gemüsebeet ausreichend mit Wasser zu versorgen, sei es durch einen Schlauch oder durch eine automatische Bewässerungsanlage.

Gutes Gemüse anzubauen, geschieht nicht durch Zufall. Ganz gleich, ob du einen vollbiologischen Garten oder einen Indoor-Garten mit Hydrokultur planst, die Zeit, die du mit der Planung deines Gartens verbringst, bevor du die Samen in die Erde steckst, ist gut investiert.

Bäume

Obwohl wir uns in der Hexenkunst eher auf Kräuter konzentrieren, arbeiten wir auch mit Holz, oftmals dann, wenn etwas physisch Stabileres oder Dauerhafteres benötigt wird.

Zu den Teilen von Bäumen, die verwendet werden können, gehören Rinde, Blätter und Holz.

Der Stab und der gegabelte Stab einer grünen Hexe zum Beispiel besteht aus Holz, ebenso wie das traditionellere Hexenwerkzeug, der Zauberstab. Stöcke und Zweige bilden die Grundlage für viele Schutzamulette, beispielsweise aus Ästen geschnittene und mit Symbolen versehene Rundstäbe.

Magische Entsprechungen der Bäume

Dies sind die magischen Entsprechungen einiger gängiger Bäume:

- **Ahorn (*Acer spp.*):** Ahorn ist ein weiterer beliebter Baum, der von Handwerkern für die Herstellung von Möbeln verwendet wird. Er ist auch eine Quelle für Färbemittel und Ahornsirup. In der Magie steht der Ahorn für Liebe, Wohlstand, Leben und Gesundheit und allgemeinen Reichtum.
- **Apfelbaum (*Pyrus malus*):** Apfelbäume gibt es überall auf der nördlichen Halbkugel. Aufgrund ihrer weiten Verbreitung und ihres fruchtbaren Reichtums werden sie mit Leben, Langlebigkeit und Fruchtbarkeit in Verbindung gebracht, in der Magie besonders mit Liebe, Heilung, Harmonie und Langlebigkeit.
- **Birke (*Betula spp.*):** Der traditionelle Hexenbesen wird aus Birkenzweigen hergestellt. In der Magie wird die Birke mit energetischer Reinigung, Schutz und Läuterung assoziiert. Sie wird auch mit Kindern in Verbindung gebracht; Wiegen wurden oft aus Birkenholz gefertigt.
- **Eberesche (*Pyrus aucuparia, Sorbus aucuparia*):** Die Eberesche ist auch als Vogelbeere und Hexenholz bekannt (obwohl sie eigentlich keine echte Esche ist, wird sie aufgrund der Ähnlichkeit der Blätter so genannt). Die Beeren der

Eberesche wurden früher zum Brauen verwendet, die Rinde zum Gerben und als Farbstoff. Seltsamerweise ist die Eberesche bei Hexen und Feen gleichzeitig beliebt und ein Fluch. Zu den magischen Entsprechungen gehören die Verbesserung der übersinnlichen Kräfte, Weissagung, Heilung, Schutz vor dem Bösen, Frieden, Kreativität, Erfolg sowie Veränderung und Transformation.

- **Eibe (*Taxus baccata*):** Die Eibe ist giftig, was einer der Gründe sein mag, warum sie so eng mit dem Tod assoziiert wird. Sie ist ein europäischer Baum, der in den Überlieferungen der Hexerei und der Naturmagie eine große Rolle spielt. Die Eibe produziert ein sehr hartes Holz und wurde früher dort verwendet, wo eine unnachgiebige, starre Struktur benötigt wurde. In der Magie wird sie mit Geistern und der Anderswelt assoziiert.
- **Eiche (*Quercus robur*):** Die Eiche gehört zu den traditionellen Hölzern, die fest in der Folklore verankert sind und magisch mit Verteidigung, Donner, Stärke, Mut, Heilung, Langlebigkeit, Schutz und Glück assoziiert werden. Da das Holz sehr fest und beständig ist und einen gewissen Ruf der Unzerstörbarkeit genießt, wird die Eiche oftmals im Haus- und Schiffsbau eingesetzt. Die Rinde wird zum Gerben von Leder und als Färbemittel verwendet. Eicheln, die Früchte der Eiche, sind Symbole der Fruchtbarkeit. Die Mistel, die an Eichen wächst, galt bei den Druiden als besonders mächtig und war für ihre magische Arbeit wichtig.
- **Esche (*Fraxinus excelsior*):** Die Esche ist einer der Bäume, der in einigen europäischen Kulturen als Weltenbaum gilt. In der Magie wird die Esche mit Wasser, Stärke, Intellekt, Willenskraft, Schutz, Gerechtigkeit, Gleichgewicht und Harmonie, Geschicklichkeit, Reisen, Wetter und Weisheit assoziiert.
- **Flieder (*Syringa spp.*):** Die schönen Frühlingsblüten mit ihrem süßen, vollen Duft können zur Herstellung von Blütenwasser und aromatisiertem Zucker verwendet werden. Flieder wird mit Schutz, Schönheit, Liebe, übersinnlichen Fähigkeiten, energetischer Reinigung und Wohlstand assoziiert.
- **Geißblatt (*Lonicera caprifolium, Lonicera periclymenum*):** Auch als Waldgeißblatt bekannt. Das Geißblatt wird mit Grenz- oder Übergangszuständen in Verbindung gebracht. Der Duft der Geißblattblüten ist am Abend am stärksten. Zu den magischen Entsprechungen gehören übersinnliches Bewusstsein, Harmonie, Heilung, Wohlstand und Glück.
- **Hasel (*Corylus avellana*):** In der europäischen Folklore wird sie seit Langem mit Weisheit assoziiert. Zu den Göttern und mythologischen Figuren, die mit der Hasel

in Verbindung gebracht werden, gehören Thor, Brigid und Apollo. Die Nüsse und Zweige werden für magische Zwecke verwendet, die Hasel wird allgemein mit Glück, Fruchtbarkeit, Schutz und der Erfüllung von Wünschen assoziiert.

- **Holunder (*Sambucus canadensis, Sambucus nigra*):** Der Holunder ist auch als Hexenholz bekannt. Es heißt, dass jeder, der den Baum nicht dreimal um Erlaubnis bittet, bevor er einen Teil von ihm erntet, Pech haben wird. Im Volksglauben wird der Holunder mit dem Aspekt der Göttin und mit Hexen in Verbindung gebracht, weshalb Holunderholz nur selten zum Möbelbau oder als Brennholz verwendet wird – aus Angst, den Zorn der Hexen auf sich zu ziehen. In der Medizin wird die Holunderrinde als harntreibendes, abführendes und Brechmittel verwendet. Auch die Beeren wirken abführend und harntreibend und regen die Atmung an, die Blätter werden äußerlich zur Linderung von Hautreizungen, Verstauchungen und Quetschungen verwendet. Ein Tee aus Holunderblüten fördert die Schweißbildung und hilft dem Körper, eine Erkältung oder Krankheit zu überwinden, außerdem befreit er Brust und Nebenhöhlen von Ablagerungen. Holunderblütenwasser eignet sich hervorragend zur äußerlichen Anwendung bei gereizter Haut, einschließlich Problemen wie Sonnenbrand und Akne, sowie als Augenwasser. In der Magie wird Holunderholz mit Schutz (insbesondere vor Blitzschlag), Wohlstand und Heilung assoziiert.
- **Kiefer (*Pinus spp.*):** Die Kiefer zählt zu den häufigsten Baumarten Deutschlands, sie wird häufig im Bauwesen verwendet. Ihr Harz dient der Herstellung von Terpentin und Seifen sowie für die Produktion von Kolophonium. Bernstein, einer der beliebtesten Edelsteine für magische Schmuckstücke, entsteht durch Versteinerung des Kieferharzes. Kiefernöl, ein weiteres Produkt der Kiefer, wird häufig Reinigungsmitteln für den Haushalt zugesetzt, was beweist, dass der Duft mit einem Gefühl der Reinigung verbunden ist. In der Magie wird die Kiefer zur energetischen Reinigung, zur Heilung, zur Klarheit des Geistes, zum Wohlstand und zum Schutz vor dem Bösen eingesetzt.
- **Pappel (*Populus spp.*):** Die auch als Espe bekannte Pappel wird in der Magie unter anderem mit Wohlstand, Kommunikation, Exorzismus und energetischer Reinigung assoziiert.
- **Weide (*Salix alba*):** Die Silber-Weide, die wir auch als Trauerweide (*Salix alba Tristis*) kennen, hat lange, biegsame Äste, die seit Jahrhunderten zu dem geflochten werden, was wir als Flechtwaren kennen. Die Weide wird seit

Langem mit dem Mond in Verbindung gebracht. Sie hat eine große Affinität zum Wasser und wächst häufig in dessen Nähe. Im Volksglauben wird die Weide mit der Göttin und den weiblichen Zyklen in Verbindung gebracht. Dank ihrer Fähigkeit, sich leicht und schnell von einem Trauma zu erholen, wird die Weide auch mit Wachstum und Erneuerung assoziiert. Zu den magischen Entsprechungen der Weide gehören Liebe, Ruhe, Harmonie, Schutz und Heilung.

- **Weißdorn (*Crataegus oxyacantha*):** Der Weißdornstrauch wurde oft als Grenzmarkierung verwendet. Der Weißdorn ist ein magischer Baum. Wenn er zusammen mit einer Eiche und einer Esche wächst, kann man angeblich das Feenvolk zwischen den Bäumen sehen. Auch dort, wo er allein wächst, gilt der Weißdorn als ein Lieblingsbaum der Feen. Wie die Eiche erzeugt er hartes Holz und große Hitze beim Verbrennen. Zu den magischen Assoziationen gehören Fruchtbarkeit, Harmonie, Glück, das Jenseits und Schutz.
- **Zaubernuss (*Hamamelis virginiana*):** Vermutlich hat die Zaubernuss ihren Namen daher, dass sie gern als Wünschelrute verwendet wird; sie ist auch als Hexenhasel bekannt. Seit Langem dient sie als Umschlag bei Quetschungen und Schwellungen. Extrakte der Zaubernuss werden wegen ihrer adstringierenden Eigenschaften eingesetzt. Zu den magischen Entsprechungen gehören Schutz, Heilung und Frieden.
- **Zeder (*Thuja occidentalis* – gelbe Zeder, genannt Abendländischer Lebensbaum; *Juniperus virginiana* – rote Zeder, genannt Virginische Wacholder):** Die Zeder ist ein weiteres kostbares Holz, das von vielen Kulturen als magisch und mächtig angesehen wird und seit jeher für seine schützenden Eigenschaften und seine Fähigkeit, Insekten und Schädlinge abzuwehren, bekannt ist. Wegen seines aromatischen Dufts wurde Zedernholz oft als Opfergabe dargebracht. In der Magie wird die Zeder mit Heilung, Spiritualität, Reinigung, Schutz, Wohlstand und Harmonie assoziiert.

Pilze

Pilze werden als Teil eines Gartens oftmals übersehen. Man pflanzt sie nicht wie Kräuter oder Blumen und sie brauchen auch nicht dieselbe Art von Pflege. Dabei sind sie äußerst faszinierend, wenn man sie kultiviert. Champignons sind die bekanntesten Pilze überhaupt. Der Anbau von Pilzen ist ein interessantes Unterfangen, das dir die Möglichkeit bietet, Energien zu erforschen, die wir nicht oft mit einem Hausgarten in Verbindung bringen.

Pilze werden mit organischer Wiederverwertung, Zerstörung und Wiederaufbau in Verbindung gebracht. Sie sind ein natürlicher Bestandteil des Zersetzungsprozesses, der Transformation, durch die organische Materie abgebaut und in ihre Grundelemente zurückgeführt wird. Auf diese Weise stellen sie auch eine Veränderung oder Verwandlung von einem Zustand in einen anderen dar. Pilze werden oft mit der Unterwelt assoziiert, zum Teil wegen ihrer Beteiligung am Prozess der Zersetzung organischer Materie nach dem Tod, aber auch, weil in vielen kulturellen Mythen eine Gottheit oder eine Heldenfigur stirbt und in die Unterwelt oder das Jenseits hinabsteigt, um symbolisch zersetzt zu werden und dann mit neuen Erkenntnissen in die Welt zurückzukehren. Auch die psychedelischen Wirkungen, die mit einigen Pilzen in Verbindung gebracht werden, sind transformativ. Die veränderte Wahrnehmung bietet eine andere Sichtweise auf die Dinge und ermöglicht es, den Blickwinkel zu wechseln, um neue Erkenntnisse zu gewinnen. Die Symbolik und die damit verbundene magische Energie sind für eine Hexe sehr wertvoll.

> Wissenswert: Auch Hefe ist eine Pilzart.

PILZE ANBAUEN

Du kannst jederzeit Pilze anbauen, es gibt keine bestimmte Jahreszeit, zu der sie gezüchtet oder geerntet werden müssen. Bevor du anfängst, solltest du den Zweck des Pilzanbaus festlegen: Möchtest du sie als Lebensmittel verwenden? Oder zu Zierzwecken, mit der Absicht, ihre Energien zu erforschen, ohne sie zu verzehren?

Der Anbau von Pilzen erfordert in der Regel eine kontrollierte Umgebung. Die Kultivierung eines bestimmten Stammes kann sehr herausfordernd sein, denn Sporen findet man überall, vor allem im Boden und im Kultursubstrat. Aus diesem Grund gibt es spezielle Substrate, die sterilisiert wurden, um die Sporen zu neutralisieren, sodass nur die von dir eingebrachten Sporen wachsen können. Ein gängiger Ort für die Anzucht von Pilzen sind Baumstämme, sowohl in Innenräumen als auch im Freien.

> Anders als Pflanzen ernähren sich Pilze nicht durch Fotosynthese. Sie beziehen alle Nährstoffe aus ihrem Nährboden, und zwar über den Prozess der Zersetzung.

Im Gegensatz zu anderen Pflanzen benötigen Pilze statt Samen Sporen. Diese werden häufig auf Holzpflöcken verkauft, die mit den Pilzsporen besiedelt sind. Diese Pflöcke werden dann in einen Stamm geschlagen. Andere Pilze brauchen ein anderes Substrat oder Wuchsmaterial, zum Beispiel Sägemehl oder Körner.

Bei der Verwendung von gekauftem Material zur Pilzzucht beachte die Anweisungen zu Kultivierung, Temperatur und Feuchtigkeit. Wenn du ein Neuling in der Pilzzucht bist, ist es sinnvoll, mit einem Bausatz zu beginnen. Der Anbau in Innenräumen bietet besser kontrollierbare Bedingungen, und Pilzzüchter verkaufen solche Bausätze, mit denen sich exotische Pilze leicht züchten lassen.

Pilze

MYKORRHIZA-PILZE

Mykorrhiza-Pilze sind mikroskopisch kleine Pilze, welche die Wurzeln einer Pflanze besiedeln. Sie gehen sowohl mit den Pflanzen als auch mit dem Boden eine nützliche Beziehung ein, indem sie die Nährstoffaufnahme der Pflanzenwurzeln erhöhen und gleichzeitig für einen Nährstoffausgleich oder die Verbesserung der Bodenqualität sorgen. Auf diese Weise unterstützen Mykorrhizen die Pflanze in Zeiten von Krankheiten oder schlechten Wachstumsbedingungen. Obwohl es sich nicht um einen Pilz handelt, den man züchten kann, sind Mykorrhizen faszinierend und können dir einen tieferen Einblick in den unterweltlichen Aspekt der Hexerei geben. In der grünen Magie gilt die Ruhezeit als entscheidend für das Gleichgewicht des Wachstums und der Expansion, was die meisten Menschen aus der Gartenarbeit und Landwirtschaft kennen. Mykorrhizen sind ein wichtiger Aspekt des unterirdischen Geschehens, eine Verbindung zwischen der Pflanze und dem sie umgebenden Boden. Sie können sich sogar zu einem Kommunikationssystem entwickeln, das die Pflanze mit den anderen Pflanzen in ihrer Umgebung verbindet.

Bodendecker und Getreide

Wenn du nicht an einem formalen Garten interessiert bist, der Pflege und intensiver Interaktion bedarf, aber über Freiflächen verfügst, pflegeleichte Pflanzen ziehen und dabei mit deren Lebenszyklus in Verbindung treten möchtest, solltest du die Aussaat von Deckfrüchten oder Bodendeckern in Betracht ziehen. Deckfrüchte werden gepflanzt, um den Boden zu nähren und zu schützen und nicht, um eine bestimmte Ernte zu erzielen. Wenn sie im Winter gepflanzt werden, können sie später in den Boden eingearbeitet werden, um ihn zu nähren und Nährstoffe wiederherzustellen, die dem Boden durch eine frühere Ernte entzogen wurden. Dies kann geschehen, noch bevor die Deckfrüchte ausgewachsen sind. Wenn du dich dafür entscheidest, solltest du nach lokalen oder einheimischen Pflanzen Ausschau halten, sowohl um mit Pflanzen zu arbeiten, die an deinem Standort leicht wachsen, als auch um lokale Bestäuber zu unterstützen.

Eine weitere Option ist Getreide. Es schützt den Boden, bietet Platz und Lebensraum für die einheimische Fauna und liefert am Ende der Vegetationsperiode eine Ernte, die auf magische Weise verwertet werden kann, selbst wenn du keine große Erntemengen erzielst. Getreide erfordert am Ende der Saison Aufmerksamkeit, da es zu diesem Zeitpunkt geschnitten werden muss. Das Stroh kann zum Basteln verwendet, gespendet oder gemulcht werden.

Je nach Klima gibt es zumindest einige Getreidesorten, die du anbauen kannst. Informiere dich daher über die verschiedenen Getreidearten und darüber, welche Bedingungen sie benötigen. Einige Getreidesorten können im Spätherbst ausgesät werden, um im Boden zu überwintern, während andere besser wachsen, wenn sie im Frühjahr gepflanzt werden. Dies ist abhängig von deiner Klimazone und der Getreideart, die du anbaust.

Die Getreideernte mag abschreckend klingen, aber du kannst sie einfach durchführen, indem du durch dein Getreidebeet gehst und die Ähren mit einer

Gartenschere abschneidest und dann in einem Eimer auffängst. Alternativ kannst du auch etwa 30 Zentimeter des Stängels abschneiden, ihn wie einen Strauß zusammenbinden und mit einer Schnur fixieren. Lasse die Ähren ein paar Wochen lang trocknen. Danach kommt der spannende Teil des Dreschens: Lege die Ähren auf eine Folie oder ein altes Bettlaken und schlage sie mit einem Stock oder Knüppel oder stampfe sie mit den Füßen, um die Körner zu lösen. Du kannst auch einen Kissenbezug verwenden, den du unten mit einer Schnur zusammenbindest und gegen einen Zaun oder eine Wand schlägst. Sammle die losen Körner aus dem Stroh, entferne die Spreu und den Staub, indem du die Körner aus einer Schüssel in die Luft wirfst und wieder auffängst, damit der Wind den Staub wegträgt. Dabei kann ein Ventilator hilfreich sein, wenn es windstill ist oder du drinnen arbeitest.

Lagere deine getrockneten Körner in fest verschlossenen Gläsern. Wenn du Bedenken hast, dass etwas Feuchtigkeit zurückbleiben könnte, kannst du die Körner 30 Minuten lang in einem Ofen bei 55 °C trocknen oder einen Dörrautomaten verwenden. Anschließend mahle dein Getreide in einem schweren Mixer oder einer Kaffeemühle, um daraus Mehl herzustellen.

Natürlich musst du nicht gleich hektarweise Getreide anbauen. Bei der Magie kommt es darauf an, dass der wichtigste Teil einer Zutat oder eines Lebensmittelprodukts die Energie ist, nicht die Menge. Baue also etwas Getreide an, mahle es und füge eine Prise zu dem Mehl hinzu, das du für Brot, Haferkuchen oder andere magische Mahlzeiten verwendest.

Hafer und Haferstroh *(Avena sativa)*

Sativa bedeutet »kultiviert«, was sich darin zeigt, dass Hafer eine der ältesten landwirtschaftlichen Kulturpflanzen ist. Er gedeiht gut in kühlen, feuchten Umgebungen und ist weniger anfällig für Krankheiten, die durch Wasser verursacht werden, als beispielsweise Weizen oder Roggen. Du kannst Hafer im Spätherbst für eine Sommerernte oder im Frühjahr für eine Herbsternte säen. Hafer geht während der Sommerhitze in die Abreifephase.

Ernte den Hafer, wenn die Ähren beginnen, sich von grün zu gold zu verfärben und wenn das Korn noch weich ist. Der Hafer reift in der Ruhephase nach der Ernte aus. Bei Hafer muss die Schale entfernt werden, um das Korn nutzen zu können. Dazu kann man die getrockneten Körner in einem Mixer leicht pulsieren lassen und dann durch das geknackte Korn sieben, um die Schale zu entfernen.

In der Magie steht der Hafer für Wohlstand und Überfluss. Die Haferpflanze trägt Energien der Geborgenheit, Heilung, Entspannung und Erdung in sich. In der historischen Medizin wurde Hafer als krampflösendes und entzündungshemmendes Mittel eingesetzt. Er wurde auch als Tonikum für die Gebärmutter verwendet, um das zu lindern, was früher abschätzig als »Frauenprobleme« bezeichnet wurde. Da Hafer reich an Vitaminen und Mineralstoffen ist, insbesondere an solchen, die das zentrale Nervensystem unterstützen, ist es nur logisch, dass er zur Behandlung des weiblichen Fortpflanzungssystems eingesetzt wird. Haferstroh, der Stängel der Haferpflanze, der nach dem Dreschen des Korns übrig bleibt, ist erstaunlich nützlich. Man kann daraus Strohpuppen machen (Kapitel 7 enthält Informationen über diese Tradition), aber es bietet auch gesundheitliche Vorteile. Wenn dein Körper durch die Bekämpfung eines Virus oder einer Infektion geschwächt ist oder wenn du emotional gestresst bist, kann ein Aufguss aus Haferstroh helfen, dein Nervensystem zu beruhigen. Außerdem ist er reich an Kalzium, Antioxidantien und verschiedenen anderen Vitaminen und Mineralstoffen und außerdem eine gute Quelle für lösliche Ballaststoffe. Gib dazu circa 30 Gramm zerkleinerten Haferstrohs in ein Glas mit einem Füllvermögen von einem Liter und übergieße es mit kochendem Wasser. Decke das Glas ab und lasse es über Nacht stehen. Am nächsten Morgen kannst du das Stroh abseihen und schon ist der Aufguss einsatzbereit. Verschlossen im Kühlschrank kannst du ihn bis zu eine Woche aufbewahren. Trinke ihn pur, gib Obst deiner Wahl dazu oder verwende die Flüssigkeit als Basis für andere Getränke. Du kannst für den Aufguss frisches oder getrocknetes Haferstroh verwenden. Zum Trocknen hackt man das Stroh grob und legt es flach auf Papier oder ein sauberes Tuch, um es an der Luft trocknen zu lassen – so wie du es auch mit anderen Kräutern tun würdest. Lagere vollständig getrocknetes Haferstroh in einem verschlossenen Glas, das vor Sonnenlicht geschützt ist.

> Inzwischen gibt es schalenfreie Hafersorten, die den Verarbeitungsaufwand erheblich reduzieren, wenn man die Vorteile des Hafers nutzen möchte.

WEIZEN

Weizen ist eine weitere Kulturpflanze, die du in deinen Garten pflanzen kannst und die mit wenig oder gar keiner Unterstützung wachsen wird. Weizen keimt gern bei kühlen Temperaturen. Pflanze daher die Weizensaat, sobald der Boden bearbeitbar ist, also wenn der harte Frost vorüber ist und man üblicherweise wieder nach draußen geht. Halte den Boden feucht (nicht nass!) und überprüfe, ob der Weizen keimt. Geerntet wird Weizen, wenn die Ähren vollständig goldgelb sind und keinen Hauch von Grün mehr aufweisen. Löse ein Weizenkorn und beiße hinein; wenn es leicht zäh ist, ist es noch nicht reif.

Flachs

Flachs, auch Lein genannt, ist eine der ältesten domestizierten Nutzpflanzen. Er diente zum Weben feiner Stoffe, zur Herstellung von Seilen und zur Ölgewinnung. Leinsamen kann man auch ganz oder gemahlen zum Kochen und Backen verwenden. Er benötigt Aufmerksamkeit, wenn du ihn wegen seiner Qualität oder einer bestimmten Verwendung (zum Beispiel für Öl oder Textilien) anbaust, ist jedoch im Großen und Ganzen ziemlich widerstandsfähig. Wie die meisten anderen Kulturpflanzen wird auch Flachs mit Wohlstand und Sicherheit assoziiert.

Ein Nachteil des Flachsanbaus ist, dass sich das Stroh nicht so schnell und leicht zersetzt, wenn du eine Pflanze suchst, die untergepflügt oder dem Kompost zur Anreicherung hinzugefügt werden kann. Aber genau diese haltbare, langlebige Eigenschaft macht Leinen, das aus Flachsfasern gesponnene Material, so nützlich. Beispiele für Leinengewebe sind in Gräbern aus der Zeit um 8000 v. Chr. erhalten geblieben, und Fäden, die an anderen zeitlich noch länger zurückliegenden Orten gefunden wurden, deuten darauf hin, dass die Verwendung von Flachs zur Herstellung von Stoffen eine sehr lange Geschichte hat.

Bodendecker

Rasenflächen sind nicht die ideale Art der Bodenbedeckung. Bodendecker müssen den Boden schützen, widerstandsfähig gegen das Eindringen von Unkraut und kräftig genug sein, um die Fläche relativ schnell und zuverlässig zu füllen. Wenn du kein Interesse an hohen, wogenden Körnern hast oder einen pflegeleichten Bodendecker suchst, der am Ende der Vegetationsperiode nicht zurückgeschnitten werden muss, solltest du je nach Standort Klee oder Thymian pflanzen. Zu den Optionen für etwas höhere Bodendecker, die blühen und nicht gemäht werden müssen, gehören Teppichphlox, Waldmeister (der nach dem Trocknen ein schönes Streukraut ergibt), Felsen-Steinkraut (*Aurinia saxatilis*), Kleines Immergrün (*Vinca minor*), Schattengrün (*Pachysandra terminalis*) und Teppichhartriegel (*Cornus canadensis*).

Kapitel 7

Magie für einen gesunden Garten

Zauber für Werkzeuge und Geräte

Deine Gartengeräte sind deine Partner und Akteure für das Wohlergehen deines Gartens. Daher solltest du sie mit der gleichen Sorgfalt behandeln, die du auch deinen magischen Werkzeugen zukommen lässt. Mit anderen Worten: Säubere sie, wenn du sie erwirbst, reinige sie energetisch und segne sie vor dem Gebrauch (siehe Kapitel 5). Widme sie der Gartenarbeit. Du schuldest ihnen Respekt und Dankbarkeit. Überprüfe deine Werkzeuge regelmäßig, um sie in gutem Zustand zu halten. Achte dabei auf Schrammen, Kratzer und Roststellen, und wenn etwas nicht in Ordnung ist, solltest du dies in Ordnung bringen.

GESPROCHENER ZAUBER FÜR DIE VERBINDUNG MIT DEINEN WERKZEUGEN

Wenn du dich darauf vorbereitest, ein Werkzeug zu benutzen, kann es nützlich sein, einen kurzen Zauberspruch wie den folgenden zu sprechen, um dich auf das zu konzentrieren, was du tun willst, und die Energie des Werkzeugs mit deiner eigenen zu synchronisieren.

(Name des Werkzeugs), wir beide sind eins.
Du bist eine Erweiterung von mir.
Wir sind konzentriert, wir sind präsent.
Möge die Arbeit, die wir tun, diesem Garten zugutekommen.
So möge es sein.

WENN EIN WERKZEUG NICHT MEHR FUNKTIONIERT

Im Gegensatz zu zeremoniellen Werkzeugen werden Gartengeräte stark beansprucht. Früher oder später wird etwas kaputtgehen. Wenn ein Werkzeug nicht mehr zu gebrauchen ist – es bricht, der Griff reißt, die Klinge ist so stark eingekerbt, dass sie nicht mehr mit einem Schärfgerät oder auf andere Weise repariert werden kann – danke ihm und nimm es auf magische Weise außer Betrieb. Durchtrenne die Verbindung, die du mit dem Werkzeug eingegangen bist, als du es gesegnet und benutzt hast. Nachfolgend findest du ein einfaches Ritual, das dir dabei hilft. Entsorge das Werkzeug sicher. Vielleicht kann es auch zerlegt oder wiederverwendet werden.

RITUAL
Ein Werkzeug freigeben

Es kann sich unangenehm anfühlen, etwas wegzuwerfen, wenn es mit Respekt behandelt wurde, als es in deinen Besitz kam. Dieses kleine Ritual kann dir dabei helfen. Anstatt drinnen eine Schale mit Erde zu verwenden, kannst du das Ritual auch draußen in deinem Garten durchführen.

Du brauchst:

- Streichhölzer oder Feuerzeug
- Votivkerze oder Teelicht in einem Halter
- das ausgediente Werkzeug
- kleine Schale oder Glas mit Wasser
- kleine Schale mit Erde

1 Zentriere und erde dich. Zünde die Kerze an.

2 Nimm das Werkzeug auf. Sage:
(Name des Werkzeugs), du warst mir ein Helfer, der mich bei meiner Arbeit des Anbaus, der Pflege und der Fürsorge unterstützt hat. Dein Anteil an dieser Arbeit ist getan.
Ich danke dir für deinen Dienst. Ich gebe dich frei.
Atme sanft auf das Werkzeug und sage:
Mit Luft gebe ich dich frei.
Führe das Werkzeug über die Kerzenflamme und sage:
Mit Feuer gebe ich dich frei.
Tauche deine Finger in das Wasser, besprenge das Werkzeug damit und sage:
Mit Wasser gebe ich dich frei.
Streue abschließend eine Prise Erde auf das Werkzeug oder lege es auf den Boden und sage:
Mit Erde gebe ich dich frei.

3 Schließe die Augen und stelle dir eine Energieranke vor, die dich mit dem Werkzeug verbindet. Hebe eine Hand, und lasse sie durch die Ranke nach unten gleiten, während du dir vorstellst, wie sie sich auflöst und verblasst. Sage:
(Name des Werkzeugs), ich gebe dich frei.
Es ist vollbracht.

Schutz und Gesundheit des Gartens

Einen Garten magisch zu schützen ist beinahe eine Selbstverständlichkeit. Als grüne Hexen wollen wir die Natur so gut es geht behüten und verteidigen. In diesem Fall geht es nicht darum, den Garten vor Missbrauch zu schützen, sondern vor Krankheiten, Trockenheit und Parasiten.

Es gibt verschiedene Möglichkeiten, dies zu tun. Zunächst einmal ist es wichtig, dass du in deinem Garten die ganz alltäglichen Dinge erledigst. Das heißt, du tust all die richtigen Dinge, die auch jemand tun würde, der keine Hexe ist: Sorge dafür, dass der Wasserstand, die Temperatur, die Bodenqualität und andere physische Bedürfnisse beachtet werden. Magie funktioniert über den Weg des geringsten Widerstands. Mit anderen Worten: Entferne alles, was die Gesundheit deines Gartens gefährden könnte, und lasse die Magie wirken. Magie und praktisches Handeln gehen Hand in Hand. Denke daran, dass körperliche Aktivität in der Welt auch Energie bewegt.

Hier zeige ich dir verschiedene Möglichkeiten, wie du deinen Garten schützen kannst.

Zauber zur Begrüßung neuer Pflanzen

Neue Pflanzen in den Garten zu bringen ist immer eine interessante Erfahrung. Denke darüber nach, wie sich deren Energie in die Gesamtenergie des Gartens einfügt und wie sie mit den Pflanzen in dem Bereich, in dem sie platziert werden soll, interagiert. Darüber hinaus solltest du aber auch bedenken, welche Energien einfließen könnten, die du nicht eingeplant hast.

Genauso wie du ein neues Werkzeug aufnimmst, ist es eine gute Idee, die Pflanzen, die du in den Garten bringst, zu reinigen. Vielleicht machst du das eher bei Dekorationsgegenständen, und möglicherweise hast du noch nicht daran gedacht, dass eine Pflanze, die du aus dem Gartencenter mit nach Hause bringst oder die dir von jemandem geschenkt wird, der eine Pflanze in seinem eigenen Garten geteilt hat, Energie von ihrem früheren Standort mit sich tragen könnte. Diese Energie muss nicht unbedingt negativ sein, aber du kannst nicht vorhersagen, wie sie mit deinem Garten interagieren oder ihn beeinflussen wird.

> Wenn möglich solltest du die Energie der einzelnen Pflanzen beim Kauf erspüren, wenn du Exemplare auswählst, die du mit nach Hause nehmen möchtest. Auf diese Weise erhältst du ein besseres Gefühl dafür, welche Pflanze am besten zur Gesamtenergie deines Gartens passt.

Genau wie bei der Reinigung von Werkzeugen, Steinen und Kristallen gibt es verschiedene Möglichkeiten, eine neue Pflanze von unerwünschter Energie zu befreien. Wenn du gern mit Steinen und Kristallen arbeitest, kannst du die Pflanze mit solchen umgeben, die absorbierende und/oder reinigende Energie tragen, wie Rauchquarz, schwarzer Turmalin und Obsidian. Wenn du lieber eine Rauchreinigung durchführst, kannst du eine einfache Mischung aus Lavendel, Rosmarin und einer Prise Thymian (oder anderen Kräutern, die du zum Reinigen bevorzugst) herstellen. Streue die Kräuter in einer hitzebeständigen Schale auf eine angezündete Kohletablette, und führe die Schale um die Pflanze herum, sodass der Rauch über und um die Blätter, den Stamm und die Erde herumweht. Wenn du eine Wasserhexe bist, kannst du gesegnetes Wasser nach deinem Lieblingsrezept herstellen und die Pflanze damit besprühen, während du dir vorstellst, dass unerwünschte Energie von den Blättern verdunstet und verschwindet. Das restliche gesegnete Wasser kannst du zum Gießen der Pflanze verwenden.

Ein einfaches Segenswasser kannst du herstellen, indem du einen Lavendelzweig ein paar Stunden lang in einem Glas oder einer Flasche Wasser ziehen lässt und dann abseihst. Du kannst auch einen Zweig Eisenkraut hinzufügen oder statt des Lavendels verwenden. Wenn du bei der Herstellung von gesegnetem Wasser normalerweise eine Prise Salz hinzufügst, solltest du dies hier nicht tun, da die Anreicherung von Natrium in der Erde für die Pflanzen, die darin wachsen, giftig sein kann.

Sonnenlicht eignet sich ebenfalls hervorragend zum Reinigen. Wenn du die Zeit hast und die Pflanzen nicht sofort in die Erde gesetzt oder umgetopft werden müssen, lass sie ein paar Tage an einem sonnigen Ort ruhen, damit sie die unerwünschte Energie in ihrem eigenen Tempo abgeben können. Wenn es sich um Zimmerpflanzen handelt, kannst du stattdessen eine der vorherigen Methoden wählen, damit sich die unerwünschte Energie nicht in deinem Wohnraum ansammelt.

GENIUS LOCI

Genius loci ist lateinisch und bedeutet »Geist des Ortes«. Im alten Rom war ein Ortsgeist ein Wesen, das einen bestimmten Platz hatte. Ein solcher Geist war besonders beschützend. Historische Darstellungen des *Genius loci* enthalten oft Symbole wie ein Füllhorn, eine Schlange oder eine Trankschale. Er wird als eine Manifestation des Ortes selbst betrachtet, als ein Aggregat von Energie, das nur an diesem Ort vorhanden ist und Bewusstsein erlangt.

> Das Errichten eines Geisterhauses am bevorzugten Ort des Geistes ist eine Möglichkeit, deine Beziehung zum Gartengeist zu festigen. Es ist eine schöne Geste, um dem Geist zu zeigen, wie sehr du ihn ehrst und schätzt. Weitere Ideen findest du unter »Zauberhafte Dekoration« weiter hinten in diesem Kapitel.

Es ist wichtig, mit diesem Geist des Ortes in Kontakt zu treten, und es kann sehr lohnend sein, mit ihm zum Wohl des Gartens zusammenzuarbeiten, weil es dir helfen kann, den Garten zu verstehen und auf einer tieferen Ebene mit ihm zu interagieren.

Wie kann man am besten mit dem Genius loci in Kontakt treten? Wie immer ist dies eine anspruchsvolle Meditation. Jeder Geist des Ortes ist anders; es ist möglich, dass du sehr klare Eindrücke erhältst, wenn du mit dem Geist kommunizierst, oder auch nicht. Bleibe zuversichtlich und freundlich.

1. Setze dich ruhig in den Garten. Zentriere und erde dich.
2. Öffne deine Sinne für die Energien des Gartens. Lade mit deinen eigenen Worten, gesprochen oder unausgesprochen, den Geist des Gartens ein, dich zu kontaktieren.
3. Versichere ihm, dass du die Absicht hast, das Beste für den Garten zu tun. Bitte ihn, der Sprecher des Gartens zu sein. Verspreche, regelmäßig mit ihm zu kommunizieren, um Probleme zu erkennen, bevor sie sich tatsächlich manifestieren – wenn du sie verhindern kannst, indem du Hinweise oder Vorschläge des Gartengeistes befolgst, umso besser.
4. Bitte ihn formell, die Rolle des Beschützers dieses Gartens zu übernehmen.
5. Bringe dem Geist zum Dank ein Opfer dar. Verpflichte dich, dies regelmäßig zu tun. Die Opfergaben können an einem Ort hinterlegt werden, den du selbst bestimmt hast oder den der Geist als seinen bevorzugten Platz angegeben hat.

OPFERGABEN

Eine Opfergabe ist eine Geste des Respekts oder des Dankes. Dies geschieht, indem man etwas mit einem Geist, einer Gottheit oder einem Vertrauten teilt. Im Grunde genommen ist es ein Geschenk von Energie. Oft handelt es sich bei einer Opfergabe um ein Trankopfer (Wasser, einen Trank oder ein anderes Getränk, das du im Rahmen eines Rituals verwendet hast), Nahrung oder eine andere Form von Energie. Münzen, Kristalle, Räucherstäbchen, Kerzen, handgeschriebene oder skizzierte

Danksagungen: All dies stellt eine Form von Energie dar, die einem Geist übergeben wird. Als regelmäßiger Dank können dem Geist des Gartens kleine Gaben dargebracht werden. Eine größere Opfergabe nach einer bestimmten Arbeit im Garten oder nach der Ernte oder Pflanzung könnte ebenfalls angemessen sein.

Nehmen wir uns einen Moment Zeit, um über die Opfergabe von Kräutern für die Gartenzauberei oder andere magische Zwecke zu sprechen. Es mag sich seltsam anfühlen, Pflanzenmaterial in einem Zauber zu verwenden, der deinem Garten helfen soll – vor allem Pflanzenmaterial, das aus diesem Garten stammt. Bedenke jedoch, dass Pflanzen Teil eines Kreislaufs sind, der von der Verwesung abhängt, also von der Zersetzung organischer Stoffe in grundlegende Mineralstoffe, Wasser und Elemente, die das zukünftige Wachstum unterstützen. In diesem Zusammenhang macht eine Darbringung von Pflanzenmaterial durchaus Sinn.

Zaubergegenstände und Zaubertechniken für die Gartenmagie

Zaubergegenstände sind kleine handgefertigte Zauber, die so aufgehängt oder platziert werden, dass sich ihre Energien ausbreiten können. Es gibt viele verschiedene Möglichkeiten, dies zu tun.

- **Zauberbeutel** können aus Stoff hergestellt (entweder ein zusammengerolltes und zugebundenes Quadrat aus Naturstoff oder ein Teebeutel aus Stoff) und im Garten aufgehängt werden. Diese sind so konzipiert, dass sie sich mit der Zeit zersetzen und ausgetauscht werden müssen, wenn sie abgenutzt sind. Du kannst den Zauberbeutel mit denselben Materialien und demselben Inhalt wieder herstellen oder einen ganz anderen anfertigen.
- **Hexenflaschen** sind dauerhafte Zaubergegenstände. Die Zutaten werden in ein Glas oder eine Flasche gefüllt, versiegelt und dann vergraben. Sie müssen nicht groß sein; wir reden hier nicht von einem 2-Liter-Einmachglas. Winzige Glasfläschchen mit Plastikschraubdeckeln eignen sich hervorragend. Wenn du kleine Flaschen mit Korken findest, kannst du diese verwenden und die Korken mit geschmolzenem Kerzenwachs oder Siegelwachs verschließen. Denke daran, dass es nicht auf die Menge der Zaubermittel ankommt, die du verwendest, sondern auf die Energie und die Kraft, die du in die ausgewählten Mittel steckst. Verwende möglichst keine Gläser oder Flaschen mit Metalldeckeln, da diese bei

Es ist gut, einen Vorrat an verschiedenen kleinen Kristallen und Steinchen vorrätig zu haben, um sie Zaubergegenständen wie den hier genannten hinzuzufügen.

Verwendung im Freien rosten. Hexenflaschen können an einem zentralen Ort im Garten vergraben werden, einem Geisterhaus hinzugefügt werden, um den Geist des Gartens zu ehren, oder du kannst Flaschen für bestimmte Zwecke herstellen und sie in dazugehörigen Bereichen vergraben (am Tor oder an einem anderen Eingang zum Garten, in einem Bereich, in dem Nahrung angebaut wird, in einem Bereich, der Heilkräutern gewidmet ist, und so weiter). Hexenflaschen können auch oberirdisch verwendet werden, indem man sie an Pfähle, Spaliere oder Behälter bindet oder irgendwo aufstellt.

- **Magische Perlenketten**, die man auch als Gebets- oder Meditationsketten kennt, können ebenfalls sehr nützlich sein, eine Technik, die ich selbst gern verwende. Wähle Holzperlen nach ihrer Farbe oder der symbolischen Bedeutung ihres Holzes aus (wenn du diese kennst) oder Stein- und Kristallperlen nach ihren magischen Assoziationen. Fädle die Perlen auf Hanf- oder Leinenschnur. Mache zwischen jeder Perle einen kleinen Knoten. Mit der Zeit wird sich die Schnur auflösen, sodass die Perlen eine nach der anderen herunterfallen. Dadurch wird der Zauber nicht beendet. Vielmehr können die Steine, die bei der Herstellung des Zaubers durch deine Absicht aufgeladen wurden, ihren Platz wechseln.
- **Bemalte Steine** können zusammen mit Pflanzen eingegraben oder in einem Steingarten, unter Bäumen oder an einem anderen Ort platziert werden. Wir haben mit Acrylfarbe bemalte Runensteine in unserem Garten, die über zehn Jahre alt sind, und sie sind immer noch gut sichtbar und weisen kaum Abnutzungserscheinungen auf. Schellack ist ein umweltfreundliches Finish, das du ohne Bedenken in einer natürlichen Umgebung wie deinem Garten verwenden kannst. Du kannst diese Methode auch für schützende Gartenstäbe verwenden, welche die Pflanzen im Garten kennzeichnen. Male Runen oder andere Schutzsymbole auf die Steine, füge die Pflanzennamen hinzu, versiegele sie dann und stecke sie neben der entsprechenden Pflanze oder Gartenreihe in die Erde.

Eine weitere Möglichkeit des magischen Schutzes in deinem Garten besteht darin, das Wasser zu segnen, das du zum Gießen der Pflanzen verwendest. Dazu kannst du die Gießkanne, den Schlauch und/oder den Wasserhahn segnen, den du für die

> Wenn du dich für Knotenzauber interessierst, ist dies eine großartige Möglichkeit, verschiedene Muster und Stile zu erkunden, während du daran arbeitest, deine Absicht in die Schnur zu knoten.

Bewässerung benutzt. Lasse schützende Kräuter im Wasser ziehen und verwende den Aufguss nach dem Abseihen zum Besprühen oder Aspergieren (Besprengen) deiner Pflanzen.

Wenn du deinen Garten aspergieren möchtest, um ihn zu weihen, segne eine Tasse oder eine Schale mit Wasser. Dann tauche die Finger ein und verteile die Tropfen mit einer Handbewegung von den Fingerspitzen aus. Das Segnen des Wassers kann auch so einfach ablaufen, dass du deine Hände darüberhältst und es mit deiner Absicht auflädst.

Das Aspergieren kann außerdem Wasser und Erde miteinander vereinen. Lasse getrocknete oder frische Kräuter mindestens drei Stunden lang in Wasser ziehen und seihe sie dann ab. Verwende dieses Wasser, um einen Platz zu besprenkeln. Du kannst auch gesegnetes Wasser verwenden und Stängel mit frischen Kräutern darin eintauchen und die Tropfen von den Kräutern abschütteln. Rosmarin ist dafür besonders gut geeignet. Wenn du keine eigenen Kräuter anbaust oder nur getrocknete hast, findest du in der Gemüseabteilung im Supermarkt oftmals frische Kräuter. Tauche einen Stängel des von dir gewählten Krauts in das Wasser und benutze ihn, um Tropfen an den gewünschten Ort zu verwedeln.

Achte bitte darauf, dass die Materialien, die du im Garten für die Magie verwendest, umweltfreundlich sind. Ein gutes Material ist der aus der Raphiapalme gewonnene schnur- oder seilartige Bast. Die Faser wird aus den Membranen und den unteren Blattadern hergestellt. Stelle sicher, dass es sich bei dem Bast, den du zum Binden von Pflanzen oder für die Gartenmagie verwendest, nicht um Polypropylen oder künstlich hergestellten Raphiabast aus Holzzellstoff handelt, der als Viskose gilt und bei der Herstellung chemisch behandelt wird. Echter Bast, Jute und grober Hanf sind allesamt natürliche Materialien, die sich zersetzen, ohne Mikroplastik oder Müll im Garten zu hinterlassen. Andere Möglichkeiten, magische Elemente für die Gartenmagie zu verwenden, sind getrocknete oder feuchte Maisblätter, die man um die Zaubermaterialien falten und mit Bast zusammenbinden kann, oder Weidenzweige, die eingeweicht und dann geflochten oder gebogen und in dieser Form getrocknet werden.

> Weitere Kräuter, die sich gut zum Streuen eignen, sind frische Lavendel-, Rosmarin- oder Salbeistängel.

Der richtige Segen für jeden Zeitpunkt

Es gibt zu viele Dinge, die in einem Garten, ob drinnen oder draußen, schiefgehen können, um sie hier alle aufzuzählen. Schimmel im Boden, Milben, Über- oder Unterbewässerung, falscher Säuregehalt des Bodens, unausgewogene Bodennährstoffe ... vieles, das ins Gleichgewicht gebracht werden muss. Wenn es ein Problem gibt, ist Magie nicht das Einzige, was du praktizieren solltest; deine Bemühungen sollten auch die Arbeit in der physischen Welt umfassen. Während du praktische Lösungen für deine Pflanzenprobleme suchst, kann diese durch eine kontinuierliche magische Arbeit ergänzt und verstärkt werden.

Eines der wichtigsten Dinge, die du tun kannst, ist, dich täglich mit dem Geist deines Gartens zu treffen. Das muss keine komplexe Aktion sein, nur ein kurzer Kontakt, um ihn zu würdigen und zu grüßen. Wenn du ein Geisterhaus hast, nutze dieses als Kontaktpunkt.

Du kannst auch tägliche Segenssprüche oder Zauber über den Tag verteilt aussprechen, zu den Zeiten, die für dich günstig sind oder wenn du aktiv bist. Außerdem kannst du Segenssprüche verfassen, die du zu verschiedenen Zeitpunkten im Jahr anwendest, wenn bestimmte Dinge in deinem Garten geschehen (beispielsweise wenn die Zwiebeln zum ersten Mal die Erde durchbrechen, wenn die Apfelknospen blühen oder wenn das erste Blatt fällt). Im Folgenden findest du eine Sammlung gesprochener Segenszauber, die dich inspirieren soll.

In deiner Arbeit als Partner und Beschützer der Erde könntest du daran interessiert sein, Bienen auf deinem Grundstück zu beherbergen, wenn es deine Situation erlaubt. Das erfordert viel Aufmerksamkeit und Arbeit, und der Start kann kostspielig sein. Außerdem musst du dich an die Gesetze deines Staates, deiner Region oder deines Landes halten, also informiere dich gründlich darüber. Imkervereine und -gruppen sind eine gute Quelle für Informationen, Rat und Unterstützung. Die Haltung von Bienen ist eine wunderbare Möglichkeit, deinem Garten etwas zurückzugeben.

TÄGLICHER SEGEN: AM MORGEN

Morgenlicht, segne diesen Garten.
Bringe ihm Gesundheit und Freude.
Bewahre ihn vor Schatten und bösen Absichten.
So möge es sein.

TÄGLICHER SEGEN: AM ABEND

Pflanzen wachsen in der Nacht schneller. Bei Tageslicht nutzen sie das Sonnenlicht für die Fotosynthese, einen Prozess, der Energie verbraucht. Da die Fotosynthese in der Nacht nicht stattfinden kann, wird diese Energie stattdessen für das Wachstum verwendet.

Abendlicht, segne diesen Garten.
Möge sein Wachstum friedlich sein,
stark und zuversichtlich.
Möge er wahrhaftig und sicher wachsen.
So möge es sein.

FRÜHLINGSSEGEN

Willkommen, Frühling!
Bringe frischen Wind, um überholte Gedanken und verweilende Müdigkeit wegzublasen.
Möge neues Licht die Erde zum Leben erwecken.
Wecke sanft die Saat auf,
und segne alles, was hier wachsen wird.

SOMMERSEGEN

Willkommen, Sommer!
Steig hoch, Sonne, und lass dein herrliches Licht fallen,
wie kostbarer Nektar auf das Land,
wie Tropfen aus Gold, fruchtbare Energie.
Lass es die Blätter und Früchte nähren.
Möge der Sommerregen ruhig und erfrischend sein.
Schenke diesem Garten beständiges, gesundes Wachstum.

HERBSTSEGEN

Willkommen, Herbst!
Goldenes Licht, kühlere Nacht,
Fülle und Reichtum möge unsere Gärten segnen.
Wir danken dir für deine Vielfalt,
für die Reben und Zweige, die sich vor Überfluss biegen.
Mögen unsere Ernten fruchtbar sein.

Wintersegen

Willkommen, Winter,
Zeit der Besinnung und Ruhe.
Führe uns, wenn wir uns nach innen wenden,
um in der Dunkelheit Einsicht zu finden.
Erinnere uns daran, dass der dunkle Teil des Zyklus
dem Boden erlaubt, sich zu erneuern,
und nicht benötigter Materie zu ihren elementaren Bestandteilen zurückzukehren.
Segne unsere Ruhezeit,
und hilf uns zu regenerieren, die transformierende Energie zu nutzen
und wenn die Zeit wieder reif ist, das Licht des Wachstums zu suchen.
Gewähre uns Ruhe und Verjüngung.

Kompostsegen

Kompost hat erstaunliche Eigenschaften, die deinen Gartenboden in vielerlei Hinsicht verbessern. Nutze diesen Segen, um seine Energie zu bündeln und zu verstärken, damit er maximalen Nutzen bringt.

Das Leben wird zum Tod,
und der Tod geht darüber hinaus, um das, was einst Leben war, zu zersetzen.
Kehre zu deinen Grundelementen zurück,
wissend, dass dein Reichtum
Teil eines zukünftigen Wesens werden wird.
Dieser Abstieg in die Dunkelheit ist eine mächtige Transformation
und nur durch das Sterben können wir von Neuem am Leben teilhaben.
Möge diese Transformation gesegnet sein
und der reiche Ertrag eine bessere Zukunft schaffen.
So möge es sein.

SCHLAFSEGEN

Diesen Segen solltest du erteilen, wenn du den Garten für die Ruhezeit vorbereitest, sei es für den Winter oder für eine beliebige andere Ruheperiode, wenn dein Klima es dir erlaubt, das ganze Jahr über anzubauen.

Schlaf, schlaf.
Deine Arbeit ist getan.
Wir haben gemeinsam durch Sonne und Regen gewirkt
und nun ruhen wir.
Schlaf sicher, schlaf sicher,
bis du im Frühling erwachst.
Sei gesegnet in deiner Atempause.
So möge es sein.

Du kannst auch einen Talisman herstellen, um deinen Garten zu schützen, während er überwintert. Was könntest du hineinlegen? Wähle Elemente, die mit Schlaf, Schutz, Bereicherung, friedlicher Ruhe, Heilung und Liebe verbunden sind. Eine Kombination aus Pflanzen, Steinen und allem anderen, was du einbauen möchtest, kann wunderbar funktionieren. Vergrabe ihn, hänge ihn in die Nähe des spirituellen Zentrums deines Gartens oder stelle ihn in deinem Gartenschrein oder Geisterhaus auf. Wenn der Frühling kommt, solltest du den Zauber auflösen, indem du den Talisman entweder verbrennst (nachdem du entfernt hast, was nicht brennbar ist) oder kompostierst.

WASSAILING

Wassailing ist ein Fruchtbarkeitsritual für Obstgärten. Das Wort stammt vermutlich vom altnordischen *ves heill* ab, das im Mittelenglischen dann zu *weas haeil* wurde und so viel wie »be healthy«, also »sei gesund« bedeutet.

Dazu wird ein Heißgetränk, ein Wassail, aus gebranntem Apfelwein und Gewürzen benötigt. Wassailing war der Brauch, die Obstbäume mit dem Getränk zu besprengen oder zu begießen, um ihnen eine reiche Ernte im kommenden Jahr zu bescheren, was üblicherweise in der zwölften Nacht (ab dem ersten Weihnachtsfeiertag gerechnet) geschieht. Die Bäume werden besungen, und oftmals findet eine Prozession statt, die von Obstgarten zu Obstgarten zieht, um alle Bäume zu segnen. Der

Brauch soll böse Geister verscheuchen, die möglicherweise auf der Lauer liegen, um die kommende Vegetationsperiode zu verderben, und dem Obstgarten den Erfolg der letzten Ernte demonstrieren.

Dass Apfelwein als Grundlage für das Getränk dient, ist kein Zufall. Äpfel werden mit Unsterblichkeit, Langlebigkeit, Gesundheit und Liebe in Verbindung gebracht, und jeder, dessen Obstgarten hauptsächlich Äpfel hervorbringt, stellt damit eine gute Ernte im kommenden Jahr sicher.

Du kannst deine eigene Version des Wassailing kreieren, indem du einen Aufguss aus Kräutern und Grünzeug aus deinem Garten herstellst und ihn dem Gartengeist als Dank für die Ernte des Jahres und zum Schutz des Gartens im kommenden Jahr anbietest.

Götter und Geister für den Garten

Götter und Göttinnen, die mit dem Gartenbau verbunden sind, gibt es viele. Die Landwirtschaft war in früheren Zeiten bereits eine wesentliche lebenserhaltende Praxis, und so ist es nur logisch, dass Landwirtschafts- und Erntegottheiten in verschiedenen Kulturen eine große Rolle spielen. Im Allgemeinen gibt es in jeder Mythologie mehr als eine zuständige Gottheit, was darauf zurückzuführen ist, dass kleinere regionale Gottheiten entweder von der Mythologie einer größeren Eroberungskultur übernommen oder dieser zugeordnet wurden. In der japanischen Mythologie gibt es eine Klasse von Geistern, die Kami genannt werden. Unter ihnen befinden sich mehrere Geister, die sich mit der Landwirtschaft beschäftigen.

> Auch die Wettergötter spielten in den landwirtschaftlich geprägten Gesellschaften eine wichtige Rolle; das macht Sinn, denn ein Landwirt ist dem Wetter sehr stark ausgeliefert.

Diese Gottheiten werden mit Landwirtschaft und Gartenbau in Verbindung gebracht:

- **Demeter:** (griechisch) Die Göttin der Ernte und des Getreides sowie des Zyklus von Leben und Tod. In der Ikonografie wird sie mit Früchten und Getreide dargestellt und der Klatschmohn ist eines ihrer bedeutenden Symbole.
- **Freyr:** (nordisch) Der Zwilling von Freya. Freyr wird mit Frieden, Fruchtbarkeit, Sonne, gutem Wetter und guten Ernten assoziiert.

- **Ceres:** (römisch) Die Göttin der Landwirtschaft, des Getreideanbaus und der Fruchtbarkeit. Ihr wird zugeschrieben, dass sie die Menschheit in der Landwirtschaft unterrichtet hat.
- **Hoori:** (japanisch) Gott der Reispflanzen und -felder, des Getreides und der Ernten.
- **Shujun/Shennong:** (chinesisch) Gott des Anbaus; er soll die Menschen gelehrt haben, wie man Landwirtschaft betreibt.
- **Inari Okami:** (japanisch) Kami (Geist) des Reises, des Tees, der Landwirtschaft, der Fruchtbarkeit und der Füchse.
- **Osiris:** (ägyptisch) Gott der Landwirtschaft, der Fruchtbarkeit, der Vegetation und des Todes.

Traditionen und Überlieferungen

Es gibt unzählige volkstümliche Überlieferungen im Zusammenhang mit der Landwirtschaft, sodass man sie kaum überblicken kann. Einiges davon beruht auf der Überzeugung, dass etwas, das wie ein bestimmtes Objekt oder eine bestimmte Situation aussieht oder sich so verhält, auf irgendeine Art und Weise damit verbunden oder verknüpft sein muss. In vielen Fällen beinhaltet die Schutzfolklore das Konzept, dass die Ernte mit einem Geist oder das geerntete Material mit dem Land verbunden ist, auf dem es gewachsen ist.

Feldgeister in verschiedenen Kulturen

In einigen Kulturen glaubt man, dass der Maisgeist die Gestalt eines Tieres annehmen kann, zum Beispiel die einer Gans, eines Fuchses, einer Ziege oder eines Hasen. Der Maisgeist wird in dem letzten noch stehenden Teil des Getreides gefangen. Was dann geschieht, hängt von der örtlichen Tradition ab. Manche sagten, der Maisgeist sei im Feld gefangen, nachdem er vor den Erntehelfern geflohen war, und werde dann mit dem letzten Schlag getötet, mit dem das letzte Stück Getreide geerntet wird. Oder man glaubte, der Geist sei im letzten Teil der Ernte sicher untergebracht, sodass dieser sorgfältig geerntet und gebunden wurde, um dann bis zur nächsten Pflanzsaison an einem Ehrenplatz aufbewahrt zu werden. Dann wurde er auf dem Feld vergraben, damit der Geist aus der aufbewahrten Maisgarbe wieder in das Land einziehen konnte, um die nächste Ernte zu segnen. Diese Garbe wurde auch als Maismutter oder Maismädchen bezeichnet.

Strohpuppen sind eine Form der Kunst, bei der die Energie des Erntestrohs und teilweise auch der Ähren genutzt wird. Kränze, verschlungene Formen und dergleichen sind keine menschlichen Gestalten; sie haben oft die Bedeutung von Schutz oder sollen als Zeichen der Zuneigung dienen.

In Nordamerika ist der Butzemann eine weitere Schutzfigur; sie stammt aus der norddeutschen und skandinavischen Tradition. Er ist eine Art Vogelscheuche, die Anfang Februar aufgestellt und mit Kräutern und Pflanzen gefüllt wird, die zu diesem Zweck aus der Ernte des vergangenen Herbstes aufbewahrt werden. Die Geister der geernteten Pflanzen werden rituell angerufen, um den Butzemann zu beleben, dessen Aufgabe es ist, das Land, die Menschen und die Gebäude zu schützen. Im Gegenzug benötigt er einen Namen und Kleidung sowie Opfergaben während der Wachstumsperiode. Der Butzemann muss am letzten Tag des Oktobers rituell verbrannt werden, um seinen Geist zu befreien, damit er weiterziehen kann. Geschieht dies nicht, verlässt der Geist zwar den Butzemann, aber der Körper bleibt zurück und kann von einem anderen, bösartigen Geist bewohnt werden, der die Felder und den Garten verfluchen kann.

> Wenn du einen Innengarten oder einen Topfgarten hast, kannst du einen Miniatur-Butzemann bauen. Ehre ihn wie einen großen Butzemann, und verbrenne ihn, wenn es an der Zeit ist. Hast du nur Zimmerpflanzen, die geerntet werden, kannst du dafür Maisblätter aufbewahren, wenn du frischen Mais isst, und Kräuter hinzufügen, die du für diesen Zweck gekauft, gereinigt und getrocknet hast. Denke daran, natürliche Materialien wie Baumwolle oder Leinen zu verwenden, die leicht und ohne schädlichen Rauch verbrennen.

Als weitere Schutzmaßnahmen bieten sich Statuen an, die den Garten verteidigen sollen, kleine Spiegel, die das Unglück umleiten oder reflektieren, hängende Glaskugeln, die auch als Hexenkugeln bekannt sind, um negative Energie oder böse Geister einzufangen, und Windspiele oder kleine Glocken, um negative Energie zu vertreiben. Das Gesicht des Grünen Mannes stellt einen Schutzgeist dar, der mit der Vegetation und wachsenden Dingen verbunden ist.

Magische Tipps für die Pflege deines Gartens

Die Wissenschaft ist inzwischen weit fortgeschritten, sodass Meteorologen durch die Untersuchung von Tendenzen und den Vergleich mit Modellen und Prognosen vorhersagen können, was für einen Winter wir voraussichtlich zu erwarten haben. Doch bevor uns diese Art von Wissenschaft zur Verfügung stand, verließen sich die Menschen auf traditionelle Bauernregeln, um zu erfahren, wann sie pflanzen und ernten sollten und wie sie mit der bevorstehenden Wachstumsperiode umgehen sollten.

Im *Old Farmer's Almanac*, einem englischsprachigen Nachschlagewerk (im Internet unter www.almanac.com zu finden), geht es darum, nach den Rhythmen der Natur zu leben, nicht nach dem Kalender. Er bietet auch Überlieferungen aus verschiedenen Regionen, Zeiten für Mondauf- und -untergang, Mondphasen, astronomische Aktivitäten wie Meteoritenschauer, voraussichtliche Frostdaten, Gartentipps, jahreszeitlich bedingte Bastelarbeiten und Aktivitäten sowie Artikel zu einer Vielzahl von Themen.

MIT DEM MOND GÄRTNERN

Hier findest du eine kleine Zusammenfassung der allgemeinen Richtlinien für die Gartenarbeit während der Mondphasen (siehe auch Kapitel 3):

- **Neumond bis zum ersten Viertel:** einjährige Laubgehölze und Kräuter pflanzen.
- **Erstes Viertel bis Vollmond:** blühende einjährige Pflanzen, oberirdisches Gemüse und Obst sowie Weinreben pflanzen.
- **Vollmond bis drittes Viertel:** Stauden, Wurzelgemüse und Zwiebeln pflanzen.
- **Drittes Viertel bis Dunkelmond:** Unkraut jäten, pflegen, kultivieren und Schädlinge und Krankheiten bekämpfen.

ÜBERRASCHUNGSPFLANZEN

Irgendwann entdeckt jeder Gärtner eine ungebetene Pflanze, die irgendwo in seinem Garten wächst. Ungebeten heißt natürlich nicht, dass sie nicht willkommen ist; es bedeutet nur, dass sie eine Überraschung darstellt. Vielleicht hat sich ein winziger Samen in die Erde einer neuen Zimmerpflanze verirrt. Vielleicht haben

Eichhörnchen anderswo Zwiebeln ausgegraben und deinen Garten als Versteck genutzt. Der Wind verbreitet Samen und Pollen über die Luft, außerdem kann Vogel- und Tierkot die Samen von Früchten oder anderen Pflanzen enthalten, die anderswo gefressen und auf deinem Grundstück hinterlassen wurden. Die Natur ist effizient und sehr gut darin, dafür zu sorgen, dass Pflanzen die bestmöglichen Überlebenschancen haben, indem sie deren Verbreitungsgebiet ausdehnt. Überraschungspflanzen sind wie freiwillige Besucher in deinem Garten.

Für einen Gärtner ist dies sowohl ein Wunder als auch eine Enttäuschung. Einerseits ist die Natur erstaunlich! Andererseits kann es passieren, dass man hart arbeitet, um eine Pflanze am Leben zu erhalten, und sie dann ohne erkennbaren Grund verschwindet und stattdessen dort Unkraut oder Überraschungspflanzen gedeihen.

> Unkräuter sind beeindruckende Pflanzen. Sie sind hartnäckig und stark und gedeihen, wo immer sie wollen. Oft wachsen sie genau dort, wo wir sie nicht haben wollen, weil wir den Platz für bestimmte andere Pflanzen reserviert haben. Unkraut ist nur deshalb negativ, weil es dort wächst, wo es wächst. Doch was die Gesellschaft als Unkraut betrachtet – Löwenzahn, Vogelmiere, Wegerich, Giersch, Brennnessel –, wird oft in der Kräutermedizin verwendet. Diese Pflanzen sind weit verbreitet, nützlich und wohltuend. Sie sind nicht da, um Gärtner zu ärgern, sondern um der Menschheit zu helfen.

Überraschungspflanzen sind wie Geschenke oder Omen. Versuche zunächst, die Pflanze zu identifizieren, wenn sie dir nicht auf Anhieb bekannt ist. Schlage sie nach und informiere dich über die damit verbundenen Überlieferungen. Gilt sie als Heilpflanze? Wird sie mit Schutz, Stürmen oder bestimmten Tieren in Verbindung gebracht? Welcher Aberglaube umgibt sie? Schaue dir dann an, wo sie aufgetaucht ist. In der Nähe einer Tür? In einem ungenutzten Teil deines Gartens? Welche anderen Pflanzen stehen in der Nähe? Zu welcher Jahreszeit ist sie aufgetaucht?

Wenn du all diese Faktoren berücksichtigst, kannst du dir ein Bild davon machen, welche Bedeutung der Pflanze zukommen könnte. Ich werde dir zeigen, wie ich mit einer Überraschungspflanze umgehe.

Letzten Sommer fand ich eine einzelne weiße Akelei, die unter unserer Terrasse wuchs, und fragte meinen Partner, ob er sie gepflanzt hätte. Das hatte er nicht; wir haben noch nie Akeleien gepflanzt. Ich hatte auch in den Gärten um uns herum keine gesehen. Wir identifizierten die Pflanze mithilfe von https://identify.plantnet.org, und ich schlug in der Volkskunde und der historischen

Verwendung von Akeleien nach. Eine meiner Lieblingsquellen dafür ist *Culpeper's Complete Herbal*. Er hat mich allerdings ein bisschen enttäuscht:

Die Akeleien sind so bekannt und wachsen fast in jedem Garten, dass ich mir die Zeit sparen kann, eine Beschreibung zu erstellen.

Im Ernst, Culpeper?

Aber in einem späteren Eintrag behandelte er sie dann doch:
Die Blätter der Akelei werden gemeinhin in Salben mit gutem Erfolg für wunde Münder und Kehlen verwendet; Tragus sagt, dass eine Drachme des Samens in Wein mit ein wenig Safran eingenommen Verstopfungen der Leber auflöst und gut für die Gelbsucht ist, wenn der Betroffene nach der Einnahme gut in seinem Bett schwitzt; der Samen, in Wein eingenommen, bewirkt auch eine schnelle Entbindung von Frauen bei der Geburt: Wenn ein Schluck nicht ausreicht, lass sie einen zweiten trinken, und es wird wirksam sein. Die Spanier pflegen ein Stück der Wurzel davon zu essen, wenn sie viele Tage fasten, um ihnen bei einem Steinleiden in den Nieren zu helfen.

Die Akelei ist also gut für die Leber- und Nierenfunktion. Sie wirkt harntreibend auf die Organe, die für die Entschlackung zuständig sind. Sie wurde verwendet, um Mund und Rachen zu beruhigen; diese dienen der Kommunikation und der Nahrungsaufnahme. Ihre Wirkung, bei der Geburt eines Kindes zu helfen, kann als ein Mittel angesehen werden, das etwas zum Leben erweckt oder hervorbringt.

Wie sieht es mit medizinischen Anwendungen aus, die moderner sind als die aus dem Jahr 1650? In *A Modern Herbal* (»modern« bedeutet hier 1931) erklärt uns Mrs. Maud Grieve, dass Akelei ein adstringierendes Mittel ist, aber nicht mehr verwendet wird, weil eine Überdosis giftig sei. (Mrs. Grieve beschreibt die Pflanze auch sehr gut und braucht dafür acht Absätze. Vielen Dank, Mrs. Grieve.) Sie erwähnt auch, dass der botanische Name, *Aquilegia vulgaris*, vom lateinischen Wort *aquila* stammt, was »Adler«

bedeutet. Der sächsische Name dafür war »culverwort« (und *culfer* das Wort für »Taube«). Die Akelei wird also mit Vögeln assoziiert, von denen der eine ein Raubtier ist und der andere mit Frieden und Liebe in Verbindung gebracht wird.

Eine schnelle Überprüfung der Toxizität zeigt, dass alle Teile der Pflanze giftig sind, wenn sie verzehrt werden. Tut mir leid, Culpeper, wir folgen Mrs. Grieve in diesem Punkt. (Man sollte immer auch neuere Nachschlagewerke zurate ziehen, statt nur der Empfehlung eines alten Buchs zu folgen.)

Die Farbe der Akelei, die wir gefunden haben, war weiß, obwohl sie häufiger in verschiedenen Violetttönen vorkommt. Die Ecke der hinteren Terrasse markiert das Ende des begehbaren Raums zwischen dem Haus und dem seitlichen Zaun, kurz bevor sich der Hof öffnet und der Gemüsegarten beginnt.

Wenn ich all diese Informationen analysiere, erhalte ich laut Culpeper und durch die Farbe Weiß Reinigung, durch die Assoziation mit Vögeln Freiheit, und der Standort deutet sowohl auf Unterstützung hin (die Pflanze befand sich direkt neben dem Pfosten, auf dem die Ecke der hinteren Terrasse ruht) als auch auf eine Verlagerung von einem zweckmäßigen Raum in einen entspannteren Bereich. Ich könnte eine Verbindung zwischen dem Gemüsegarten und der Culpeper-Erwähnung des Mundes und der Kehle herstellen und damit den Aspekt »Essen« mit einbeziehen, aber das fühlt sich für mich nicht richtig an.

Die Botschaft, die ich aus dieser Überraschungsakelei mitnehme, ist also, dass wir Herausforderungen hinter uns lassen, dass wir aus einer Zeit oder Situation, in der wir uns mit etwas begnügen mussten, in eine vielversprechendere, unterstützende Zeit oder Situation hineinwachsen, die uns mehr Freiheit bietet und es uns ermöglicht, negative oder nichtideale Dinge abzulegen, die uns zurückhalten oder herunterziehen.

Wenn ich das alles aufschreibe und zurückblicke, wann genau wir die Akelei bemerkt haben, dann hat sie genau das für unsere Familie vorausgesagt. Damals hatten wir keine Ahnung, was auf uns zukommen würde. Dies ist ein großartiges Beispiel dafür, warum es wichtig ist, Notizen, Tagebücher und Recherchen regelmäßig zu überprüfen – denn was zu diesem Zeitpunkt vage erscheint, kann später viel mehr Sinn ergeben.

Verstärke die Magie durch Begleitanbau

Das Konzept des Begleitanbaus in der landwirtschaftlichen Praxis ist sehr interessant. Es besagt, dass bestimmte Pflanzen ihre allgemeine Gesundheit und ihren Ertrag verbessern können, wenn sie nebeneinandergepflanzt werden. Wenn du zum Beispiel Kapuzinerkresse zwischen dein Gemüse pflanzt, verringert sich der Schaden, den Blattläuse anrichten können, weil sie von dieser Pflanze angelockt werden. Andere Praktiken erklären sich schon allein durch den gesunden Menschenverstand wie beispielsweise das Anpflanzen von Blattgemüse wie Spinat im Schatten von höheren Pflanzen. Bei vielen Beipflanzungen ziehen die Pflanzen unterschiedliche Nährstoffe oder Mineralstoffe aus dem Boden, sodass sie nicht miteinander konkurrieren.

Dies lässt sich auch auf die Magie anwenden: Was können wir zusammen anpflanzen, um das magische Ergebnis zu verstärken? Was ergänzt sich mit bestimmten anderen Pflanzen?

Wähle Bereiche für bestimmte Zwecke (zum Beispiel Schutz), und pflanze dort ein Exemplar von jeder Pflanze, die du für die Schutzmagie verwenden willst. Dieselben Pflanzen können auch an anderen Stellen in deinem Garten auftauchen, aber mit anderen Aspekten ihrer Energien: zum Beispiel Glück, Heilung oder Wohlstand. Pflanzen haben schließlich mehr als eine magische Entsprechung. Der Anbau von Lavendel in verschiedenen Anreicherungszonen kann unterschiedliche Aspekte seiner Energie verstärken. Denke daran, wie wir eine Absicht kodieren, wenn wir ein Kraut in der Magie verwenden, indem wir einen bestimmten Aspekt seiner Energie anrufen. Genau das tun wir hier, von Grund auf.

Es gibt aber auch eine Kehrseite der Medaille. Bestimmte Pflanzen wachsen nicht gern nebeneinander. Zwiebeln und Knoblauch halten Erbsen und Bohnen davon ab, ihr Bestes zu geben, und obwohl beide zu den Kohlarten gehören, mögen Blumenkohl und Kohl es nicht, nebeneinandergepflanzt zu werden.

Überlege auf magischer Ebene einmal, welche Schwierigkeiten eine Pflanze haben könnte, die als Blickfang gesetzt wurde, wenn sie neben einem Kraut wächst, das du speziell dafür anbaust, unerwünschte Energie wieder zurückzugeben. Pflanze deshalb ähnliche oder sich ergänzende Kräuter, die für bestimmte Zwecke angebaut werden, zusammen an.

Zauberhafte Dekoration

Die Ausstattung deines Gartens mit symbolischer und ästhetischer Dekoration ist eine wunderbare Möglichkeit, dich auszudrücken und bestimmte Aspekte der Energie deines Gartens zu verstärken.

Die vier Elemente

Repräsentative Symbole der vier Elemente sind eine schöne Möglichkeit, diese zu ehren und ihre Segnungen in deinen Garten einzuladen.

Ein kleines Wasserspiel oder eine Vogeltränke kann Wasser repräsentieren. Wenn dein Wassersymbol kein fließendes Wasser hat (wie eine Vogeltränke), solltest du es regelmäßig reinigen, um eine Ansammlung von Blättern und Schmutz zu vermeiden. Stehendes Wasser kann zudem ein Nährboden für Mücken sein. Fließende Wasserspiele müssen nicht unbedingt große Anlagen sein, sie können so einfach gestaltet sein wie eine Tauchpumpe in einem Blumentopf oder ein Wassergarten in einem dekorativen Gefäß.

Eine Feuerschale, -grube oder -laterne kann das Element Feuer darstellen. Es gibt mittlerweile auch kleinere, gasbetriebene Tischfeuer, wenn eine vollständige Feuerstelle nicht möglich ist. Ich kann jedoch nicht genug betonen, wie wichtig es ist, dass du dich bei deiner Stadtverwaltung erkundigst, welche Vorschriften es für offenes Feuer und semipermanente Installationen auf deinem Grundstück gibt. Solarlaternen oder Gartenleuchten sind eine sicherere Möglichkeit, die Energie des Feuers in deinen Garten zu bringen; sie beziehen ihre Energie von der Sonne und laden damit ihre Stromzellen auf. Auch Kerzen können sehr schön sein, aber sie müssen gut beaufsichtigt werden, wenn du sie für Zauber verwendest.

Man könnte meinen, dass es nicht viel Sinn macht, ein Erdsymbol in den Garten zu stellen, aber die Wahl eines speziellen Sinnbilds schafft einen Schwerpunkt und ehrt das Element. Eine Statue oder ein speziell ausgewählter Stein kann Erde repräsentieren. Kristalle, die in den Ecken der Gartenbeete platziert oder in die Äste von Bäumen gehängt werden, sind eine weitere schöne Möglichkeit, die Energie der Erde im Garten zu verstärken.

Luft kann durch Windspiele, Fahnen oder Windrädchen heraufbeschworen werden.

SCHREINE UND ALTÄRE

Diese beiden Begriffe werden oft miteinander verwechselt, aber es gibt einen Unterschied. Ein Altar ist im Allgemeinen ein physischer Raum, der für magische Arbeit oder Anbetung genutzt wird. Ein Schrein dagegen wird speziell zu Ehren eines Wesens oder Prinzips eingerichtet.

Was du in deinem Garten verwendest, bleibt dir überlassen. Wenn du einen verhältnismäßig dauerhaften magischen Arbeitsplatz in deinem Garten schaffen möchtest, kannst du einen Felsen mit einer möglichst flachen Oberfläche aufstellen oder einen kleinen Korbtisch als tragbaren Altar verwenden. Wenn du viel töpferst, könnte ein Töpfertisch, der für magische und weltliche Aktivitäten aufgestellt wird, gute Dienste leisten.

Schreine können dauerhaft oder vorübergehend sein. (Lies dazu auch den nächsten Abschnitt über den Geist des Gartens.) Man kann auch temporäre Schreine errichten, wenn man mit einem bestimmten Geist oder einer Gottheit für einen speziellen kurzfristigen Zweck arbeitet. Denke daran, dass Schreine im Freien der Witterung ausgesetzt sind. Wähle daher geeignete Materialien oder berücksichtige den eventuellen Zerfall der Materialien im Schrein selbst.

GEISTERHÄUSER

Ein Geisterhaus ist eine Behausung, die speziell für den Geist eines Ortes geschaffen wurde. In Asien sind Geisterhäuser weit verbreitet; ihre Größe reicht von kleinen, überdachten, hausähnlichen Strukturen auf dem Boden oder auf Säulen bis hin zu aufwendigen Bauten, die groß genug sind, um sie zu betreten. In einigen Fällen sind es Orte, an denen sich störende Geister aufhalten können, damit sie die Menschen nicht belästigen, in anderen wiederum beherbergen sie Schutzgeister. An diesen Geisterhäusern werden Opfergaben hinterlassen, um die Geister zu bestechen oder ihnen zu danken.

Wenn du mit dem Geist deines Gartens Kontakt aufgenommen hast, frage ihn, ob er einen bevorzugten Ort hat, an dem er sich gern aufhalten würde. Betrachte dies als die »Heimstatt« des Geistes, einen Ort, an dem er leben kann. Ein Geisterhaus gibt dir die Möglichkeit, einen festen, physischen Ort für Opfergaben und die Kommunikation mit dem Geist des Gartens zu haben.

Bögen und Spaliere

Bögen haben immer etwas Magisches: Sie stehen für den Übergang von einem Zustand in einen anderen, für einen Zwischenzustand auf einer Reise. Spaliere, an denen die Pflanzen emporklettern können, symbolisieren Unterstützung bei Wachstum und Expansion.

Tore

Tore stellen einen Grenzbereich dar, aber zusammen mit der Tür können sie auch Schutz bedeuten. Türen symbolisieren, dass etwas aus Sicherheitsgründen festgehalten wird, dass Dinge zum Schutz draußen bleiben, oder sie können signalisieren, dass eine bewusste Veränderung stattfindet, wenn man sie öffnet und hindurchgeht. Ein Tor oder eine Tür ist etwas sehr Mächtiges.

Statuen

Statuen sind eine Form der Kunst, die oft in Gärten zu finden ist. Sie werden aus witterungsbeständigen Materialien hergestellt und können dekorativ sein oder etwas symbolisieren. Weit verbreitet sind Engel, Feen und Gottheiten; Gnome, Tiere und magische Kreaturen können eine andere Art von Energie verleihen oder Wächter sein. Auch architektonische Statuen wie Säulen, Kugeln oder Bänke unterstützen an verschiedenen Orten magische Absichten.

Gartenkunst wie Glas- oder Metallblumen können eine gewisse Stimmung erzielen oder für bestimmte Ziele, die mit ihren Farben oder Formen zusammenhängen, ermächtigt werden.

Kapitel 8

Magische Verwendung der Gartenerträge

Mit Produkten aus dem eigenen Garten kochen

Die Arbeit mit der Ernte deines Gartens kann sowohl eine Form von magischem Segen als auch ein Ausdruck der Dankbarkeit für diese Ernte sein. Der Magie, die du mit den Früchten deines Gartens ausüben kannst, sind fast keine Grenzen gesetzt. Magie kann bei der Ernte, bei der Zubereitung der Speisen oder beim Servieren angewendet werden. Wenn du möchtest, kannst du bei allen drei Schritten verschiedene Arten von Magie anwenden.

Obst

Obst kann natürlich aus der Hand gegessen werden, aber wenn du es auf magische Weise verwenden möchtest, gibt es mehrere Möglichkeiten, wie du es einbeziehen kannst.

- Verwende Fruchtsaft als Segensflüssigkeit in Ritualen und Zaubersprüchen.
- Stelle einen Obstsalat zusammen und esse diesen achtsam. Nimm dir die Zeit, über die magische Energie nachzudenken, die in jedem Bissen enthalten ist, während du ihn verzehrst. Stelle dir vor, wie diese Energie mit deiner Energie verschmilzt.
- Backe einen Kuchen mit den Früchten, die für dein gewünschtes magisches Ziel stehen. Zeichne Symbole, die dein magisches Ziel unterstützen, auf den oberen Boden des Kuchens. Falls der Kuchen oben keinen Boden hat, zeichne sie mit einem Zahnstocher auf den unteren Boden oder lege dünne Streifen Kuchenteig in der gewünschten Form darauf, bevor du die Fruchtfüllung einfüllst.

Magische Marmelade

Die Herstellung von selbst gemachter Marmelade bietet mehrere Möglichkeiten, magische Ziele zu visualisieren. Allein der Vorgang des Eindickens des Fruchtkompotts, bis es geliert, ist eine hervorragende Metapher für einen Zauber, der eine neue Version der Realität hervorbringt. Transformation ist ein Schlüsselkonzept in der Küchenmagie, und Marmelade ist eine hervorragende Zutat, um mit Lebensmitteln zu zaubern. Du kannst die Früchte so auswählen, dass sie dein magisches Ziel unterstützen, die Mischung mit deiner Absicht versehen, während du sie umrührst, und dir vorstellen, dass das Ziel Wirklichkeit wird, wenn die Marmelade geliert. Verzehre die Marmelade, um deine Absicht zu verstärken, oder verwende sie zum Süßen und als Füllung.

Die Zubereitung von Marmelade ist eine komplexe Kunst, die den Pektingehalt, das Verhältnis von Zucker zu Früchten und die richtige Temperatur einschließt. Wenn du eine große Menge Marmelade kochst, empfehle ich dir, dich über diesen Prozess zu informieren, damit du nicht am Ende eine ganze Ladung Marmelade wegwirfst, die misslungen ist. Bei diesem Rezept wird jedoch nur eine kleine Menge hergestellt, somit ist dies eine gute Möglichkeit, sich an der Herstellung von Marmelade zu versuchen – vor allem, wenn man es noch nie gemacht hat. Beschränke dich auf eine kleine Menge, die innerhalb eines Monats verzehrt oder mit Freunden geteilt wird.

Du brauchst:

- ca. 600 g grob zerkleinertes Obst
- Saft von 1 mittelgroßen Zitrone
- 110 g Kristallzucker
- 2 Marmeladengläser (je 400 ml), sterilisiert
- neue Deckel und Ringe, sterilisiert
- Etiketten

Zubereitung:

1. Gib Obst, Zitronensaft und Zucker in einen mittelgroßen Kochtopf mit schwerem Boden. Koche die Mischung unter Rühren bei mittlerer Hitze, bis die Mischung zu sprudeln beginnt.
2. Reduziere die Hitze auf niedrig und rühre weiter. Lasse die Mischung leicht köcheln und rühre dabei alle 15 Minuten um. Beobachte, wie die Früchte zerfallen. Wenn die Marmelade einzudicken beginnt, solltest du permanent rühren und darauf achten, dass sie nicht anbrennt oder über die gewünschte Konsistenz hinaus eindickt.
3. Gieße die heiße Marmelade in die sauberen und sterilisierten Gläser. Wische den Rand der Gläser mit einem feuchten, sauberen Tuch ab, um eventuell verschüttete Flüssigkeit zu entfernen. Setze die Dichtung auf den Rand und schraube den Deckel auf.

4. Stelle die Gläser an einen Ort, an dem sie nicht gestört werden, und lasse sie durch den natürlichen Abkühlungsprozess abdichten. Wenn die Gläser nicht dicht werden, stelle sie bis zum Öffnen in den Kühlschrank.
5. Beschrifte die Gläser deutlich mit dem Datum und den magischen Angaben.

KRÄUTER

Es kann vorkommen, dass du die Kräuter zu einem bestimmten Zeitpunkt ernten möchtest, weil die astrologische Korrespondenz mit dem Zeitpunkt der Ernte (wie Planetenstunden, Mondphasen oder der tägliche Sonnenzyklus) gegeben ist. Es kann jedoch auch sein, dass der Zeitpunkt der Entsprechung nicht mit dem Zeitpunkt übereinstimmt, an dem du mit den Kräutern arbeiten möchtest. Was also tun?

> Kräuter haben ein ganz anderes Geschmacksprofil, wenn sie frisch sind, als im getrockneten Zustand. Das Aroma ist konzentriert, nachdem das Wasser in den Blättern und Stängeln verdunstet ist. Das ist der Grund, warum man bei Rezepten von frischen Kräutern mehr braucht als von getrockneten.

Wenn du deine geerntete Pflanze trocken verwenden kannst, dann hänge sie einfach irgendwo auf, wo sie durchtrocknen kann. Wenn du sie jedoch frisch verwenden willst und der Verwendungszweck nicht mehr als ein paar Tage entfernt liegt, hier ein paar Tipps:

- Wickle die Kräuter locker in ein feuchtes Papiertuch ein und verschließe sie dann in einem luftgefüllten Plastikbeutel mit Reißverschluss. Im Kühlschrank können sie bis zu fünf Tage aufbewahrt werden. Kontrolliere die Kräuter täglich, da manche nach ein paar Tagen ihr Aroma verlieren.
- Lagere Kräuter in Sträußen: Stelle sie mit den Stängeln nach unten in ein Glas mit Wasser, das die Stängelenden circa zweieinhalb Zentimeter bedeckt, verschließe dies in einem großen Plastikbeutel mit Reißverschluss und wechsle das Wasser jeden zweiten Tag. Die meisten Kräuter halten sich auf diese Weise bis zu einer Woche. Um schlaffe Kräuter wiederzubeleben, schneidet man einen Zentimeter von den Stängeln ab und legt sie für ein paar Stunden in Eiswasser.
- Wasche die Kräuter kurz vor der Verwendung und tupfe sie mit einem Papiertuch trocken.

In meinen anderen Büchern findest du zahlreiche Rezepte und Projekte für die Verwendung von Kräutern zur Herstellung von Essig und Öl. Anstelle dieser Optionen sehen wir uns nun ein paar einfache Möglichkeiten an, wie du deine Kräuterernte auf andere Weise in die Küche integrieren kannst – durch die Herstellung von Kräuterbutter und Kräutersalz. Kräuterbutter und Kräutersalz können zum Kochen und Backen verwendet werden und geben so ein wenig von deiner Ernte und den Energien der Kräuter, die du verwendest, an alles weiter, was du zubereitest.

KRÄUTERBUTTER

Kräuterbutter kann zu Gemüse gegeben, geschmolzen und über Fleisch oder Popcorn geträufelt oder auf Brot gestrichen werden. Sie ist einfach herzustellen und hält sich gut verpackt etwa zwei Monate im Kühlschrank oder sechs Monate im Gefrierschrank.

Achte bei der Auswahl der Kräuter nicht nur auf ihren Geschmack, sondern auch auf ihre magischen Eigenschaften. Stärke die Kräutermischung, bevor du sie in die Butter gibst. Molkereiprodukte enthalten eine nährende und heilende Grundenergie, die auch im Endprodukt enthalten sein wird. Vegane Butter funktioniert genauso gut, obwohl die magischen Energien etwas anders sind. Vegane Butter enthält oft Kokosnuss und Soja als Hauptbestandteile; die magischen Assoziationen von Kokosnuss sind Schutz und Reinigung, während Soja mit Schutz und übersinnlichem Bewusstsein assoziiert wird.

Die grundlegenden Mengenverhältnisse sind ein bis drei Teelöffel gehackte Kräuter auf 120 Gramm weiche Butter. Gib die Butter in eine Schüssel und zerdrücke sie mit einer Gabel, gib dann die gehackten Kräuter hinzu und rühre sie unter. Wenn die Masse gut vermischt ist, streiche sie auf ein Stück Wachspapier und rolle das Papier auf, wobei du die Masse fest zusammendrückst. Drehe die Enden zusammen, und stelle die Butter in den Kühlschrank, bis sie fest ist.

KRÄUTERSALZ

Gewürztes Salz verleiht so viel mehr Geschmack als einfaches Salz! Auch dieses Salz lässt sich wunderbar über Gemüse oder Fleisch streuen. Wie bei der Kräuterbutter solltest du die Kräuter nach ihren magischen Assoziationen und ihrem Geschmack auswählen und sie vor dem Mischen mit deinem magischen Ziel versehen.

Du brauchst:

- 250 g grobes Salz ohne Zusätze, Meersalz oder anderes grobes Salz
- 3–5 TL fein gehackte frische Kräuter (holzige Stiele entfernen)
- 1 TL frisch gemahlener schwarzer Pfeffer
- 1 TL Zitronenschale
- 2 TL Zitronensaft

Zubereitung:

1. Heize den Backofen auf 95 °C vor.
2. Vermische alle Zutaten in einer mittelgroßen Schüssel, und rühre gründlich um, damit sich die Mischung gut verbindet.
3. Verteile die Mischung gleichmäßig auf einem mit Backpapier ausgelegten Backblech.
4. Backe das Salz 30–45 Minuten, kontrolliere es dabei regelmäßig. Rühre alle 15 Minuten um, damit die Kräuter gleichmäßig trocknen können.
5. Nimm es aus dem Ofen, wenn das Salz trocken aussieht. Lasse es abkühlen, dann brich mit einer Gabel vorsichtig alle Klumpen auf. Bewahre es in einem verschlossenen Behälter auf.

BOUQUET GARNI

Das Bouquet garni (wörtlich »garniertes Sträußchen«) ist eine klassische Kräutermischung, die zum Würzen von Speisen verwendet wird. Die traditionelle Mischung besteht aus Lorbeerblatt, Petersilie und Thymian, aber viele Menschen haben ihre eigenen Kombinationen entwickelt und verwenden sie als ihre Spezialmischung. Die traditionelle Mischung enthält die Energie des Mutes, der Heilung, der Stärke, der Reinigung und der Vertreibung von Negativität.

Wenn du Kräuter frisch aus dem Garten holst, kannst du sie bündeln und mit Küchengarn umwickeln. Verwende sie dann als Grundlage für dein Gericht und entferne sie vor dem Servieren.

> Warum sollte man das Bouquet garni bündeln? Manchmal möchte man nicht, dass Kräuterreste herumschwimmen, und wenn frische Kräuterzweige lange kochen, sehen sie nicht sehr appetitlich aus. Legst du auf eine besondere Präsentation Wert, kann das Bündeln helfen.

Getrocknete Gartenkräuter legst du am besten erst auf ein Stück Mulltuch oder Seihtuch und bindest dieses mit Küchengarn zusammen. Dieses Bündel gibst du dann in dein Gericht und entfernst es vor dem Servieren.

KRÄUTER IN ÖL EINFRIEREN

Wenn du deine Gartenkräuter lieber frisch verwenden möchtest, anstatt sie zu trocknen, kannst du sie grob hacken, mit Olivenöl bedecken und in Eiswürfelformen einfrieren. So kannst du ganz einfach einem Pfannengericht, einer Suppe oder einem Eintopf Geschmack verleihen. Man kann einzelne Kräuter in Öl einfrieren oder Mischungen für bestimmte Zwecke herstellen, beispielsweise gehackten Knoblauch, Basilikum und Oregano für Tomatensoße, Rosmarin und Thymian für Kartoffeln oder eine allgemeine Mischung nach Art der Kräuter der Provence. Es gibt viele Rezepte für Kräuter der Provence, aber die meisten enthalten eine Kombination aus Thymian, Bohnenkraut, Oregano, Rosmarin, Majoran, Basilikum, Estragon und Petersilie; einige enthalten auch Lavendel, Fenchel oder Lorbeerblätter.

> Kräuter der Provence eignen sich auch hervorragend als getrocknete Kräutermischung. Am besten mahlt man sie entweder mit Mörser und Stößel oder einer Gewürzmühle, damit der Größenunterschied zwischen den verschiedenen Zutaten möglichst gering ist.

HERZHAFTES SHORTBREAD

Wenn du noch nie herzhaftes Shortbread gegessen hast, wird dies eine positive Überraschung für dich werden. Verwende für dieses Rezept frische Kräuter aus deinem Garten, damit sie gut duften, und hacke sie mit einem scharfen Messer fein. Das Shortbread eignet sich hervorragend als Beilage zu Käseplatten, als Suppeneinlage oder einfach zum Knabbern. Du kannst dein Lieblingsrezept für Shortbread verwenden und versuchen, den Zucker durch Kräuter und Käse zu ersetzen. Wenn du das folgende Rezept nutzt, gibst du die gehackten Kräuter zusammen mit dem Mehl in den Teig. Spiele mit den Proportionen; Shortbread hat nur wenige Zutaten, sodass das Rezept sich leicht verkleinern oder vergrößern lässt. Das Tolle daran ist, dass man leicht eine kleine Portion zum Testen herstellen und den Teig währenddessen probieren kann.

Wenn du kein Shortbread-Rezept hast, kannst du dieses sehr einfache Rezept für eine kleine Menge verwenden: Es ergibt etwa 12–16 Kekse, je nach der Größe deiner Ausstechformen.

Du brauchst:

- 115 g Butter, bei Raumtemperatur
- 30 g Puderzucker, gesiebt
- 120 g Allzweckmehl, gesiebt

Zubereitung:

1. Heize den Ofen auf 180 °C vor.
2. Schlage die Butter und den Zucker in einer mittelgroßen Rührschüssel hell und schaumig.
3. Füge das Mehl hinzu, und mische alles miteinander, bis sich der Teig zusammenfügt.
4. Rolle den Teig auf einer bemehlten Fläche gut einen Zentimeter dick aus. Steche mit Ausstechern Formen aus oder schneide den Teig mit einem Messer in Quadrate. Lege die Plätzchen auf ein leicht gefettetes Backblech, mit einem Abstand von ca. zwei Zentimetern, und stelle sie 15 Minuten lang in den Kühlschrank (alternativ kannst du den Teig zu einem sechs Zentimeter dicken Strang rollen, in Frischhaltefolie einwickeln und 30 Minuten lang in den Kühlschrank legen; danach mit einem scharfen Messer einen Zentimeter dicke Scheiben abschneiden, auf das Backblech legen und fortfahren).
5. Nimm das Backblech aus dem Kühlschrank und schiebe es in den Ofen. Lasse die Kekse 15–18 Minuten backen oder bis die Ränder goldbraun sind. Lasse das Shortbread etwas abkühlen, bevor du es auf ein Abkühlgitter legst.

Herzhaftes Shortbread ist auch eine hervorragende Möglichkeit, eine Kräuterbutter zu verwenden (siehe weiter vorn in diesem Kapitel). Hier sind Vorschläge für Geschmackskombinationen:

- Thymian und Zitrone
- Basilikum und Orange
- Zitrone, schwarzer Pfeffer und Asiago-Käse
- Rosmarin und Parmesan
- Schnittlauch und Cheddar

> Wassail ist ein traditionelles, glühweinähnliches Getränk, das an die Wurzeln von Obstbäumen gegossen wurde, um sie zu segnen und eine gute Ernte im nächsten Jahr sicherzustellen. Das Wassailing ist eine Form der Gartenmagie. Probiere auch einmal dein eigenes Rezept aus oder ändere ein bestehendes ab, um Lebensmittel aus deinem eigenen Garten zu verwenden. In Kapitel 7 findest du weitere Informationen über Wassailing.

GLÜHWEINGEWÜRZE

Traditionelle Glühweingewürze (zum Beispiel Zimt, Nelken, Sternanis) können in der Regel nicht in privaten Gärten der nördlichen Hemisphäre angebaut werden; sie benötigen eine ganz bestimmte Kultur und Umgebung. Das bedeutet, dass du der Gewürzmischung stattdessen etwas hinzufügen könntest, das in deinem Garten wächst, um sie zu verbessern und ihr eine persönliche Note zu verleihen.

GEMÜSE

Die Verwendung von Gemüse in der Magie mag ungewöhnlich erscheinen. Aber bei der Ernte geht es ganz allgemein um das Feiern von Erfolg, Ernährungssicherung und der Magie des Wachstums. Es ist eine Zeit, um Dankbarkeit für die Fülle der Natur auszudrücken und für die Beziehung, die wir mit der Natur haben, die es uns ermöglicht, über die spirituelle Ernte in unserem eigenen Leben nachzudenken.

MIREPOIX

Mirepoix ist eine Röstgemüsemischung und eine schmackhafte Grundlage vieler Gerichte und Soßen. Gewürfelte Zwiebeln, Möhren und Sellerie werden bei niedriger Hitze in Fett (Butter und/oder Öl) langsam gegart. Das Gemüse soll nicht bräunen, sondern einen süßen und konzentrierten Geschmack entwickeln.

Mirepoix verbindet ganz bestimmte magische Energien, wenn du es auf diese Weise verwenden möchtest. Zwiebeln beseitigen negative Energie und fördern die Heilung. Möhren werden ebenfalls mit Gesundheit und Fruchtbarkeit in Verbindung gebracht. Sellerie trägt die magischen Energien der Liebe, des Friedens und der Konzentration in sich. Mit all diesen Zutaten kannst du dein Mirepoix für eine Vielzahl von Dingen einsetzen, indem du die Zutaten unterschiedlich kombinierst. Wenn du zum Beispiel mit Angstzuständen zu kämpfen hast, kannst du die Heilkraft der Zwiebel, die Erdung durch die Möhre und den Frieden durch den Sellerie anrufen. Wenn du versuchst, schwanger zu werden (physisch oder kreativ), kannst du die Zwiebel verwenden, um negative Energie zu vertreiben, die Möhre für Fruchtbarkeit und die Sellerie für Liebe und Konzentration.

Es gibt verschiedene kulturelle Versionen des Mirepoix (das italienische Soffritto kommt mir in den Sinn, ebenso wie die kreolische »heilige Dreifaltigkeit« aus Zwiebel, Möhre und grüner Paprika), aber die traditionelle französische Version besteht aus zwei Teilen Zwiebel, einem Teil Möhre und einem Teil Sellerie.

> Diese Art der Feinabstimmung von magischen Assoziationen und der den Zutaten innewohnenden Energien ist ein subtiler, aber sehr effektiver Weg, sie für eine Vielzahl von magischen Zielen zu nutzen. Versuche einmal diese Übung: Setze dich mit deinen Lieblingsrezepten hin und schaue dir die Zutaten an. Dann überlege dir ihre magischen Entsprechungen. Wie viele verschiedene magische Ziele kannst du für ein und dasselbe Rezept finden, indem du einfach unterschiedliche Aspekte der Energiekorrespondenzen hervorhebst?

Gemüsesuppe

Eine der einfachsten Möglichkeiten, in der Küche zu zaubern, ist die Zubereitung einer Gemüsesuppe. Sie ist warm, sättigend und vegan. Das Beste daran ist, dass du jedes Gemüse verwenden kannst, das du gerade zur Hand hast. Die Suppe kann zum Beispiel im Laufe der Erntesaison unterschiedlich ausfallen. Das Rezept beginnt mit einem Mirepoix, auf dem man dann aufbauen kann.

Für dieses Rezept werden 500 Gramm Gemüse benötigt, aber das reicht vielleicht nicht einmal aus, um deine Ernte zu verwerten! Alles ist möglich: Zucchini, Tomaten (vorher schälen), Erbsen, grüne Bohnen, Kartoffeln, Mais, Süßkartoffeln, Paprika, Kürbis ... was immer du im Garten hast.

Du brauchst:

- 3 EL Olivenöl
- 1 mittelgroße Zwiebel, gewürfelt
- 2 große Möhren, geschält und gewürfelt
- 2 Stangen Staudensellerie, gehackt
- 500 g gehacktes Gemüse (siehe vorherige Anmerkung)
- Salz, nach Geschmack
- 4 Knoblauchzehen, gehackt (oder nach Geschmack)
- ½ TL getrockneter Thymian (oder 1 TL frischer Thymian)

- 500 ml Tomatensaft
- 1 l Gemüsebrühe
- schwarzer Pfeffer, frisch gemahlen, zum Abschmecken
- 1 Lorbeerblatt
- Schale von 1 mittelgroßen Zitrone

Zubereitung:

1. Erhitze das Olivenöl in einem großen Kochtopf bei mittlerer Hitze. Füge Zwiebeln, Möhren, Sellerie und das gehackte Gemüse und dann das Salz hinzu. Gare die Mischung unter häufigem Rühren, bis die Zwiebeln weich und glasig sind, etwa fünf bis acht Minuten.
2. Gib dann Knoblauch und Thymian hinzu und lasse alles zusammen unter Rühren etwa eine Minute kochen.
3. Gieß nun den Tomatensaft ein und lasse ihn vier bis fünf Minuten weiter kochen.
4. Nun gießt du die Gemüsebrühe an. Würze die Suppe mit weiterem Salz und frisch gemahlenem schwarzem Pfeffer und füge das Lorbeerblatt hinzu.
5. Stelle den Herd auf hohe Stufe und bringe die Suppe zum Kochen. Lege dann den Deckel auf, und reduziere die Hitze auf niedrige Stufe, damit die Suppe etwa 20 Minuten sanft köchelt.
6. Nimm nun den Deckel ab und rühre um. (Wenn du zusätzlich gehacktes Suppengrün verwendest, füge es jetzt hinzu.) Lass alles weitere fünf Minuten kochen.
7. Nimm den Topf vom Herd und rühre die Zitronenschale unter. Schmecke die Suppe ab und würze sie nach Belieben.
8. Wenn Reste übrig bleiben, lässt sich diese Suppe sehr gut einfrieren.

Wenn du Grüngemüse wie Grünkohl oder Spinat verwenden möchtest, füge es nicht zusammen mit dem anderen Gemüse hinzu, sondern etwa fünf Minuten, bevor du die Suppe vom Herd nimmst.

Der Garten als Weissagung

Wenn du mit dem Weissagungssystem des *I Ging* vertraut bist, weißt du vielleicht, dass die ursprünglich verwendeten Stäbchen Schafgarbenstängel waren. Die Natur war schon immer eine Quelle von Informationen, welche die Menschen als Orakel oder zur Vorhersage von Ereignissen in der Zukunft genutzt haben.

Intuitives Wahrsagen

Eine der einfachsten Möglichkeiten, deinen Garten zur Orientierung oder Weissagung zu nutzen, ist das intuitive Wahrsagen. Der Natur zuzuhören ist wahrscheinlich ohnehin schon etwas, was du als Hexe tust. Einen Schritt weiterzugehen und deinen Garten als eine Form der Führung oder Vorhersage zu nutzen, erscheint daher ganz natürlich.

Bereite dich auf die Art und Weise vor, die sich für dich richtig anfühlst. Vielleicht mit einem spirituellen Bad, einer Dusche oder einer Räucherung. Wenn du dich im Garten vorbereiten möchtest, stellst du vielleicht eine Kerze und Räucherstäbchen auf oder was auch immer du zum Meditieren benötigst. Bevor du beginnst, solltest du dir eine klare Frage überlegen.

1. Richte dich in deinem Garten ein, wie es dir gefällt. Setze dich auf einen Stuhl, im Schneidersitz auf den Boden oder lege dich auf eine Decke.
2. Zentriere und erde dich, dann stelle deine Frage im Kopf.
3. Wenn du dich bereit fühlst, kläre deinen Geist und öffne dich für die Energie des Gartens und alle Botschaften, die er für dich haben könnte.

Gestalte dein eigenes Kartenorakel

Orakelkarten enthalten keine Vorschriften, sondern bieten Ideen und Konzepte, die du in Betracht ziehen kannst, damit du durch Intuition und Nachdenken zu deiner eigenen Bedeutung findest. Das Gartenorakeldeck ermöglicht dir, ein sehr spezifisches Werkzeug zu entwerfen, das einzigartig für dich und deine Assoziationen mit verschiedenen Pflanzen und Merkmalen deines eigenen Gartens ist. Wie du dabei vorgehst, ist ein sehr persönlicher Prozess; die folgenden Hinweise sind nur Vorschläge.

1. Beginne damit, verschiedene Pflanzen aus deinem Garten zu zeichnen oder zu fotografieren. Drucke die Fotos auf 10 x 15 Zentimeter große leere Postkarten oder mattes Fotopapier aus. Wenn du sie skizziert hast, male deine Zeichnungen farbig aus.

2. Schaue in deinem Grimoire oder anderen persönlichen Werken nach, was jede Pflanze in der Überlieferung bedeutet oder welche magischen Entsprechungen sie hat. Erstelle eine kurze Liste von Schlüsselwörtern, die mit der Pflanze in deiner Praxis verbunden sind. Du kannst sie auf die entsprechende Karte schreiben oder in einer separaten Liste aufbewahren.
3. Lege ein Notizbuch für dein Orakeldeck an. Widme jeder Pflanzenkarte eine einzelne Seite oder eine Doppelseite. Schreibe so viel darauf, wie du willst: traditionelle und persönliche Assoziationen oder alle Schlüsselwörter, die dir dazu einfallen. Füge eine Kopie der Karte selbst hinzu, wenn du möchtest.
4. Verwende den Rest des Notizbuchs, um deine Weissagungssitzungen mit dem Orakel aufzuzeichnen.

Hier sind einige weitere Ideen:

- Schreibe ein Gedicht über die Pflanze und füge es der Karte bei.
- Statt eines Fotos oder einer Skizze kannst du auch eine Collage anfertigen.
- Presse einen Zweig der Pflanze, klebe ihn auf die Karte und laminiere diese dann.
- Verwende gemustertes Papier auf der Rückseite der Karte, um das Deck einheitlich und attraktiv zu gestalten.

So kannst du dein einzigartiges Gartenorakel verwenden:

- Ziehe gleich morgens eine Karte, um ein Konzept zu finden, über das du während des Tages nachdenken kannst.
- Ziehe eine Karte vor dem Einschlafen und denke an das Schlüsselwort oder die Schlüsselwörter. Schreibe alle Erkenntnisse auf, wenn du aufwachst.
- Ziehe für eine Meditationssitzung eine Karte und stelle dir die Pflanze vor. Imaginiere, wie sich deine Energie mit der Energie der Pflanze vermischt.
- Lege eine Standard-drei-Karten-Anordnung. Lege dazu drei Karten verdeckt in einer Reihe vor dir aus. Die erste gibt Aufschluss darüber, woher du kommst, die zweite über deine derzeitige Situation, die dritte gibt dir eine Richtung vor, in die du gehen kannst.

> Denke daran, dass deine persönlichen Assoziationen mit der Pflanze wichtiger sind als die, welche in Büchern stehen. Bücher sind ein guter Anfang, aber belasse es nicht dabei.

Pflanzen in magisches Zubehör verwandeln

Dein Garten kann eine wertvolle Materialquelle für magische Werkzeuge und Vorräte sein. Als grüne Hexe ist dies wahrscheinlich eines der Ziele, die du im Sinn hattest, als du deinen Garten angelegt hast. In meinen früheren Büchern habe ich viele verschiedene Möglichkeiten der Verwendung von geernteten Kräutern und Pflanzen beschrieben, daher werde ich hier nicht alles wiederholen. Stattdessen gebe ich dir einige einfache Tipps für mögliche Projekte.

ZAUBERSTÄBE

Für die Herstellung eines Zauberstabs kannst du die Stängel einiger Kräuter aus deinem Garten sammeln. Weiche die ausgewählten Stängel in Wasser ein, um sie geschmeidig zu machen, flechte sie dann, binde sie zusammen und trockne sie. Je nach magischem Ziel kannst du verschiedene Zauberstäbe aus unterschiedlichen Pflanzen herstellen. Wenn du möchtest, bewahre deinen Zauberstab auf. Du kannst ihn am Ende deines Zaubers aber auch als Opfergabe verbrennen, um den Zauber zu besiegeln oder ihn für beendet zu erklären, wenn du dein Ziel erreicht hast.

KRÄUTERKRÄNZE

Wie du selbst gemachtes Papier fürs Zaubern verwendest, erfährst du in meinem Buch *Anleitung für dein Buch der grünen Magie*. Anstelle von Blütenblättern kannst du auch eine pulverisierte Mischung ausgewählter Kräuter verwenden, um dein magisches Ziel zu unterstützen. Oder du kannst Samen auf das nasse Papier streuen, bevor du es presst, und es dann in kleinere Stücke schneiden und zum Säen verwenden.

Kräuterkränze sind eine schöne Möglichkeit, geerntete Kräuter aus deinem Garten zu verarbeiten. Wähle die Pflanzen nach deinen magischen Zielen aus und schneide sie bei der Ernte so nah wie möglich am Hauptstamm oder an der Wurzel ab. Beginne damit, die Stängel in einer Reihe anzuordnen, wobei du den Kopf oder die Spitze eines jeden Zweigs direkt unter den vorherigen legst. Wickle die Stiele nach und nach umeinander oder biege sie, um sie zusammenzuhalten. Du kannst auch Bast benutzen, um sie zusammenzuhalten, indem du ihn um die Stiele und die Köpfe der Zweige wickelst. Biege die letzten Stiele nach unten, bis sie sich mit dem ersten Stiel überschneiden. Befestige das Gesteck entweder, indem du das Ende zwischen zwei der ersten Stiele steckst, oder indem du den Kranz zusammenbindest. Hänge den Kranz auf oder bewahre ihn dort auf, wo du seine Energien wirken lassen möchtest.

Eine einfachere Variante ist es, einen kleinen Strauß oder ein Gesteck aus den Kräutern zu formen, die Stängel zusammenzuflechten und mit Bast oder Baumwollschnur zu befestigen. Die kreisförmige Kranzform vermittelt jedoch die Assoziation mit Lebenszyklen und Einheit, weshalb ich sie vorziehe. Wenn die magische Verwendung des Kräuterkranzes beendet ist, kannst du das Pflanzenmaterial kompostieren.

PFLANZENWASSER

Es gibt zwei Arten von Pflanzenwasser: Wasser, das man trinken kann, und solches, das man nicht trinken kann. Letzteres eignet sich für Zaubertränke, um Pflanzen oder Räume zu besprühen, oder du füllst es in Flaschen ab und platzierst diese in Bereichen, die du mit der darin enthaltenen Energie beeinflussen möchtest. Dieses Pflanzenwasser hier ist jedoch zum Verzehr bestimmt.

Du brauchst:

- 100 g sauberes, zerkleinertes Pflanzenmaterial
- 1 Teebeutel aus Stoff oder 1 Teesieb
- 1 Gefäß, das groß genug für das Wasser und die Pflanzenmasse ist, mit Deckel
- 1 l gefiltertes Wasser

Zubereitung:

1. Gib die zerkleinerten Pflanzen in einen Stoffbeutel, Teebeutel oder ein herausnehmbares Teesieb.
2. Gib den Beutel mit den Pflanzen in ein großes verschließbares Glas und gieße das Wasser darüber. Stelle es für ein bis drei Stunden in die Sonne.
3. Danach wird das Wasser abgeseiht, in einen Krug oder eine Flasche umgefüllt und für maximal eine Woche im Kühlschrank aufbewahrt.

Verschiedene Pflanzen brauchen unterschiedlich lange, um ausreichend zu ziehen. Durch Hitze kann der Prozess beschleunigt werden, wie zum Beispiel bei der Zubereitung eines Teeaufgusses. Wenn du jedoch keinen Tee, sondern ein reines aromatisiertes Wasser zubereiten möchtest, musst du vielleicht ein wenig experimentieren.

Manche Früchte und schwerere Pflanzen benötigen eine längere Ziehzeit, während andere bei zu langer Ziehzeit bitter werden können. Schmecke das Wasser in regelmäßigen Abständen ab, um festzustellen, wann es einen angenehmen Geschmack erreicht hat. Vergiss auch nicht, die Pflanzenteile abzusieben, da sie sonst schleimig werden können, was den Aufguss eher unappetitlich macht.

Im Sommer kann Aromawasser sehr erfrischend sein, eine schöne Möglichkeit, die Energie von Kräutern, Pflanzen und Früchten auf einfache Weise zu nutzen. Probiere die folgenden Kombinationen:

- Limette und Melone
- Ingwer und Minze
- Gurke und Basilikum
- Zitrone und Heidelbeere

> Lustralwasser, für einfache Segen, wird hergestellt, indem man einen Zweig des Eisenkrauts in Wasser einlegt.

Pflanzenaufgüsse, die für magische Zwecke bestimmt sind und nicht getrunken werden, können mit jeder Pflanze, Blume oder Frucht deiner Wahl hergestellt werden. Beschrifte das Gefäß deutlich mit dem Hinweis, dass es sich um einen magischen Trank handelt, der nicht getrunken werden darf. Jedes aromatisierte Wasser sollte im Kühlschrank aufbewahrt werden. Entsorge das Wasser nach einer Woche, auch wenn es nicht zum Verzehr bestimmt ist. Du kannst es respektvoll entsorgen, indem du es im Freien neben deinem magischen Arbeitsbereich, Altarbereich, Opferplatz oder Geisterhaus ausgießt.

Auf ähnliche Weise kannst du Blütenwasser herstellen, indem du saubere Blütenblätter in Wasser einweichst. Wenn die Blüten in keiner Weise giftig sind, kannst du dieses Blütenwasser für Bäder, Gesichtsnebel, Haarspülungen und so weiter verwenden.

AROMATISIERTE ÖLE

Zur Herstellung eines aromatisierten Öls befüllst du ein einen Liter großes Einmachglas mit Pflanzenmaterial. Fülle das Glas dann langsam mit dem Öl deiner Wahl auf, verschließe es und lasse es zwei bis drei Wochen lang ziehen, wobei du die Flasche mindestens einmal täglich schüttelst. Wenn das Öl den gewünschten Duft hat, siebst du das pflanzliche Material ab und füllst das Öl in eine neue, saubere Flasche mit Deckel. Beschrifte die Flasche mit Datum und Inhalt und notiere alle zusätzlichen magischen Informationen in deinem Gartentagebuch oder Grimoire. An einem dunklen Ort aufbewahrt, sollte ein aromatisiertes Öl bis zu einem Jahr haltbar sein.

Wie Zaubertränke können auch Öle zum Verzehr ungeeignet sein, je nachdem, welche pflanzlichen Stoffe du für deinen magischen Zweck verwendet hast. Einige Pflanzen können äußerlich angewendet, aber trotzdem nicht verzehrt werden; andere sollten nur magischen Zwecken und nicht der Körperpflege dienen.

Magische Werkzeuge

Es gibt viele Möglichkeiten, wie du Dinge aus deinem Garten verwenden kannst, um daraus magische Werkzeuge herzustellen. Probiere Folgendes aus:

- Stelle dein eigenes Papier für Zaubersprüche her und nutze dazu Material aus deinem Garten. Du kannst zum Beispiel gemahlene Samen, getrocknete Kräuter oder getrocknete Blütenblätter verwenden oder eine Prise Erde von einer bestimmten Stelle in deinem Garten hinzufügen, die besondere Energien trägt. (Wie du Papier selbst herstellen kannst, erfährst du in meinem Buch *Anleitung für dein Buch der grünen Magie.*)
- Du kannst Zweige von beschnittenen Sträuchern oder Bäumen als Zauberstäbe oder magische und physische Stütze für kleinere Pflanzen verwenden. Wähle sie aufgrund ihrer magischen Entsprechungen oder wegen persönlicher Assoziationen aus. Gegabelte Stöcke oder kleine Äste können als Arbeitsaltäre, Schreine oder Werkzeuge für die Zauberkunst im Garten eingesetzt werden. (Mehr dazu in Kapitel 5.)
- Regenwasser ist etwas sehr Nützliches, das man für die Zauberei zur Hand haben sollte. Benutze ein sauberes Gefäß, um es aufzufangen; befestige zuvor ein Stück Seihtuch oder Mulltuch mit einem Gummiband darüber, um Schmutz und Fremdkörper fernzuhalten. In eine kleine Flasche umgefüllt und beschriftet, kann das Regenwasser einige Wochen im Kühlschrank aufbewahrt werden. Du kannst es auch zu einer ganz bestimmten Zeit

auffangen (zum Beispiel während eines Sturms oder einer bestimmten Mondphase). Friere das so gesammelte Wasser in einem Eiswürfelbehälter ein, wenn du es aufheben möchtest. Sobald es gefroren ist, kannst du die Eiswürfel entnehmen, in einen Gefrierbeutel mit Reißverschluss oder in einen dicht schließenden Behälter legen und beschriften. Bewahre Beutel oder Behälter im Gefrierschrank auf und entnimm nach Bedarf einen oder zwei Würfel.

- Kleine Zweige (auch getrocknete Kräuterstängel) können für die Herstellung von Zaubern und Talismanen bereitgehalten werden. Sie eignen sich gut für Hexenleitern oder als Grundlage für gewebte Zaubersprüche, bei denen gekreuzte Stöcke als Rahmen benötigt werden.
- Wenn du gern deine eigenen Tassen, Schalen oder Teller für rituelle Zwecke herstellen möchtest, kannst du mit Tonblöcken beginnen, die du in einem Kunstladen gekauft hast, und beim Kneten des Tons einige Prisen Erde von bestimmten Stellen in deinem Garten, gemahlene Kräuter oder getrocknete Blütenblätter hinzufügen. Diese Zusätze können, zusammen mit deiner Absicht, die Energie dieser sehr persönlichen magischen Werkzeuge verstärken.

KÖRPERPFLEGE

Die Verwendung von Kräutern in der Körperpflege wird schon seit vielen Jahren praktiziert. Du kannst die vorstehenden Anleitungen befolgen, um aromatisierte Öle herzustellen, und sie dann dem Badewasser hinzufügen. Verwende zu diesem Zweck ein leichtes Öl wie Jojoba- oder Traubenkernöl. Ein aromatisiertes Öl kann auch mit Meersalz kombiniert werden, um ein Körperpeeling herzustellen. Verwende für den Anfang ein Verhältnis von einem Teil Öl zu zwei Teilen Salz und passe die Mischung dann nach und nach an die von dir gewünschte Konsistenz an. Für ein sanfteres Peeling kannst du auch braunen Zucker nehmen.

Außerdem kannst du Zweige mit frischen Kräutern in die Dusche hängen, damit die Wärme des Wassers den Duft freisetzt und die Energie verbreitet. Um Badesalz herzustellen, kannst du deine getrockneten Kräuter zu Pulver mahlen und dann in Bittersalz einrühren, im Verhältnis vier Teile Salz zu einem Teil Kräuter. Wenn du dafür frische Kräuter einsetzen möchtest, lege die grob zerkleinerten Pflanzen in einen Teebeutel aus Stoff oder in die Mitte eines Waschlappens, ziehe die Ecken zusammen, befestige sie mit einem Gummiband und füge das Päckchen dann dem Badewasser hinzu.

Getrocknete Kräutermischungen

Wenn du Kräuter trocknest und sie in sorgfältig beschrifteten Gläsern an einem dunklen Ort aufbewahrst, kannst du sie das ganze Jahr über für magische Zwecke oder zum Kochen verwenden. Entweder bewahrst du die grob zerkleinerten Pflanzen in der Form auf, in der du sie getrocknet hast, oder du zerkleinerst sie später mit Mörser und Stößel oder einer speziellen Gewürz- oder Kaffeemühle.

> Sobald du eine neue Ernte von Kräutern und Pflanzen zum Trocknen eingebracht hast, kannst du die alten mit Dankbarkeit entsorgen. Gib sie zu deinem Kompost oder verbrenne sie als Opfergabe im Geisterhaus, auf deinem Altar oder in deinem Arbeitsbereich.

Mit getrockneten Kräutern lässt sich schnell und einfach eine bestimmte magische Energie an einen Ort zu bringen, den du für wichtig erachtest. Halte dazu eine Auswahl an kleinen Fläschchen oder Gläsern bereit, die du mit den gewünschten Kräutern füllen und dort platzieren kannst, wo du ihre Wirkung für nötig hältst. Wenn du Steinchen oder kleine Kristalle zur Hand hast, füge einen oder mehrere hinzu, die dein magisches Ziel unterstützen. Möchtest du der kleinen Zauberflasche Farbe verleihen, lege ein Stück Papier oder einen Stoff in einer Farbe hinein, welche die entsprechende Energie trägt.

Getrocknete Kräuter können auch in Potpourris, als Zusatz zu Kerzenzaubern (entweder indem man die Kerze mit Öl einreibt und in pulverisierten Kräutern wälzt oder indem man die Kräuter um den Kerzenständer herum streut) und in Zauberbeuteln verwendet werden. Eine meiner Lieblingsbeschäftigungen mit getrockneten Kräutern ist die Verwendung als Streupulver: Zuerst mahlt man die Kräuter der Wahl, dann gibt man sie in einen Gewürzstreuer und schüttelt das Kräuterpulver an den Stellen, an denen es benötigt wird, aus. Dies ist vergleichbar mit dem einfachen Verstreuen von Kräutern. Lasse das Pulver so lange einwirken, wie du es für nötig hältst, und wische oder sauge es dann auf.

Räuchern und Rauchreinigung

Bei einer Verbrennung wird Energie freigesetzt. Aus diesem Grund verbrennt man bei Zaubern Dinge, die auf ein Blatt Papier geschrieben sind. Die Energie wird in Form von Licht und Wärme freigesetzt, die durch den Brennstoff erzeugt wird. Bei pflanzlichen Stoffen werden die Energien freigesetzt, die etwa mit den Kräutern in deiner Mischung verbunden sind. Streue für eine Rauchreinigung oder Opfergabe eine Prise des getrockneten Pflanzenmaterials auf eine angezündete Kohlescheibe, die für Räucherwerk bestimmt ist. Verwende dazu eine hitzebeständige, mit Sand gefüllte Schale, in die du die Kohle legst. Wenn der Rauch von den Pflanzen aufsteigt, verwedele ihn bewusst mit deiner Hand, einem Fächer oder einer Feder, um den Raum zu reinigen. Wenn du die Pflanzen als Opfergabe verbrennst, kannst du den Rauch einfach aufsteigen lassen.

Dies sind einige Pflanzen, die sich gut für Räuchermischungen eignen:

- Lavendel: Das beruhigende Kraut wird für Gesundheit, Wahrsagerei, Entspannung und übersinnliche Entwicklung verwendet. Zerkleinere die getrockneten Blüten, um sie auf die Holzkohle zu streuen, oder verwende die Stängel mit den Blättern, um sie zu einem Bündel zu binden.
- Beifuß: Dieses Kraut reinigt Energien, klärt den Geist und schärft die übersinnliche Wahrnehmung, sodass es zu Beginn einer Arbeit, die einen veränderten oder Trance-Zustand erfordert, gut geeignet ist.
- Rosmarin: Rosmarin wird allgemein zum Schutz, zur Abwehr negativer Energie, zur energetischen Reinigung und zum Segnen verwendet. Nimm einen frischen Zweig und tauche ihn in Wasser zum Besprenkeln oder mahle ihn und verbrenne ihn auf Holzkohle.
- Salbei: Die Verwendung von Weißem Salbei ist problematisch geworden, was einen ethischen Gebrauch und die kulturelle Aneignung betrifft. Eine durchaus brauchbare Alternative ist der Echte Salbei (*Salvia officinalis*), der gut im Garten, im Blumenkasten oder auf der Fensterbank wächst. Salbei wird mit Läuterung und Weisheit assoziiert.
- Eisenkraut: Eisenkraut wird zum Schutz, zur Reinigung und zur Beseitigung negativer Energien verwendet, aber auch zur Heilung und zum Anziehen von Glück.

Kapitel 9

Hexenkunst im Garten

Der Garten als Ort der magischen Praxis

Noch magischer als das Zaubern mit Pflanzen aus dem eigenen Garten ist das Zaubern im Garten selbst. Dein Garten ist deine Ecke der Natur, deine persönliche Schnittstelle mit einem Mikrokosmos der größeren natürlichen Welt. Er wurde von dir entworfen, angelegt und gepflegt und steht in Resonanz mit deiner Energie, und auch du stehst in Resonanz mit der Energie, die der Garten erzeugt. Es macht daher absolut Sinn, dass du in dieser Umgebung Magie wirkst.

> Je nach der Art der Magie, die du ausübst, kannst du die Energie der Mondphase mit der des Zeichens, in dem der Mond steht, abstimmen. Weitere Informationen findest du in Kapitel 3.

Ob dein Garten nun drinnen oder draußen ist, du kannst immer einen Weg finden, um magisch mit ihm zu arbeiten. Lege ein Kissen in den Raum, in dem sich die meisten deiner Zimmerpflanzen befinden, und setze dich darauf. Nimm deine Stecklinge von der Fensterbank und stelle sie auf deinen Küchentisch. Trete hinaus auf deinen Balkon. Lege dich in deinem Garten auf den Boden. Nun weißt du, was ich meine, und kannst selbst weitere Schritte gehen. Bist du bettlägerig, brauchst aber einen Gartenzauber? Dann kannst du dich mit deiner eigenen Energie ausstrecken und mit der Energie des Gartens verbinden.

Der richtige Zeitpunkt für deine Gartenmagie

Sonne und Mond haben beide eine große Macht auf die Energie deines Gartens. In Kapitel 3 haben wir uns die Planetenstunden und die Art und Weise angesehen, wie die Position des Mondes seine Energie beeinflusst, aber es gibt noch mehr Möglichkeiten, wie eine Hexe die Energie der Himmelskörper nutzen kann.

Die Mondenergie

Die Mondenergie ist eine der Hauptenergien, die in der Hexerei verwendet wird, und das gilt auch für die grüne Magie. Die Arbeit mit den Mondphasen ist eine der häufigsten Methoden, magische Handlungen zu planen und auszuführen. Generell gilt, dass die Anziehungs- oder Wachstumsmagie in der ersten Hälfte des Mondmonats durchgeführt wird, wenn der Mond am Himmel zunimmt. Verbannungsmagie oder Magie, die mit Abnahme oder Verringerung verbunden ist, wird in der zweiten Hälfte des Zyklus ausgeführt, wenn der Mond wieder abnimmt. Schau dir noch einmal die Mondphasen in Kapitel 3 an.

Der tägliche Sonnenzyklus

Wenn du deine Magie nach dem täglichen Sonnenzyklus ausrichtest, kann das ebenfalls helfen, deine Magie zu fokussieren. Ein Beispiel:

- Der Sonnenaufgang ist eine Zeit des Anfangs. Dies ist eine ausgezeichnete Zeit, um Vorsätze zu fassen und neue Projekte in Angriff zu nehmen.
- Der Morgen ist eine Zeit zunehmender Stärke, gut für die Arbeit an kreativen Themen und anderen Bereichen, die in irgendeiner Weise Expansion erfordern.
- 12:00 Uhr gilt als Mittagszeit, aber deine Uhr zeigt nicht immer den tatsächlichen Zeitpunkt des Zyklus an. Ermittle stattdessen die Zeit des Sonnenaufgangs und des Sonnenuntergangs, und rechne aus, wie viele Stunden Tageslicht es gibt. Teile diese durch zwei, und du hast eine bessere Vorstellung davon, wann die Sonne ihren Höhepunkt erreicht hat. (Dies ist besonders wichtig, wenn du an einem Ort lebst, an dem die Sommerzeit gilt. Wenn die Uhr umgestellt wird, ändert das nichts an den Vorgängen am Himmel.)
- Am Nachmittag steht die Sonne allmählich tiefer am Himmel. Es ist eine Zeit, in der man daran arbeiten kann, Dinge zu reduzieren oder zu minimieren.
- Der Sonnenuntergang eignet sich gut, um etwas abzuschließen, wegzuräumen und die Präsenz oder Wirkung von Dingen zu beenden.

Der jahreszeitliche Sonnenzyklus

Die Sonne bewegt sich in einem größeren Maßstab und gibt uns die Jahreszeiten vor, in denen sich ihre Energie ganz unterschiedlich anfühlt. Wie beim Mondzyklus gibt es ein Muster aus Zu- und Abnahme. Im Folgenden findest du einige Gedanken darüber, wie die Jahreszeiten deine Magie beeinflussen:

- Winterenergien sind ruhig und langsam. Dies ist eine Zeit des Winterschlafs, eine Zeit, in der man nach Erschöpfung neue Energie gewinnt.
- Frühlingsenergien sind schöpferisch, voller Potenzial, und geeignet, um Samen für eine spätere Ernte zu pflanzen.
- Die Sommerenergien sind expansiv, fruchtbar und gesund.
- Bei den Herbstenergien geht es um Ernte und Überfluss, aber auch um die Vorbereitung auf das Ende des Zyklus und auf die Ruhe.

Magische Energie aus dem Garten schöpfen

Energie direkt aus deinem lebendigen Garten zu ziehen, ist so einfach, wie Energie aus der Erde zu gewinnen, wenn du dich zentrierst und erdest. Das hat den zusätzlichen Vorteil, dass es sich um Energie handelt, die du selbst kultiviert und gefördert hast.

Nehmen wir uns zunächst einen Moment Zeit, um die Unterschiede zwischen der Energie der lebenden Pflanze und der Energie, die von geernteten Teilen ausgeht, zu betrachten (siehe auch Kapitel 3). Am besten lernst du diesen Unterschied kennen, indem du eine Übung machst, bei der du die Energie einer getrockneten und dann die einer lebenden Pflanze derselben Art erspürst. Vergleiche deine Notizen dazu. Welche Unterschiede stellst du fest? Welche Gemeinsamkeiten? Eine lebende Pflanze hat in der Regel eine Vitalität, die ihre magische Energie überlagert. Das macht sie nicht besser, nur anders.

Eine Pflanze zu ernten bedeutet nicht unbedingt, ihr Leben zu verkürzen. Viele Pflanzen werden eigens zu dem Zweck angebaut, geerntet zu werden. Darüber hinaus wachsen viele Pflanzen nur einen Zyklus lang; sie sind einjährige Pflanzen, die am Ende ihres Zyklus sterben, sei es aufgrund ihrer eigenen Lebensspanne oder aufgrund des Wechsels der Jahreszeiten. Wenn wir ernten, danken wir der Pflanze und erkennen die Arbeit und die Energie an, die in ihr Wachstum geflossen sind. Wir achten außerdem ihr Absterben als Teil des natürlichen Zyklus. In einem Garten unterstützen wir das Wachstum der Pflanze und sorgen dafür, dass sie Wasser, guten Boden und die besten Wachstumsbedingungen hat, die wir ihr bieten können. Auch wir stecken Energie in ihr Wachstum. Und wenn wir sie ernten, sei es für die Magie oder anderweitig, kommt diese zu uns zurück, in Form von Energie für unsere Magie oder für unseren Körper.

In ihrem 2018 erschienenen hervorragenden Artikel »O Tannenbaum: My Witchy Winter Solstice Tree As Fir Magick« erforscht Michelle Heron das Konzept des Opfers und des ausgewogenen Austauschs von Energie.

Ein Teil der Lektion, die wir hier lernen können, ist, dass nichts wirklich stirbt, sondern lediglich seine Form verändert. Auch der Lebenszyklus wandelt die Energie in einem Prozess von der Sonne bis zur höchsten Ordnung der Organismen um, aber nichts entgeht dem Tod: Alles im Kosmos wird aufsteigen, gedeihen, vergehen, sterben, verwesen und die nächste Generation nähren, die sich aus ihrem Kompost erheben wird. Auf die gleiche Weise verleiht jede Pflanze und jede Blume, die wir für die Magie ernten, ihre Kraft unserer Arbeit, und natürlich gibt es ein Opfer. Aber solange wir in Bezug auf unsere pflanzlichen Verbündeten »fair nehmen und fair geben«, kann diese Magie sehr kraftvoll sein.[1]

Die Energie der lebenden Pflanzen zu nutzen, ist einfach. Man tut es auf die gleiche Weise, wie man die Energie der Umgebung, eines Gewässers oder eines Baumes, unter dem man sitzt, anzieht. Nachdem du dich zentriert und geerdet hast, streckst du deine persönliche Energie aus, um die Energie der Pflanze zu berühren. Nachdem du den Kontakt hergestellt hast, frage, ob du von ihrer Energie schöpfen darfst. Erkläre ihr, dass du nur ein wenig brauchst, beschreibe dein Ziel und warte auf das Einverständnis der Pflanze, bevor du fortfährst. Wenn sie nicht reagiert oder ein negatives Gefühl aussendet, danke ihr für ihre Zeit und frage eine andere Pflanze.

Bei der Arbeit mit Pflanzenenergie sind einige Dinge zu beachten:

- Der Standort der Pflanze hat Einfluss darauf, wo du arbeiten wirst. Wenn es sich um eine Topfpflanze handelt, kannst du sie wahrscheinlich dorthin stellen, wo du arbeiten möchtest; geht es um eine große Pflanze im Freien, musst du in der Nähe ihres Standorts arbeiten.
- Es ist immer wichtig, der Pflanze zu danken. Dies ist ein symbolischer Austausch von Energie. Ehre die Pflanze, die mit dir gearbeitet hat, indem du ihr Wasser, einen kleinen Kristall oder einen anderen Stein gibst, den du gewaschen

1 https://www.patheos.com/blogs/witchonfire/2018/12/o-tannenbaum-my-witchy-solstice-tree-as-fir-magick/

und gereinigt hast. Ein kleiner Snack aus einem geeigneten Dünger oder Bodenverbesserer wäre auch eine nette Geste, aber stelle dabei sicher, dass die Pflanze oder der Boden ihn tatsächlich braucht und dass es die richtige Jahreszeit für die Düngung des Bodens ist.

- Achte ganz besonders darauf, dass du der Pflanze nicht zu viel Energie entziehst. Dies kann dazu führen, dass sie sich nicht mehr erholen kann und abstirbt. Wenn sie überlebt, wird sie vielleicht nie wieder dieselbe sein.

Eine andere Möglichkeit besteht darin, der Pflanze die Energie zu entziehen und sie dann in einen Gegenstand zu leiten, um sie zu einem späteren Zeitpunkt wieder zu nutzen. Dazu bietet sich ein Stein mit ähnlicher energetischer Entsprechung an; du könntest auch ein (gezeichnetes oder fotografiertes) Bild der Pflanze, eine Statue oder ein Werkzeug verwenden, das du vorbereitet hast. Oder arbeite mit Knotenmagie: Ziehe die Energie der Pflanze in ein Seil oder eine Schnur aus Naturfasern, und mache dann einen Knoten, um sie zu sichern. Löse den Knoten später, um die Energie freizusetzen.

> Auch der Boden wird auf magische Weise mit der Energie der Pflanze angereichert, die dort gewachsen ist. Beziehe dies in deine Zauberarbeit ein, um der Erde Magie zu verleihen, die mit den magischen Assoziationen der Pflanze, die in ihr wuchs, verbunden ist.

PFLANZEN-VERTRAUTE

Ein Vertrauter ist ein Geist, der dir hilft oder Teil deiner spirituellen und/oder magischen Arbeit ist. Man denkt dabei im Allgemeinen an Tiere, aber wenn du als grüne Hexe Kontakt mit dem Geist einer Pflanze und eine persönliche Resonanz oder Verbindung zu ihr hast, kannst du sie natürlich dazu einladen, mit dir zu arbeiten.

Muss der Pflanzengeist mit einer Pflanze verbunden sein, die du in deiner Magie verwendest? Das kommt darauf an. Im Allgemeinen sage ich Nein; ich glaube aber, dass du einen Vertrauten einer Pflanze verwenden kannst, die nicht in deine Zauberei einbezogen ist. Der Grund dafür ist einfach: Die Pflanzen, mit denen ich in Resonanz stehe, haben oftmals eine Energie, die sich auf den Aspekt des Zauberns anwenden lässt, nicht auf das eigentliche magische Ziel.

Ich kann zum Beispiel die reinigende und kraftvolle Wirkung von Rosmarin nutzen, um meinen Zauber zu unterstützen, auch wenn mein Ziel etwas Zartes und Entspannendes ist, wie die Herstellung eines Schlafzaubers für meine Tochter.

Ich würde dem Zauber selbst keinen Rosmarin hinzufügen, aber ich kann seine Energien nutzen, um meine eigenen Energien bei der Ausführung des Zaubers zu unterstützen.

Jahreszeitliche Feste

Dein Garten ist der ideale Ort, um jahreszeitliche Rituale zu feiern. Wo sonst kannst du den Zyklus der Jahreszeiten, wie er sich in der Natur widerspiegelt, deutlicher sehen und spüren? Ob drinnen oder draußen, du kannst ihn überall ehren.

Die meisten unserer traditionellen Bräuche haben ihre Wurzeln in bäuerlichen Festen. Das moderne Jahresrad – acht Feste im Abstand von jeweils etwa sechs Wochen – folgt dem Sonnenzyklus im Wechsel der Jahreszeiten. Sie entsprechen einem landwirtschaftlichen Zyklus, der sich in der Regel im Wachstum deines Gartens widerspiegelt.

Vier dieser Feste sind die Sonnenwenden und Tagundnachtgleichen am ersten Tag jeder der vier Jahreszeiten:

- Frühjahrstagundnachtgleiche (um den 21. März)
- Sommersonnenwende (um den 21. Juni)
- Herbsttagundnachtgleiche (um den 21. September)
- Wintersonnenwende (um den 21. Dezember)

Die anderen vier Feste finden etwa in der Hälfte der Zeit zwischen den einzelnen Jahreszeitenfesten statt:

- Imbolc/Fest des Lichtes (2. Februar)
- Beltane/Maifeiertag (1. Mai)
- Lughnasadh/Lammas (2. August)
- Samhain (30. Oktober)

Die vielen Traditionen, die mit dem landwirtschaftlichen Zyklus verbunden sind, haben oft mit der Gesundheit der Pflanzen, einer guten Ernte und dem Schutz der Felder und des Viehs zu tun. Daraus entstand eine reiche Quelle von Festen, bei denen die Gartenarbeit zu bestimmten Zeitpunkten des Jahreszyklus im Mittelpunkt steht. Bei diesen Festen geht es darum, die Pflanzen zu segnen und zu schützen, damit sie fruchtbar sind und gut wachsen.

Wichtiger als die Einhaltung der Daten dieser Feste ist es, darauf zu reagieren, wie sich die Jahreszeiten an deinem geografischen Standort manifestieren und widerspiegeln. Denn das Wetter beeinflusst, wann genau bestimmte Dinge sprießen, knospen und blühen. Deshalb ist es wichtig und interessant, die jährlichen Aktivitäten in deinem Garten zu dokumentieren. Im Rückblick kann man dann sehen, wie eine Saison verlaufen ist, und entsprechend planen, wenn die nächste Saison auf ähnliche Weise beginnt.

> Wenn du an einem Ort lebst, an dem die Jahreszeiten nicht so dramatisch unterschiedlich verlaufen wie in der nördlichen Hemisphäre, denke über die Veränderungen nach, die es an deinem Wohnort gibt. Tragen die verschiedenen Pflanzen zu unterschiedlichen Zeiten Blüten oder Früchte? Finde heraus, was im Jahreszyklus deines Wohnortes wichtig ist, und entscheide, was du feiern möchtest.

Der Herbst ist meine Lieblingsjahreszeit, was die Qualität des Lichts, die Farben der Bäume und die Energie angeht, aber der Frühling reizt mich auf ganz andere Weise. Ich freue mich darauf, zu sehen, wie die Spitzen des Zwiebelgrüns zum ersten Mal vorsichtig aus der kühlen Erde sprießen. Ich freue mich über die neuen roten Blätter an den Rosensträuchern. Ich beobachte das Anschwellen der Knospen des Wildapfelbaums und des Flieders und bin gespannt auf ihre Explosion. Ich erinnere mich daran, dass die Wildapfelbäume in dem Jahr, in dem ich meinen Schulabschluss gemacht habe, Mitte Mai in voller Blüte standen, und ich beurteile anhand der Wildapfelbäume in meiner Nachbarschaft, wie weit der Frühling zu dieser Jahreszeit fortgeschritten ist oder sich verspätet.

Die sozialen Medien haben mir insofern einen Gefallen getan, als ich dazu neige, Fotos von diesen Ereignissen zu posten, sodass die Erinnerungen an das vergangene Jahr festgehalten werden und ich nur aus dem Fenster schauen muss, um zu beurteilen, wie der Stand der Dinge im Verhältnis zum Vorjahr ist. Allmählich bekommt man ein Gefühl für die Jahreszeit, in der bestimmte Ereignisse stattfinden werden.

Jahreszeitliche Rituale

Wenn du bereits jahreszeitliche Übergänge oder Feste feierst, dann versuche, dies in deinen Garten zu verlegen, wenn du ihn nicht bereits zu diesem Zweck nutzt.

Der körperliche Ausdruck der Jahreszeiten in deinem Garten kann diese Feste sehr unterstützen. Wenn du von den sichtbaren Zeichen der Jahreszeit, die du feierst, und den damit verbundenen Energien in deinem Garten umgeben bist, ist das ein unbeschreiblicher Gewinn für deine spirituellen Feiern.

Du wirst vielleicht feststellen, dass sich die Art und Weise, wie du feierst, ändert, wenn du deine Feste in deinen Garten verlegst. Das ist in Ordnung; es bedeutet nur, dass dein spiritueller Ausdruck die Energie deiner Umgebung widerspiegelt.

Wenn dein Garten groß genug ist, musst du vielleicht entscheiden, wo du deine Feier abhalten willst. Falls du ein Geisterhaus oder einen Gartenschrein hast, könnte es sich anbieten, deine Aktivitäten dort zu konzentrieren. Wenn du einen Altar oder einen magischen Arbeitsplatz im Freien hast, der sich irgendwo im oder neben dem Garten befindet, ist das vielleicht ein geeigneter Ort für deine Rituale. Arbeite dort, wo du dich am wohlsten fühlst. Wenn dein Garten offen liegt und von Nachbarn oder Passanten eingesehen werden kann, ist es dir vielleicht angenehmer, einen kleinen, abgelegenen Bereich einzurichten, der sich privater anfühlt und in dem du deine jahreszeitlichen Feiern durchführen kannst.

In meinen früheren Büchern spreche ich oft über den Unterschied zwischen der Schaffung eines heiligen Raums und dem Ziehen eines Kreises, der die magische Arbeit und die dadurch erzeugte Energie einschließt. Wenn du jahreszeitliche Rituale in deinem Garten zelebrierst, musst du selbst entscheiden, ob es ausreicht, den Raum, in dem du arbeiten wirst, zu segnen, oder ob du das Gefühl hast, dass eine stärkere Abgrenzung deines Arbeitsbereichs und/oder eine Barriere gegen Energien von außen notwendig ist. Dein Garten ist in jeder Hinsicht ein heiliger Raum, sowohl für dich als auch für die Pflanzengeister, die Tierwelt und den Geist des Gartens. Es kann genügen, dies in einer formellen Erklärung anzuerkennen, bevor du beginnst. Wie immer bist du diejenige, die entscheidet, was du an deinem Standort spürst und für notwendig erachtest.

Wie du eine Jahreszeit, ein bedeutendes Ereignis oder eine Veränderung in deinem Garten feierst, bleibt ganz dir überlassen. Du kannst in deinem Garten stehen, auf dem Boden liegen oder sitzen oder auf einem Stuhl oder Stein sitzen. Wähle die Tageszeit aus, die am besten die Energien, die du feierst, oder deine persönlichen Energiebedürfnisse oder -ausdrücke widerspiegelt. Versuche zum Beispiel, ein Frühlingsritual in der Morgendämmerung durchzuführen, den Sommer zur Mittagszeit zu begrüßen, den Herbst bei Sonnenuntergang und den Winter in der Nacht. Du kannst die Elemente mit einbeziehen oder nicht, ganz wie du willst. (Kerzen in Gläsern, damit sie nicht aus- oder umgepustet werden, machen sich beispielsweise gut; Weihrauch kann in einem sicheren Behälter verwendet werden; Schalen mit Wasser können nach dem Ritual als Trankopfer für den Garten dienen.) Bereite im Voraus Speisen und Getränke vor, und beziehe sie in deine Feier mit ein, dann lass etwas davon als Opfergabe für den Garten und den Gartengeist übrig.

Wenn du es normalerweise vorziehst, deine Rituale schriftlich vorzubereiten, versuche, dir an einem bestimmten Punkt der Feier eine Minute Zeit zu nehmen, in der du dich erdest und zentrierst und einen Segen aus dem Herzen sprichst; vertraue auf deine Intuition und tue, was sich für die Jahreszeit richtig anfühlt.

Als Teil des Feierns oder der Begrüßung der Jahreszeit möchtest du vielleicht etwas tun, wie zum Beispiel deinen Garten rundherum abzuschreiten. Dies ermöglicht es dir, seine Grenzen zu erkunden und die Gesundheit und den Zustand der Energie an den Randbereichen zu überprüfen – Bereiche, mit denen wir vielleicht nicht so oft interagieren wie mit den inneren Bereichen. Wenn du möchtest, kannst du diese Bereiche mit Darstellungen der vier Elemente ablaufen – mit einer Kerze in einer Laterne, Weihrauch, einer kleinen Schale mit Wasser und einem Kräuterzweig, mit dem du gesegnetes Wasser versprenkeln kannst – oder du kannst einfach Worte sprechen, die von Herzen kommen, oder ein Lied singen, um positive Schwingungen zu erzeugen, während du vorbeigehst. Auf diese Weise behältst du die Gesundheit und Kraft der Grenzen deines Gartens im Auge und verstärkst die magische Absicht, die du für deinen Garten festgelegt hast.

> Vielleicht möchtest du bewusst Energiegrenzen zum Schutz deines Gartens um seinen Umriss herum errichten. Dies kann dazu beitragen, die Energie deines Raumes zu schützen und zu verhindern, dass sie entweicht, aber vor allem kann es deinen Garten vor negativen Energien schützen, die versuchen, seine Energien auszusaugen. Ideen zum Errichten von Energiegrenzen und Schutzwällen und anderen Möglichkeiten, einen Raum zu schützen und die Energie anzuziehen, die du dort haben möchtest, findest du in meinen Büchern *Protection Spells* und *The House Witch*.

Gebet zum jahreszeitlichen Wandel

Dieses Gebet kann allgemein bei Ritualen zum Jahreszeitenwechsel gesprochen werden:

Hilf mir, von einem Zustand in einen anderen zu fließen.
Lass mich das Beste von dem nehmen, was die vergangene Jahreszeit mir gebracht hat, und es in die neue Jahreszeit mitnehmen.
Möge ich offen sein für die Veränderungen, die der Wechsel der Jahreszeiten mit sich bringt.
Möge ich mit diesen Veränderungen arbeiten und nicht gegen sie.
Hilf mir, zu verstehen, dass der Zyklus den Wandel lehrt,
das Loslassen und Vorwärtsgehen.
Hilf mir, zu ehren, was ich zurücklasse, was mir nicht mehr dient.
Führe mich, wenn ich im Zyklus vorwärtsschreite,
wie es die Bäume, Blumen, Pflanzen, Vögel, Insekten und alles Lebende tun.
Denn ich bin eins mit der Natur.

Du kannst das Gebet auch auf den Mond beziehen, wenn du es während der Feier eines der zwölf Jahreszeitenmonde verwenden möchtest; mehr dazu im nächsten Abschnitt.

Die jahreszeitlichen Monde

Für die zwölf (manchmal auch 13) Vollmonde des Jahres gibt es je nach Kultur oder Region eine Vielzahl unterschiedlicher Namen. Im Allgemeinen werden sie nach landwirtschaftlichen Ereignissen oder erkennbaren Naturphänomenen benannt.

Bevor sich der Julianische Kalender durchsetzte, bestand die Zeiteinteilung wahrscheinlich aus Mondmonaten. Das bedeutet, dass es zwölf Monate mit jeweils etwa 28 Tagen gab. Diese wurden durch die beiden Sonnenwenden, den längsten Tag und die längste Nacht, verankert.

Die Wahl von zwölf Mondmonatsnamen kann ein aufschlussreicher Weg sein, um mit deinem magischen Garten zu arbeiten. Im Folgenden liste ich die verschiedenen Namen für jeden Mond auf, die aus einer Vielzahl von Kulturen stammen. Da es selten vorkommt, dass unser genauer Standort den Zeitplan dieser natürlichen

Ereignisse perfekt widerspiegelt, und auch unsere persönlichen Rhythmen und Praktiken variieren, möchte ich dich ermutigen, über diese Auswahl nachzudenken und die Namen auszuwählen, die am besten zu deinem Standort passen, sowohl geografisch als auch spirituell. Deine Assoziationen mit den Monden sollten persönlich sein, damit sie so bedeutungsvoll wie möglich sind. Die Festlegung der Namen für die zwölf Monde, wie du sie in deinem Garten erlebst, wird dazu beitragen, deine Wahrnehmung des Jahres zu prägen. Es ist auch ein Zeichen dafür, wie sich die jahreszeitlichen Energien in deinem Leben und in deinem Garten entfalten und fließen. Auf diese Weise kannst du eine persönliche Verbindung zu den Ereignissen herstellen, die in einem größeren jahreszeitlichen Kontext stattfinden. Eine dreimonatige Jahreszeit umfasst schließlich viele, viele Veränderungen. Wenn du dir einmal im Monat Zeit nimmst, um die Veränderungen im Zyklus der Natur und die daraus resultierende Energieverschiebung zu beobachten, hast du mehr Möglichkeiten, deine persönliche Energie auf die der wechselnden Jahreszeiten abzustimmen. So kannst du besser nachvollziehen, was sich wann ändert, und dir bewusster machen, wie sich diese Veränderungen auf deine Energie auswirken.

> Wenn es dir nicht behagt, zwischen diesen verschiedenen kulturellen Namen zu wählen, und du es vorziehst, mit etablierten Mondbezeichnungen aus einer einzigen Quelle zu arbeiten, dann wirf einen Blick auf die Namen, die ich in *Anleitung für dein Buch der grünen Magie* aufliste. Alternativ kannst du auch deine eigenen entwickeln.

In den folgenden Listen werden manchmal Namen von einem Monat zum anderen wiederholt. Bedenke dabei bitte, dass es sich hier nicht um eine Wissenschaft handelt. In verschiedenen geografischen Gebieten, aus denen diese Namen stammen, kann zum Beispiel zu unterschiedlichen Zeiten Schnee gefallen sein.

Bedenke bitte, dass ich die Namen zwar in der Reihenfolge der Monate geordnet habe, es aber eigentlich um den jeweiligen Vollmond geht.

- Januar: Wolfsmond, Eismond, Schneemond, Alter Mond
- Februar: Schneemond, Hungermond, Sturmmond
- März: Wurmmond, Saftmond, Krähenmond
- April: Hasenmond, Eiermond, Blumenmond
- Mai: Blumenmond, Maispflanzmond, Milchmond
- Juni: Erdbeermond, Rosenmond
- Juli: Bockmond, Donnermond, Würzemond, Heumond

- August: Grüner Maismond, Kornmond, Gerstenmond
- September: Erntemond, Maismond, Vollmaismond
- Oktober: Jägermond, Blutmond
- November: Frostmond, Bibermond, Eichenmond, Trauermond
- Dezember: Kalter Mond, Julmond, Eichenmond

Die Monde deines Gartens

Wenn du mit keinem der Namen in der vorherigen Liste etwas anfangen kannst, empfehle ich dir, deine eigenen Namen für die Mondmonate zu entwickeln. Das könnte ein großes Unterfangen sein, das viel Beobachtung und Nachdenken erfordert. Es wird ein Jahr oder noch länger dauern, bis du dich ganz sicher auf eine Liste festlegen kannst. Außerdem ist es ein fortlaufender Prozess; lasse deine Liste also nicht allzu lange links liegen. Entwickle sie weiter, wenn du es für nötig hältst, aber auch hier gilt: Nimm keine tief greifenden Änderungen vor, bevor du nicht den Jahreszyklus durchlaufen und deine Beobachtungen erneut gemacht hast. Wenn du nach ein paar Jahren feststellst, dass der Name, für den du dich ursprünglich entschieden hast, nicht richtig ist, gehe deine jahreszeitlichen Notizen durch und überdenke den Namen. In dieser Zeit der spürbaren Klimaveränderungen macht es keinen Sinn, stur an einer Bezeichnung für einen Mondmonat festzuhalten, wenn diese eindeutig nicht mehr passt.

Beobachte aufmerksam, wie sich dein Garten im Laufe eines Jahres entwickelt. Wann treiben die Ahornblätter aus? Wann blühen die Wildapfelbäume? Wann werfen die Rosen ihre Blütenblätter ab? Wann kehren die Rotkehlchen oder Gänse zurück? Wann gibt es normalerweise den ersten Frost? In welchem Monat fällt der meiste Niederschlag? (Diese Fragen kann dir dein örtlicher Almanach beantworten, ebenso wie die meteorologischen Aufzeichnungen für deinen Wohnort.) Möglicherweise kommt am Ende eine Liste wie die folgende heraus, welche die Muster in meiner eigenen Gegend widerspiegelt:

- Januar: Schneemond
- Februar: Kalter Mond
- März: Sturmmond
- April: Neublattmond
- Mai: Pflanzungsmond

> Ich war versucht, den März als hässlichen Frühlingsmond zu bezeichnen und den November als hässlichen Herbstmond. Dort, wo ich wohne, ist es im März nicht mehr Winter, sondern matschig, bewölkt und furchtbar feucht; der November ist die kalte, nasse Jahreszeit, nachdem das schöne Herbstlaub und die goldenen sonnigen Nachmittage der Vergangenheit angehören. Aber diese Namen sind nicht sehr positiv, und wir bemühen uns, die Bewegung der Jahreszeiten widerzuspiegeln, indem wir auf das schauen, was wir tun oder was um uns herum neu ist, nicht auf das, was fehlt.

- Juni: Rosenmond
- Juli: Mittsommermond
- August: Barmherziger Mond
- September: Erntemond
- Oktober: Apfelmond
- November: Klärungsmond
- Dezember: Julmond

Im Mai pflanzen wir unsere Setzlinge und säen Wurzelgemüse wie Möhren und Radieschen aus; das mag vielen spät erscheinen, aber wir haben regelmäßig bis Anfang Mai und manchmal sogar noch später Frost. Der August ist der ertragreichste Monat; wir ernten täglich und haben in der Regel mehr Gemüse, als wir gebrauchen können. Im September ist die Herbsttagundnachtgleiche, und der Mond, der ihr am nächsten ist, wird immer als Erntemond bezeichnet. Der Oktober ist unser Hauptmonat für die Apfelernte, obwohl wir dort, wo ich wohne, schon Anfang September damit beginnen. Im November räumen wir den Garten auf, entfernen die einjährigen Pflanzen und bereiten die Stauden auf den Winter vor. Die Namen der Wintermonde spiegeln das Wetter wider.

Jahreszeitliche Planung

Als grüne Hexe ist die Arbeit mit den Jahreszeiten Teil deiner natürlichen Praxis. Du kannst die praktischen Gartenarbeiten ebenfalls dem Wechsel der Jahreszeiten zuordnen. Zum Beispiel:

- **Herbst:** Schärfe und öle deine Werkzeuge, bevor du sie für den Winter einlagerst.
- **Winter:** Überprüfe die Erträge deines Gartens und plane für das nächste Jahr.
- **Frühling:** Hole deine Werkzeuge heraus und überprüfe sie, wische sie ab und öle sie bei Bedarf. (Die Lagerung der Werkzeuge kann für Überraschungen sorgen: Selbst wenn sie nicht benutzt werden, können ihre Mechanismen durch Schmutz

und Staub blockiert werden. Gehe durch deinen Garten, und untersuche deine Pflanzflächen auf Schäden oder Veränderungen, die behoben werden müssen. Merke dir diese Bereiche (schreibe sie auf!), ebenso wie die Stellen, an denen neuer Mutterboden benötigt wird.

- **Sommer:** Halte mit der Wachstumsexplosion Schritt und genieße sie!

Gartenzauber wirken

Dein Garten ist ein wunderbarer, kreativer Ort, um dort Magie zu wirken. Er ist reich an Energie und unterstützt dich, da er eine energetische Verbindung mit dir eingeht. Ich werde keine spezifischen Zauber aufzählen, die du durchführen kannst; darum geht es in diesem Buch nicht. Stattdessen werde ich Wege aufzeigen, wie du deinen Garten in die Zauberei und magische Arbeit einbeziehen kannst und wie du in ihm Magie wirken kannst.

> Wenn es jemals einen Grund gab, die magischen Werkzeuge beiseitezulegen – sofern man sie denn benutzt –, dann ist es die Arbeit im Garten. Alles, was du brauchst, ist schon dort. Natürlich kannst du Gegenstände mitbringen und verwenden, wenn du möchtest, aber probiere einmal aus, nur das zu benutzen, was du im Garten selbst findest. Das regt deine Kreativität an und bringt dich dazu, außerhalb deiner Gewohnheiten zu denken und zu handeln.

Intuitive und reagierende Magie

Dinge in Mustern anzuordnen, um dadurch einen bestimmten Energiefluss zu fördern, ist eine spannende Möglichkeit, um im Garten Magie zu wirken. Bereits das Anordnen einer Sammlung von Dingen zu einer schönen Form ist eine Art Gartenmagie.

Stell dir vor, du schaffst magische Kunst, bei der verschiedene Energien zu etwas Neuem verschmelzen; ich sehe darin einen Kunstzauber. Die Schönheit der Natur auf diese Weise zu zelebrieren, ist etwas, das wir vielleicht nicht oft genug tun. Zu zeigen, dass wir sie schätzen, ist eine Form der Anerkennung und Dankbarkeit.

Es kann schwierig sein, auf deine Intuition zu hören und dich von ihr bei der Gestaltung eines Gartenzaubers leiten zu lassen. Wir sind es gewohnt, uns ein klares Ziel vor Augen zu führen und Kräuter oder Farben auszuwählen, die dieses Ziel unterstützen. Einen Garten mit der Absicht zu betreten, auf die Energie des Gartens selbst zu reagieren und aus Dankbarkeit dafür eine magische Handlung auszuführen, kann verunsichernd wirken, wenn man nicht häufig spontane Magie praktiziert. Es liegt jedoch eine gewisse Poesie darin, und es ist eine meiner liebsten Arten von Magie. Das zu tun, wozu du dich durch die Energie um dich herum bewegt fühlst, ist ein wunderbarer, persönlicher Ausdruck von Magie.

Sieh dich in deinem Garten nach Dingen um, die deine Aufmerksamkeit erregen. Gefallene Blätter, Blütenblätter, Zweige und Steine können in deine Magie einbezogen werden. Wenn du das Gefühl hast, dass der Garten dich dazu auffordert, lebende Blätter oder Blumen für deinen Zauber abzuschneiden, folge deiner Intuition. Ich bezeichne diese Art von Zaubern manchmal als »Performance-Magie«, weil das Herstellen des Zaubers ein Prozess und Teil der Magie selbst ist.

Beginne nun mit deiner magischen Kunst. Wohin zieht es dich, um sie zu erschaffen? Welche Form fühlt sich für dich richtig an? Ich verwende oft Kreise und Spiralen, weil sie sich für mich sehr organisch anfühlen, aber es gibt auch Momente, in denen ich den Eindruck habe, dass der Garten eine geerdete Form braucht, und dann verwende ich Dreiecke oder Quadrate.

Bleibe beim Anordnen deiner natürlichen Objekte offen für neue Ideen oder Eindrücke. Im Laufe des Prozesses fühlst du dich vielleicht berufen, bestimmte andere Materialien aus dem Haus zu holen, um den Zauber zu vervollständigen. Das ist in Ordnung, denn du reagierst auf die Energie und planst nicht im Voraus.

Arbeite, bis du das Gefühl hast, dass der Zauber vollständig ist. Löse die Energieverbindung, die du während deiner Arbeit aufrechterhalten hast. Erlaube dem Kunstzauber, sich mit der Zeit von selbst aufzulösen.

Anregungen für Gartenzauberei

Dies sind einige Beispiele, die ich für Gartenzauber verwendet habe:

- Stecke Kerzen in die Erde, umgeben von Stöcken, Blättern, Blütenblättern oder Steinen. Hierfür eignen sich auch Teelichter. In jedem Fall solltest du eine Art Behälter für die Kerzen verwenden, denn in der Erde befinden sich trockene Wurzeln und Fasern, die Feuer fangen oder schwelen können.
- Zeichne mit einem Stock, deinem Finger oder dem Zweig einer holzigen Pflanze Formen oder Sigillen in die Erde.
- Zeichne mit Maismehl Formen auf den Boden. Dies kann auch als Opfergabe verwendet werden.

Außerdem gibt es langfristige Zauber, bei denen du Pflanzen setzt, die dann wachsen und sich mit einer bestimmten Energie verbinden. Wenn du einen Innengarten hast, kannst du die Pflanzen vielleicht in eine bestimmte Formation oder Anordnung bringen, um kurzfristig etwas Ähnliches zu erreichen.

Erd- und Wasserzauber

In der Hexenkunst gibt es eine Zeit, in der man sehr präzise arbeiten muss, und eine Zeit, in der man sich die Hände schmutzig machen muss. Nichts bringt dich näher an die Energie deines Gartens heran, als ihn nach Blättern oder Blumen zu durchstöbern, die dich ansprechen, und daraus einen Zauber zu machen. Du kannst diese Form des Zaubers für alles verwenden, was dir einfällt, aber ich finde, sie funktioniert am besten für die Art von Magie, die keine präzisen, spezifischen Veränderungen erfordert.

> Wenn ich nach Magie suche, die allgemeine, intuitive Veränderungen herbeiführt, dann ist dies die Art von Zauber, die ich gern verwende. Komplizierte, verzwickte magische Ziele sind für diese Technik nicht geeignet.

Das sind die Arten von Zauber, die meine Tochter und ihre Freundinnen am liebsten praktizieren. Man kann entweder mit etwas Wasser in einer Schüssel beginnen und die Zutaten hinzufügen und dann umrühren oder aber eine trockene Variante durchführen, indem man mit einer Handvoll Erde beginnt.

Du brauchst:

- Blätter, Blütenblätter, Steine aus dem Garten
- Tasse mit Wasser oder Erde
- Schüssel, Schale oder Eimer
- Stäbchen oder Zweig
- Optional: Zauberkomponenten aus dem Haus (zum Beispiel Beeren für die Süße oder etwas Honig)

Anleitung:

1. Vergewissere dich, dass du eine klare Vorstellung von deinem magischen Ziel hast.
2. Bevor du beginnst, sammle Blütenblätter, Blätter und Steine aus deinem Garten.
3. Für einen Zauber auf Wasserbasis gießt du zunächst die Tasse mit Wasser in die Schale. Bei einem Zauber auf Erdbasis beginnst du mit der Tasse Erde.

4. Füge die Blätter und Blütenblätter und/oder Steine hinzu, rühre sie mit dem Stäbchen oder Zweig um und konzentriere dich darauf, die Mischung mit deiner magischen Absicht zu stärken.
5. Wenn du einen Zauber auf Wasserbasis herstellst, gib etwas Erde hinzu. Für eine Mischung auf Erdbasis füge ein paar Tropfen Wasser hinzu.
6. Sofern du Vorräte von drinnen mitgebracht hast, füge sie zu dem Zeitpunkt hinzu, an dem es sich angemessen anfühlt.
7. Rühre weiter um und visualisiere weiterhin. Wenn du das Gefühl hast, dass die Mischung Trank fertig ist, trage die Schale dorthin, wo sie sich richtig anfühlt.
8. Du kannst die Schale im Garten stehen lassen oder sie ausschütten, um die Magie auf diese Weise zu verbreiten.

WINTERZAUBER

Du solltest beachten, dass auch der Winter eine Jahreszeit ist, in der du in deinem Garten zaubern kannst. Auch wenn Schnee liegt, lässt sich vieles tun. Zum Beispiel:

- Sammle Schnee von bestimmten Stellen in deinem Garten, und schmelze ihn im Haus, um heiliges Wasser zu gewinnen, das mit der Energie des Ortes gesegnet ist, an dem du den Schnee gesammelt hast. Wenn du die Pflanze, den Strauch oder den Baum identifizieren kannst und den Schnee von dieser Pflanze in eine Schale schüttelst oder bürstest, wird das entstehende Wasser Aspekte der von der Pflanze getragenen Energie enthalten.
- Verwende Schnee aus dem Garten und streue Mischungen aus getrockneten Kräutern, Blättern oder Blüten darüber. Während er schmilzt, verwandelt er sich in einen Trank.
- Bewahre den Schnee in einem wiederverschließbaren Behälter im Gefrierschrank auf, und entnimm bei Bedarf etwas davon, um dem Garten Energie zuzuführen.
- Schneewasser eignet sich hervorragend zum Reinigen und Segnen. Wenn du mit einem Zauber arbeitest, der eine langsame Veränderung auslöst, ist Schneewasser eine großartige Ergänzung.

Schnee ist wichtig für einen Garten. Er ist entscheidend für den Grundwasserspiegel und für die Isolierung mehrjähriger Pflanzen. Außerdem hilft er, den Boden zu erneuern.

Nutze deinen Garten zur Meditation

Dein Garten ist ein Zufluchtsort und ein Ort der spirituellen Verbindung. Meditation eignet sich hervorragend, um diesen Raum und seine Energie zu nutzen.

> Es ist wichtig, in der Natur aktiv zu sein, aber ebenso wichtig, innezuhalten und auf das zu hören, was sie uns zu sagen hat. Wir sind vielbeschäftigte Menschen. In jedem Moment, in dem wir wach sind, brummt unser Geist vor Aktivität. Gönne dir eine Pause, und öffne dich, um ihn zu beleben und deine Lebenskraft aufzufrischen.

Sie ist ein idealer Weg, um mit dem Geist des Gartens zu kommunizieren. Wenn du deinen Kontakt mit ihm und die Botschaften, die du erhältst, festhältst (entweder in deinem Gartentagebuch oder in einem Meditationsprotokoll), kannst du beobachten, wie sich der Geist verwandelt, während sich dein Garten entwickelt und entfaltet. Wie verändert er sich von Jahr zu Jahr?

Dein Garten ist ein Ort der Unterstützung und Pflege. Wenn du Trost brauchst, kann es beruhigend, heilend und nährend sein, dich mit dieser Energie zu umgeben und sie durch dich hindurchfließen zu lassen. Die Magie, die du kultiviert hast, ist ein idealer Ort, um den Geist zu beruhigen und nach innen zu schauen, um Ruhe, Gleichgewicht und Harmonie zu finden.

Wie die Ausübung von Magie oder das Feiern der Jahreszeitenwechsel kann auch die Meditation überall dort im Garten stattfinden, wo du dich wohlfühlst. Das Geisterhaus, der Gartenschrein oder dein Altararbeitsplatz – das sind alles Orte, an denen du die Meditation ausprobieren kannst. Machst du unterschiedliche Erfahrungen, wenn du die Meditation an verschiedenen Orten durchführst? Gibt es einen bestimmten Ort in deinem Garten, an dem du dich ruhiger und friedlicher fühlst als anderswo? Das wäre ein idealer Ort für die Meditation.

Was den Zeitpunkt betrifft, so solltest du die Gartenmeditation durchführen, wenn du dich unruhig oder nervös, unkonzentriert oder aufgewühlt fühlst. Wenn du regelmäßig meditieren möchtest, wähle immer die Stunde des Mondes; diese Energie ist eine gute Basis.

Dein Ziel ist es zuzuhören. Beruhige deine Gedanken; erde und zentriere dich; stütze dich auf die Energie der Erde, um ein niedriges Energieniveau aufzufüllen, oder nutze sie, um überschüssige persönliche Energie abzugeben, damit du Ausgeglichenheit findest.

Das Ziel der Meditation ist nicht immer die Kommunikation. Manchmal geht es einfach darum, zu sein, zu existieren. Es kann sich unangenehm anfühlen, sich mit dem Ziel hinzusetzen, buchstäblich nichts zu tun, passiv zu sein. Aber bei der Gartenmeditation handelt es sich um eine Art aktive Passivität; man lässt zu, dass die Energie des Gartens um einen herum- und durch einen hindurchfließt, und kommuniziert ohne aktive Anstrengung. Das mag ein wenig widersprüchlich klingen und eher so, als würde man versuchen, mit zwei gegensätzlichen Zielen zu jonglieren, aber das ist etwas, das man besser spüren als erklären kann.

Manchmal geht es bei der Meditation auch darum, mit der Energie um dich herum zu kommunizieren, um Informationen zu erhalten. Sobald du dich geerdet, zentriert und deinen Geist geklärt hast und dich ausgeglichen fühlst, öffne dein Herz und lausche, was die Energie des Raumes dir zu sagen hat. Empfange alle Botschaften, die sie für dich bereithält. Diese können in Form von Inspiration, Emotionen oder neuen Gedanken in deinem Geist auftauchen. Mit dieser Art von Meditation kannst du dich auf die Bedürfnisse deines Gartens einstimmen oder dich mit den Tieren darin verbinden.

Anhang

Ausklang

Dein Garten sollte ein Ort der geistigen Nahrung sein. Sogar die Gartenarbeit und -pflege kann ein spirituelles Unterfangen sein, das es dir erlaubt, dich auf die körperliche Aktivität zu konzentrieren, ohne zu urteilen.

Denke an das Konzept, das die Zen-Kunst lehrt: Arbeit ist eine spirituelle Praxis; körperliche Aktivität, die das eigene Selbst und andere nährt, ist ehrenhaft. Indem wir unsere Aufmerksamkeit auf die körperliche Aufgabe richten, indem wir im Augenblick sind, verbinden wir uns mit der Energie des täglichen Lebens. Eine meditative Praxis wie die Pflege eines Gartens bringt uns in Kontakt mit etwas außerhalb von uns selbst. Auf die Bedürfnisse des Gartens einzugehen, ermöglicht es uns, offen und einfühlsam zu sein, in Einklang mit unserer körperlichen Fürsorge für den Garten.

Der Garten und unsere Pflege und Ehrfurcht vor ihm ist wie ein Mikrokosmos unserer Verbindung mit der Natur. Die Natur ist unser Zuhause, unsere Umgebung, in der wir leben und gedeihen. Wenn wir uns von ihr trennen, werden beide Seiten ärmer.

Dein Garten ist ein praktisches Tor, um am Kreislauf der Natur teilzuhaben und von den Erkenntnissen zu profitieren, die er dir bringt. Jedes Jahr wird anders sein, und das ist ein Teil des Zaubers. Kein Frühling wird jemals so sein wie der vorherige, und das ist gut so. Wie die Beziehungen zu den Menschen, so werden auch deine Erfahrungen mit einer Jahreszeit von Jahr zu Jahr anders sein.

Stelle dich in die Mitte deines Gartens, deines magischen Ortes, und frage dich: Was bereitet dir dieses Mal Freude?

Literaturverzeichnis

16.2A: Soil Composition, abgerufen am 7. September 2021 von https://bio.libretexts.org/Bookshelves/Microbiology/Book%3A_Microbiology_(Boundless)/16%3A_Microbial_Ecology/16.2%3A_Soil_and_Plant_Microbiology/16.2A%3A_Soil_Composition

Alden, Temperance*: Year of the Witch: Connecting with the Seasons Through Intuitive Magic*, Newburyport, MA: Weiser Books, 2020

Barth, Brian: *How to Grow and Harvest Grains in Your Backyard*, abgerufen am 7. Januar 2021 von https://modernfarmer.com/2015/08/how-to-grow-and-harvest-grains-in-your-backyard/

Bartlett, Sarah: *Knot Magic: A Handbook of Powerful Spells Using Witches' Ladders and Other Magical Knots*, London, UK: New Burlington Press, 2019

Beaty, Vanessa: *15 Organic DIY Garden Fertilizer Recipes That'll Beautify Your Garden*, abgerufen am 23. Juli 2020 von www.diyncrafts.com/22484/home/gardening/15-organic-diy-garden-fertilizer-recipes-thatll-beautify-garden

Bertelsen, Karen: *How to Grow & Harvest Wheat on a Small Scale*, abgerufen am 9. Januar 2021 von www.theartofdoingstuff.com/im-growing-wheat-this-year-and-you-can-too/

Cowan, Eliot: *Plant Spirit Medicine*, Newberg, OR: Swan Raven & Co., 1995.

Daniels, Estelle: *Astrologickal Magick*. York Beach, ME: Weiser, 1995

David Suzuki Foundation: *How to Create a Pollinator-Friendly Garden*, abgerufen am 18. Januar 2021 von https://davidsuzuki.org/queen-of-green/create-pollinator-friendly-garden-birds-bees-butterflies/

Debret, Chelsea: *How to Build a Regenerative Garden at Home*, abgerufen am 4. Dezember 2020 von www.onegreenplanet.org/lifestyle/build-regenerative-garden/

Gardening by the Moon: »Learn How to Garden by the Moon's Phases«, abgerufen am 19. Januar 2021 von www.almanac.com/content/planting-by-the-moon/

Grant, Amy*: Homegrown Oat Grains – Learn to Grow Oats at Home for Food*, abgerufen am 8. Januar 2021 von www.gardeningknowhow.com/edible/grains/oats/homegrown-oat-grains.htm

Hanson, Dave: *Growing Cinnamon in Pots*, abgerufen am 17. Dezember 2020 von https://sagegarden.ca/blogs/the-sage-garden-lab/17049368-growing-cinnamon-in-pots

Joffe, Daron und Susan Puckett: *Citizen Farmers: The Biodynamic Way to Grow Healthy Food, Build Thriving Communities, and Give Back to the Earth*, New York: Stewart Tabori & Chang, 2014

Larum, Darcy: *Moon Garden Design: Learn How to Plant a Moon Garden*, abgerufen am 17. Jul 2021 von www.gardeningknowhow.com/special/spaces/moon-garden-design.htm/

M.G., Leslie: *Spawning a Mycelial Mélange: How to Grow Mushrooms Outdoors*, abgerufen am 18. Dezember 2020 von https://gardenerspath.com/plants/vegetables/grow-mushrooms/

Michelle, Heron: *O Tannenbaum: My Witchy Winter Solstice Tree As Fir Magick*, abgerufen am 7. Dezember 2020 von www.patheos.com/blogs/witchonfire/2018/12/o-tannenbaum-my-witchy-solstice-tree-as-fir-magick/

Penry, Tylluan: *Knot Magic*, Tonypandy, Wales, UK: Wolfenhowle Press, 2014

Rost, Wiebke: *Plants and Planets*, abgerufen am 17. Juli 2021 von https://pflanzenkunst.wordpress.com/2018/07/13/plants-and-planets/

Schwartz, Judith D.: *Soil As Carbon Storehouse: New Weapon in Climate Fight?*, veröffentlicht am 4. März 2014. Abgerufen am 3. April 2021 von https://e360.yale.edu/features/soil_as_carbon_storehouse_new_weapon_in_climate_fight

Simms, Maria Kay: *A Time for Magick*, Woodbury, MN: Llewellyn, 2001

What Is a Makerspace?, abgerufen am 6. Januar 2021 von www.makerspaces.com/what-is-a-makerspace/

Klimazonen

Klimazonen sind Klassifizierungssysteme, die die meteorologischen Daten eines geografischen Standorts nutzen, um zu bestimmen, welche Pflanzen dort erfolgreich wachsen können. Zu diesen Daten gehören beispielsweise Mindesttemperaturen, Niederschläge und Schneefall oder Luftfeuchtigkeit. Auch andere Faktoren haben Einfluss auf deine Wahl, zum Beispiel die Bodenart, das Mikroklima (Steilhänge oder Gewässer können sich beispielsweise auf die Wettermuster innerhalb einer größeren Klimazone auswirken) und die Mindestdauer einer Temperaturperiode, um nur einige zu nennen. Die Klimazone ist eine gute Möglichkeit, die Auswahl an Pflanzen einzugrenzen, du musst aber immer zusätzliche Recherchen anstellen, um herauszufinden, welche Pflanzen an deinem genauen Standort gedeihen. Manchmal beinhaltet diese Recherche auch, dass man versucht, etwas anzubauen, und dabei scheitert. Alles ist eine Lernerfahrung, und jede Erfahrung mit einer Pflanze ist eine Möglichkeit, Zugang zu den sich wandelnden Energien des Lebenszyklus in der Natur zu finden und daran teilzuhaben.

Es gibt keine weltweit einheitliche Methode zur Festlegung von Klimazonen. Auf den verschiedenen Kontinenten werden Klimabeschreibungen, Mindest- und Höchsttemperaturen und andere Faktoren zur Definition herangezogen. Sieh nach, ob dein Land eine Webseite hat (wahrscheinlich im landwirtschaftlichen Teil der Regierungsseite), die sich mit den Anbauzonen beschäftigt. Auf einigen Websites kann man den eigenen Standort eingeben und auf eine Liste von Pflanzen zugreifen, die in diesem Gebiet vorkommen. So hat man die Möglichkeit, Pflanzen aus einer Liste auszuwählen, die bereits an die eigene Zone angepasst ist.

Hinweis: Der Klimawandel wirkt sich natürlich auf die Klimazonen aus. Daher können ältere gedruckte Quellen von den aktuell verfügbaren Informationen abweichen. Überprüfe diesbezüglich auch die Daten von Onlinequellen, damit du immer auf dem neuesten Stand bist.

Hier findest du weitere Informationen über deine Klimazone:

www.deutscher-klimaatlas.de/landwirtschaft
Europa: www.houzz.com/europeZoneFinder

Index

H

Auch als **E-Book** erhältlich

242 Seiten
Preis: 16,99€ [D] | 17,50€ [A]
ISBN 978-3-7474-0271-9

Arin Murphy-Hiscock

Anleitung für dein Buch der grünen Magie

So erschaffst du dein persönliches Grimoire der Naturmagie

Arin Murphy-Hiscock, Autorin des beliebten naturmagischen Buches »Grüne Magie«, zeigt dir, wie du dein eigenes Hexenzauberbuch, ein Grimoire, erstellen kannst, um Zaubersprüche, Rezepte, Rituale und mehr zu sammeln. Ein Grimoire ist für jede Hexe unerlässlich und perfekt geeignet, um die Steine, Pflanzen, Blumen, Öle und Kräuter zu erfassen, die sie in ihrer Praxis verwendet. Hier erfährst du alles, was du für die Erstellung deines persönlichen Buches der Schatten wissen und beachten musst. Verbessere dein magisches Handwerk und werde zu der grünen Hexe, die du schon immer sein wolltest.

mvgverlag

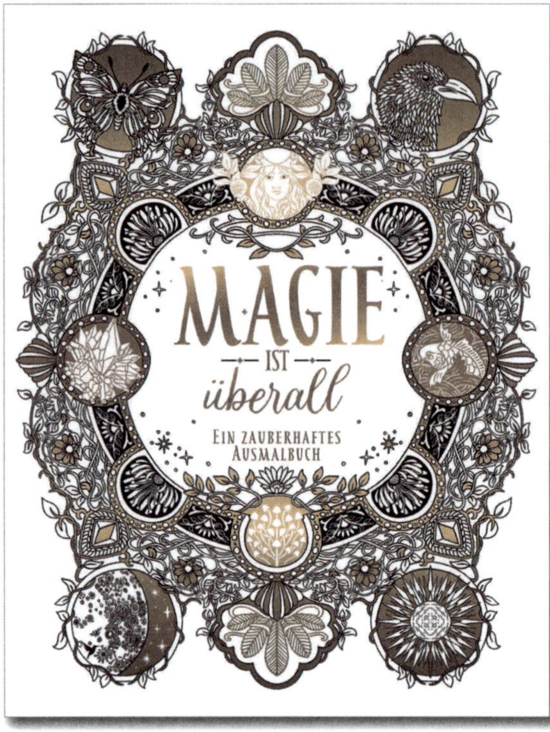
MAGIE
IST
überall
EIN ZAUBERHAFTES
AUSMALBUCH